Gary Chapman

SO STELL' ICH MIR FAMILIE VOR

Gary Chapman

So stell' ich mir Familie vor

Fünf Anregungen für ein glückliches Zusammenleben

FRANCKE
Verlag der Francke-Buchhandlung GmbH

Die Deutsche Bibliothek – CIP-Einheitsaufnahme

Chapman, Gary:
So stell' ich mir Familie vor : fünf Anregungen für ein glückliches Zusammenleben / Gary Chapman. [Dt. von Ingo Rothkirch]. – Marburg an der Lahn : Francke, 2002
(Francke-Ratgeber)
Einheitssacht.: Five Signs of a functional Family <dt.>
ISBN 3-86122-541-7

Originaltitel: Five Signs of a functional Family

Published by Moody Press, Chicago, USA

Deutsch von Ingo Rothkirch
Umschlaggestaltung: Henri Oetjen, DesignStudio Lemgo
Satz: Druckerei Schröder, 35083 Wetter/Hessen
Druck: Schönbach-Druck GmbH, Erzhausen

Taschenbuch

Inhaltsverzeichnis

Einleitung

Familie – das ist für mich seit mehr als dreißig Jahren das Thema, mit dem ich mich intensiv beschäftigt habe. Unzählige Menschen haben schon in meinem Büro gesessen und mir ihr Herz ausgeschüttet über Freud und Leid in den eigenen vier Wänden. Kaum etwas in diesem Leben ist mehr dazu geeignet, uns wirklich glücklich zu machen, als intakte Familienbande. Doch das Unglück kann auch kaum größer sein, wenn diese Bande reißen.

Was Sie in den Händen halten, ist kein Buch über Kindererziehung (obgleich ich auch etwas zu diesem Thema sagen werde). Interessieren wird uns in erster Linie die sogenannte Kernfamilie, die aus Mann und Frau und gegebenenfalls aus deren Kindern besteht. Tatsache ist, daß die Mehrzahl aller Paare irgendwann Kinder hat – entweder auf natürlichem Wege oder durch Adoption. Und das ist ja auch gut so, denn sonst wäre die Menschheit bereits nach ein paar Generationen ausgestorben.

Wer sagt, die Familie in der westlichen Gesellschaft stecke in Schwierigkeiten, der hat den Ernst der Lage noch gar nicht begriffen. Realistischer ist da schon die Feststellung, daß die Familie als Institution völlig den Boden unter den Füßen verloren hat. In den vergangenen dreißig Jahren haben gewaltige Umbrüche stattgefunden. Die Familie sah sich den unterschiedlichsten Ideologien und Strömungen ausgesetzt. Die einen redeten dem schnöden Materialismus das Wort. Sie strebten nur noch nach Besitz, wollten neue Autos und schöne Häuser. Anderen lag nur das persönliche Wohl am Herzen, während wieder andere nach Ruhm und Ehre trachteten oder aber zu dem Schluß kamen, das Leben sei ohnehin völlig ohne Sinn. Aus dem asiatischen Raum drang die Kunde zu uns, daß Einheit und Gleichklang mit der Natur von größter

Bedeutung seien. Die Humanisten behaupteten, der Mensch sei das Maß aller Dinge, und als sein eigener Herr brauche er die Religion nicht mehr. Aber selbst die Frommen haben sich immer wieder zu Wort gemeldet – und einander gehörig widersprochen. Die moderne Familie steht am Scheideweg. Es herrscht Verwirrung, und niemand weiß, welcher einzuschlagende Weg der richtige sein wird.

Die Familie hat es zu allen Zeiten gegeben, und sie ist in allen Kulturen die kleinste gesellschaftliche Einheit. Es gibt keine Gesellschaft, in der Männer und Frauen völlig ohne Regeln sexuell miteinander verkehren und Kinder sich selbst überlassen bleiben. Wenn tatsächlich einmal in einer Gesellschaft damit experimentiert wurde, sind alle Indoktrinationen in diese Richtungen aus einem ganz einfachen Grund fehlgeschlagen: Es funktioniert einfach nicht! Die Menschen werden dadurch nicht glücklicher. Ihr Leben bekommt nicht mehr Sinn. Diejenigen, die sich auf solche Experimente eingelassen haben, sind nicht freier gewesen, und es ist daraus keine glücklichere, kreativere und emotional stabilere Generation hervorgegangen. Im Gegenteil! Die Experimentatoren sind von der Bildfläche verschwunden, und die neue Generation steht nun orientierungslos da. Sie muß sich in einem unbekannten Land ohne Kompaß zurechtfinden.

Seit über zehn Jahren beschäftigen sich die Medien ausgiebig mit dem Thema Familie. In den Buchhandlungen stehen Abhandlungen über Abhängigkeit, Vergangenheitsbewältigung und die Suche nach dem Lebenssinn.

Die in Auflösung begriffene Familie ist derart ins Gerede gekommen, daß fast jeder schon glaubt, selbst einer solchen anzugehören. Die meisten Menschen, die mich im Büro aufsuchen, bekunden bereits bei ihrem allerersten Besuch, sie kämen aus einer kaputten Familie. Diese Menschen versuchen, Tritt zu fassen und den Wirren ihrer Vergangenheit zu entkommen. Doch in den letzten Jahren habe ich zunehmend das Gefühl, daß die Menschen zum Teil gar nicht mehr wissen, was eine heile Familie eigentlich ist. Sie wissen, was es heißt, in zerrütteten Verhältnissen zu leben. Doch wie ein gesundes Familienleben aussieht, davon haben sie keine Vorstellung mehr. Diese Erfahrung hat den Anstoß gegeben, dieses Buch zu schreiben.

Wenn die Bank ihren Lehrlingen zeigen will, wie man gefälschte Banknoten erkennt, dienen nicht etwa die falschen Scheine als Anschauungsmaterial. Die Lernenden werden angehalten, sich ausgiebig mit den echten zu befassen. Sie sollen sich jedes Detail so lange anschauen, bis das

Bild der Note fest im Gedächtnis eingeprägt ist. Mit dem detaillierten Eindruck vom echten Schein sind sie nun viel besser in der Lage, eine Fälschung zu erkennen. Ich glaube, daß dasselbe Prinzip bei der Beurteilung unserer Familien gilt. In den letzten Jahren haben wir zu einseitig nur die „Fälschung" studiert und erforscht. Wir wissen ganz genau zu sagen, was eine nicht mehr funktionsfähige Familie ist. Und wir haben es gelernt, denen zu helfen, die unter ungünstigsten Verhältnissen aufwuchsen. Doch wenn der Heilungsprozeß erst einmal in Gang gekommen ist, will man sich an der Zukunft orientieren. Und dazu braucht man Vorbilder. Wie sieht es in einer gesunden Familie überhaupt aus? Wenn wir keine klare Vorstellung von einer heilen Familie haben, können wir auch nicht danach streben, sie bei uns zu verwirklichen.

Schon seit meiner Studienzeit in den fünfziger Jahren habe ich mich intensiv mit der Familie aus soziologischer Sicht beschäftigt. Inzwischen arbeite ich seit über 25 Jahren in der Familienseelsorge. Außerdem durfte ich seit 1961 Freud und Leid mit meiner eigenen Familie teilen. Dazu gehören inzwischen außer mir meine Frau Karolyn, Tochter Shelley und Sohn Derek.

Shelley hat inzwischen mit John, ihrem Mann, eine eigene Familie gegründet. Derek dagegen ist noch Single und studiert fleißig. Es hat mich außerordentlich gefreut, daß er mir bei der Abfassung dieses Buches mit seinem Rat zur Seite gestanden hat. Jedes Kapitel trägt deshalb auch seine Handschrift. Die gemeinsame Arbeit an diesem Buch war ein wichtiger Meilenstein auf dem Weg, den Vater und Sohn nun schon seit 29 Jahren zusammen gegangen sind.

Ich bin zu der Überzeugung gelangt, daß die funktionsfähige Familie fünf grundlegende Merkmale aufweist, die eine gesunde Dynamik in Gang halten. In diesem Buch möchte ich Ihnen eine ganze Reihe von praktischen Tips und Ratschlägen geben, was Sie tun können, damit auch Ihre Familie diese fünf Merkmale aufweist. Das Buch ist deshalb in fünf Abschnitte geteilt, von denen sich jeder mit einem dieser Merkmale näher befaßt. Außerdem gibt es in jedem Kapitel Tips und Hinweise, die Sie gleich ganz praktisch in Ihrem Familienleben anwenden können.

Was in der Familie geschieht, wird die Nation bewegen – vielleicht sogar die ganze Welt. Wir alle entscheiden gemeinsam, ob es schlechter wird oder besser. Schließlich sitzen wir alle im selben Boot.

1. Ein Fremder in unserer Mitte

Vor ein paar Jahren wandte sich ein junger Mann mit einer Frage an mich, die mich zunächst ziemlich verblüffte. Er hatte sein Studium abgeschlossen und war nun als junger Lehrer tätig. Er fragte: „Würden Sie und Ihre Frau mir erlauben, für ein Jahr zu Ihnen zu ziehen, damit ich mal aus nächster Nähe beobachten kann, wie eine heile Familie funktioniert?" Er selbst sei in einer zerrütteten Familie aufgewachsen. Doch im College habe er durch eine christliche Gruppe Heilung erfahren. Trotzdem habe er keine Vorstellung davon, wie man eine gesunde Ehe und ein intaktes Familienleben führt. Er habe zwar schon verschiedene Bücher zu diesem Thema gelesen. Doch nun wolle er gern eine heile Familie im täglichen Leben beobachten.

Mir verschlug es, gelinde gesagt, die Sprache. Eine solche Bitte war noch niemals an mich herangetragen worden. Und es ist auch nie wieder vorgekommen. Ich reagierte ganz professionell wie ein Seelsorger und sagte: „Darüber muß ich nachdenken." Durch solch eine Antwort gewinnt man Zeit. Und vielleicht würde ich ja tatsächlich darüber nachdenken. Mein erster Gedanke war natürlich: *Das funktioniert nie.* Wir haben ein eher kleines Einfamilienhaus mit Wohnzimmer, Schlafzimmer, zwei Kinderzimmern und zwei Bädern. Wir hatten zwei Kinder, so daß alle Zimmer belegt waren. Außerdem traten wir uns auch so schon im Badezimmer ständig auf die Füße. Wie sollten wir da eine weitere Person unterbringen? Und dann fragte ich mich noch: *Welchen Einfluß hat das auf unser Familienleben? Wie ist das, wenn man ständig einen Fremden um sich hat, der einen auf Schritt und Tritt beobachtet und seine Schlüsse daraus zieht? Würden wir uns nicht ständig wie auf der Bühne vorkommen? Würden wir uns nicht unnatürlich bewegen und geben?*

Ich hatte genug Erfahrungen aus der Anthropologie, um zu wissen, daß die Anwesenheit des Forschers in einer Stammesgemeinschaft die jeweilige Kultur unweigerlich beeinflußt. Seine Anwesenheit ist schließlich das Ereignis des Jahrhunderts in diesem Stamm. *Da ist jemand ins Dorf gekommen und gibt merkwürdige Geräusche von sich. Und er bewegt sich so komisch. Er ist offensichtlich keiner von uns. Warum ist er hier? Sollen wir uns den Mann schmecken lassen, oder sollen wir ihn verwöhnen? Vielleicht kennt er ja ein paar neue Jagdgründe, wo es viel zu holen gibt.*

Da stand nun dieser junge Mann vor mir und wollte in mein „*Dorf*" kommen, um uns zu beobachten. Wenigstens gab es wegen der Sprache keine Verständigungsschwierigkeiten, und er konnte genau vermitteln, was er von mir wollte. Ich war also im Vorteil all jenen Eingeborenen gegenüber, die manchmal Monate brauchten, um herauszubekommen, warum jener Fremde, der dumme Fragen stellte und merkwürdige Zeichen auf weiße Blätter kritzelte, überhaupt in ihrem Dorf wohnte.

Wir haben das Anliegen geprüft

Ich habe dieses Anliegen natürlich erst einmal mit Frau und Kindern besprochen, denn das gehört sich so in einer intakten Familie. Sie werden es nicht glauben, aber meine Lieben waren gar nicht abgeneigt. Shelley und Derek meinten, es wäre toll, einen größeren Bruder zu haben. Und Karolyn, die immer zu allen Schandtaten bereit ist, glaubte, daß dies ein ganz interessantes Experiment werden könne. „Vielleicht helfen wir diesem jungen Mann ja tatsächlich, sein Leben neu zu gestalten; und außerdem täte es uns ja auch gut, unser Familienleben mit jemand anders zu teilen. Haben wir die Kinder nicht immer gelehrt, daß Geben seliger ist als Nehmen?" (Es stört mich immer sehr, wenn sie die hehren Prinzipien der Bibel, die wir unseren Kindern beibringen, auch noch auf mich anwendet.)

„Wie sieht es mit einem Zimmer für ihn aus?" fragte ich in die Runde.

„Wir werden im Keller einen Raum abtrennen und einen Schrank einbauen. Wir haben da genug ungenutzten Raum. Kein Problem", meinte meine Frau. Die Kinder boten an, er könne ihr Badezimmer benutzen. Es fiel ihnen wohl nicht schwer, dieses Angebot zu machen, benutzten sie doch ohnehin die meiste Zeit unser Bad. Ich sah es schon vor mir: Wir vier würden uns in einem Bad drängen, während unser Gast das andere ganz für sich haben würde.

Ich selbst fragte mich ganz grundsätzlich: *Haben wir überhaupt etwas, was wir weitergeben können?* Ich erinnerte mich an die Worte von Edith Schaeffer. Es gibt wohl kaum jemanden in dieser Generation, der Kompetenteres zum Thema Familie sagen könnte. Sie schreibt: „Wenn eine Familie anderen als Vorbild dienen soll, dann muß es auch etwas Vorbildliches in ihr geben."[1] Wenn man also jemand an seinem Familienleben teilnehmen lassen will, muß man erst einmal sicher sein, daß die eigene Familie auch halbwegs funktioniert. Ich war damals eigentlich davon überzeugt, daß unsere Familie ganz gesund war. Wir waren und sind nicht perfekt. Auch wir hatten so manchen Kampf zu bestehen – besonders als Karolyn und ich jung verheiratet und die Kinder noch nicht geboren waren. Aber wir haben aus unseren Problemen gelernt, und wir ernten nun die Früchte unserer harten Arbeit. Ja, wir hatten etwas, was wir weitergeben konnten.

Wir ließen uns auf das Experiment ein

Wir waren bereit. Wir zogen eine Wand im Souterrain und schufen so ein Zimmer. Durch den Einsatz von ein paar Schiebetüren entstand ein Schrank. Wir zapften die Versorgungsleitungen an und installierten eine Heizung. Auf dem Dachboden meiner Mutter fanden wir noch ein Bett mit Nachttisch, und so konnte John einziehen.

Wir alle waren damit einverstanden, daß John ein Jahr lang ein Mitglied unserer Familie sein würde. Und wir wollten versuchen, so normal wie möglich zu sein. John wurde Teil unseres Lebens, und er bekam fast alles mit, was sich bei uns ereignete. Jahre später schrieb er uns:

> *Wenn ich an unser Experiment zurückdenke, dann kommen mir viele nette Erinnerungen. Ich weiß noch, wie ich den Abwasch machte und zum erstenmal wahrnahm, wie langsam und umständlich ich war. Wie haben wir gelacht, als Karolyn schnell fertig werden wollte und mir die Abwaschbürste aus der Hand nahm. Wofür ich als Perfektionist zwanzig Minuten brauchte, das erledigte sie in fünf Minuten. Ich erinnere mich an die gemeinsamen Mahlzeiten, wenn wir in gemütlicher Runde beisammensaßen. Ich fühlte mich damals so richtig in den Schoß der Familie aufgenommen. Ich erinnere mich an die Diskussionsrunden am Freitagabend mit Kommilitonen. Das waren großartige Stunden.*

Diese Erinnerungen werden sich niemals verflüchtigen. Ich werde immer wieder daran denken, wie es bei Euch zu Hause war und was es bedeutete, an jener positiven Atmosphäre teilzuhaben. Zuvor hatte ich immer nur Zerrüttung und Niedergang erlebt. Doch danach konnte ich endlich ein halbwegs verantwortungsbewußter und gesunder Mitmensch werden.

Was wir John „live" zu vermitteln suchten, möchte ich Ihnen nun schwarz auf weiß anbieten. Ich werde versuchen, so lebensnah und anschaulich wie möglich zu bleiben, damit Sie geradezu physisch miterleben können, was wir an Erfahrungen gemacht und was wir durchlebt haben. Ich werde so manches Grundprinzip anhand von lebensnahen Beispielen illustrieren. Es sind Berichte von Menschen, die mir im Laufe von vielen Jahren freundlicherweise Einblick in ihr Leben gewährt haben.

Anmerkungen

1. Edith Schaeffer, What is a Family (Grand Rapids, 1975), 211.

Merkmal Nummer 1:

Die Bereitschaft, einander zu dienen

2. Vom Leid zur Freude – eine persönliche Reise

Was würde John in unserer Familie entdecken? Ich hoffte, daß es zuallererst die gegenseitige Hilfsbereitschaft sein würde. Die innere Einstellung, füreinander dasein zu wollen, hatte bei uns die entscheidende Veränderung gebracht. Aus einer nicht funktionierenden Beziehung wurde eine funktionierende. Ich war mit der Vorstellung in die Ehe gegangen, meine Frau werde mich glücklich machen und mein Verlangen nach Gemeinschaft und Liebe stillen. Natürlich wollte auch ich sie glücklich machen. Doch die meisten meiner Träume kreisten nur um mein eigenes Wohlbefinden.

Ein halbes Jahr nach unserer Hochzeit fühlte ich mich elender als in all den 23 Jahren zuvor. Vor der Hochzeit hatte ich noch davon geträumt, wie glücklich ich sein würde. Doch nun war aus meinem Traum ein Alptraum geworden. Ich entdeckte so viel, was ich zuvor gar nicht wahrgenommen hatte. In den Monaten vor unserer Hochzeit stellte ich mir vor, wie wir unsere Abende gemeinsam verbringen würden. Ich sah alles vor mir: Wir beide sitzen in unserer kleinen Wohnung. Ich arbeite noch am Schreibtisch für mein Studium, und sie macht es sich auf dem Sofa gemütlich. Müde geworden, schaue ich zu ihr hinüber, unsere Blicke kreuzen sich, und unausgesprochen ist Einvernehmen da, nun zum gemütlichen Teil des Abends überzugehen. Doch nachdem wir geheiratet hatten, mußte ich erfahren, daß meine Frau gar keine Lust hatte, auf dem Sofa zu sitzen und mir beim Studieren zuzuschauen. Wenn ich schon lernen müsse, dann wolle sie sich wenigstens ein wenig amüsieren, Leute in der Nachbarschaft besuchen und den Freundeskreis erweitern. Dann saß ich mutterseelenallein in unserer kleinen Wohnung und grübelte: *Jetzt ist es nicht anders als vor unserer Hochzeit. Nur saß ich damals in meiner Studentenbude, und das war viel billiger.* Ich spürte nichts von der erwarteten heimeligen Atmosphäre. Statt dessen fühlte ich mich furchtbar einsam.

Vor der Hochzeit hatte ich noch davon geträumt, jeden Abend um halb elf gemeinsam ins Bett zu huschen. Oh ja, das wäre ein Traum! Doch dann heirateten wir, und ich mußte erfahren, daß es Karolyn keineswegs in den Sinn gekommen war, um halb elf ins Bett zu huschen. Um halb elf kam sie höchstens von Besuchen heim. Und dann las sie noch bis Mitternacht. Ich dachte damals: *Warum hast du dein Buch nicht gelesen, als auch ich gelesen habe. Dann könnten wir jetzt gemeinsam ins Bett gehen!*

Bevor wir heirateten, dachte ich immer, jeder Mensch würde bei Sonnenaufgang aus dem Bett springen. Doch danach begriff ich, daß meine Frau gar nicht daran dachte, so früh aus den Federn zu springen. Meine Sympathie für sie kühlte ziemlich schnell ab. Und ihr ging es umgekehrt genauso. Wir schafften es, uns das Leben gegenseitig sauer zu machen. Immer wieder fragten wir uns, warum wir überhaupt geheiratet hatten. Es gab kaum etwas, worüber wir einer Meinung waren. Die Kluft zwischen uns vergrößerte sich zusehends, und unsere Unterschiede sorgten für immer mehr Entfremdung. Der Traum war verflogen und der Kummer groß.

Wir haben dann Frieden geschlossen

Zunächst versuchten wir es mit einem Vernichtungsfeldzug. Jeder hielt dem anderen hemmungslos seine Fehler vor. Wir schafften es, einander gehörig zu verletzen, sooft sich die Gelegenheit dazu bot. Ich war so überzeugt, daß *meine* Vorstellungen vernünftig waren. Sie hätte also nur darauf einzugehen brauchen, und schon würden wir eine harmonische Ehe führen. Karolyn dagegen meinte, meine Ideen gingen so oft an der Realität vorbei, daß wir nur dann einen gemeinsamen Nenner finden würden, wenn ich auf ihre Vorstellungen einginge. Wir beide wurden Prediger ohne Zuhörer. Unsere Predigten trafen auf taube Ohren, und unser Elend vergrößerte sich von Tag zu Tag.

Wir haben es nicht über Nacht geschafft, das Steuer herumzureißen. Niemand hat einen Zauberstab geschwungen. Erst nach mehreren Ehejahren gelang es uns, wieder Tritt zu fassen. Und wir brauchten ein ganzes Jahr dafür. Irgendwann begann mir zu dämmern, daß ich mit völlig irrigen und egoistischen Vorstellungen in die Ehe gegangen war. Ich hatte tatsächlich geglaubt, daß wir beide glücklich werden könnten, wenn Karolyn nur auf mich hören würde und täte, was ich sagte. Ich hatte die Vorstellung, daß alles, was mich glücklich macht, auch ihr Glück sei. Es fällt mir schwer, es einzugestehen, aber ich habe mir damals tatsächlich wenig Gedanken um Karolyns Wohlergehen gemacht. Alles drehte sich nur um meine Unzufriedenheit, meine Wünsche und meine Sehnsüchte.

Meine Suche nach einer Lösung für unser Problem war der Anlaß, ganz neu über das Leben Jesu und seine Lehre nachzudenken. Die Geschichten, die ich als Kind darüber gehört hatte, wie Jesus die Kranken heilte, den Hungernden zu essen gab und den Verzweifelten Hoffnung zusprach, kamen mir nun alle wieder in den Sinn. Als Erwachsener fragte ich mich nun, ob ich in diesen eingängigen Geschichten die entscheidenden Botschaften nicht mitbekommen hatte. Im Laufe meines Studiums hatte ich Griechisch gelernt, und so entschloß ich mich, Leben und Lehre Jesu im Urtext zu studieren. Was ich herausfand, hätte ich allerdings auch einfacher über die Übersetzungen haben können. Die Quintessenz der Lehre Jesu ist die Bereitschaft, füreinander einzustehen. Er sagte einmal: „Ich bin nicht gekommen, um mir dienen zu lassen, sondern um zu dienen." Viele große Männer und Frauen aus der Vergangenheit haben durch ihr Leben bewiesen, daß auch sie sich an dieses Motto gehalten haben. Den tiefsten Sinn seines Lebens findet man nicht im Nehmen, sondern immer nur im Geben. Konnte dieses wichtige Grundprinzip meine Ehe umkrempeln? Ich war entschlossen, es herauszufinden.

Wie aus dem Frosch ein Prinz wurde

Wie würde eine Frau reagieren, deren Mann sich redlich bemüht, sie auf Händen zu tragen, ihre Wünsche zu erfahren und sie zu erfüllen? Ich fing mit den kleinen Dingen an und ging auf Anliegen ein, die sie in der Vergangenheit geäußert hatte. Unsere Beziehung war inzwischen derart zerrüttet, daß wir kaum noch miteinander reden konnten. So überlegte ich, was sie früher geäußert hatte. Ich fing an, den Abwasch zu machen, ohne zuvor darum gebeten worden zu sein. Ich legte freiwillig meine Kleider ordentlich ab. Ich stellte mir vor, daß Jesus sich genauso verhalten hätte, wäre er verheiratet gewesen. Wenn Karolyn eine konkrete Bitte aussprach, reagierte ich nicht mehr ungehalten, sondern ging möglichst darauf ein. In weniger als drei Monaten veränderte sich Karolyns Einstellung mir gegenüber. Sie kam aus ihrem Schmollwinkel hervor und zeigte sich gesprächsbereit. Sie spürte wohl, daß die Zeit der Gardinenpredigten nun vorbei war und daß sich meine ganze Lebenseinstellung geändert hatte.

In der Folgezeit bemerkte ich, daß sie Dinge tat, um die ich in der Vergangenheit öfter gebeten hatte. Sie ließ es zu, daß ich sie in der Öffentlichkeit bei der Hand nahm. Sie lächelte, wenn ich wieder einmal versuchte, einen Witz loszuwerden. Und sie strich mir über das Haar, wenn sie an mir vorüberging, während ich arbeitete. Es dauerte nicht lange, da war jede Feindseligkeit wie weggeblasen, und wir hatten wieder positive Gefühle füreinander. Ich erinnere mich noch an den Tag, an dem ich zum erstenmal dachte: *Vielleicht kann ich sie ja wieder lieben.* Monatelang hatte ich keine Liebe gespürt – nur Groll, Zorn und Feindseligkeit. Doch nun war nichts mehr da von alledem. Statt dessen wurde mir wieder ganz warm ums Herz. Die Bereitschaft war wieder da, sie auch körperlich zu berühren, wenn sie es denn wollte. Ich war noch nicht soweit, sie direkt zu fragen, aber ich hätte es schön gefunden, wenn sie es schön gefunden hätte. Als der Frühling kam, wurde aus dem Traum Realität: Die Romantik war wieder da, und auch unsere Sexualität, die ganz verschüttet war, erwachte aufs neue. Wir waren wieder dort angekommen, wo wir einmal vor der Hochzeit angefangen hatten. Wir waren keine Kontrahenten mehr, die sich gegenseitig die Leviten lasen. Dafür hatten wir nun ein offenes Ohr für die Wünsche und Bedürfnisse des anderen. Unsere Einstellung hatte sich geändert: Wir forderten nicht mehr, sondern wollten dem anderen dienen. Und wir ernteten die Früchte unserer persönlichen Nähe. Durch unsere Bemühungen hatten wir den Königsweg zum persönlichen Glück entdeckt: Es ist die Bereitschaft, füreinander dazusein. Das war nicht mehr ein hohes Ideal, sondern zur täglichen Praxis in unserem Leben geworden.

Das alles schien schon so lange her zu sein, als wir uns mit dem Gast in unserer Mitte konfrontiert sahen. Wir hatten uns immer darum bemüht, den Kindern beizubringen, was das wichtigste Merkmal einer heilen Familie ist – die Bereitschaft, einander zu dienen. Würde John das mitbekommen? Konnte man es überhaupt von außen wahrnehmen? Ich hoffte es jedenfalls sehr.

3. Einander dienen – ein Zeichen von menschlicher Größe

Zwang ist der Tod jeder heilen Familie. Wenn man gezwungen wird, etwas für den anderen zu tun, ist die Freiheit dahin. Zwang macht wütend und bitter. Doch wer aus freien Stücken dem anderen dient, der hat bereits die Erkenntnis gewonnen, daß Geben tatsächlich seliger ist als Nehmen. Kinder müssen diese Einstellung erst noch entwickeln. Am Anfang muß man bei ihnen oft noch mit sanftem Druck nachhelfen. Doch das Ziel ist, daß das Kind schließlich immer mehr Freude dabei hat, anderen Gutes zu tun.

Bill Bennett zählt in seinem Bestseller *The Book of Virtues*[1] die Arbeit zu den zehn wichtigsten Tugenden. Die meisten Historiker sind sich darin einig, daß die westliche Kultur nur auf der Basis einer Ethik der Arbeit entstehen konnte. Dabei wird Arbeit als körperliche oder geistige Anstrengung zur Erlangung eines erstrebenswerten Zieles definiert. Ob man nun Bauer ist, der gerade seine Ernte eingebracht hat, oder als Manager einen Vertrag unterschreibt, den man monatelang ausgehandelt hat – immer wird man für seine Anstrengungen durch ein Gefühl der Befriedigung entlohnt. Schon ein altes Sprichwort aus der Bibel sagt: „Ein erfüllter Wunsch tut dem Herzen wohl.“[2]

Warum wir einander helfen müssen

In einer Familie muß viel Arbeit geleistet werden. Die Wäsche muß gewaschen, gelegt und eventuell auch gebügelt werden. Die Betten müssen gemacht werden. Jemand muß sich um das Essen kümmern, es kochen und die Einkäufe dazu erledigen. Der Abfall muß entsorgt, die

Fußböden müssen gesaugt oder gewischt werden. Die Autos brauchen immer wieder eine Wäsche. In vielen Familien sind da noch die Kleinen, die gebadet und gefüttert werden müssen. Da flattern Rechnungen ins Haus, Post und Reklamesendungen müssen stapelweise gesichtet, und Haushaltsgeräte repariert werden.

In manchen Familien müssen Haustiere versorgt, der Rasen gemäht oder der Hof gefegt werden – je nach Örtlichkeit. Schnell sind wieder die Fenster blind, die Filter dicht oder die Blätter auf dem Rasen verstreut. Oder es muß Schnee gefegt werden. Schließlich hat man noch den Ziergarten und die Gemüsebeete. Hausbesitzer müssen Hecken schneiden und die Fenster streichen. Haben Sie genug? Dann will ich aufhören. Wir haben heute vielleicht nicht mehr soviel zu tun wie früher, aber es ist immer noch genug. Die meisten Männer und über die Hälfte aller Frauen sind berufstätig. Und das bedeutet, daß Eltern nur wenig Zeit bleibt, all ihren Pflichten nachzukommen.

Wer wird die Arbeit machen? Im Idealfall die ganze Familie. Man sagt zwar: „Viele Hände machen ein schnelles Ende", aber es gilt eben genauso der Spruch: „Viele Köche verderben den Brei." Johns Aufenthalt in unserer Familie bedeutete natürlich, daß unter anderem mehr Wäsche anfiel und mehr Lebensmittel eingekauft werden mußten. Doch es stand ja auch ein weiterer Helfer zur Verfügung.

Wenn die Arbeit tatsächlich eine so wichtige Tugend ist, dann sollte jedes Familienmitglied auch arbeiten lernen. Dazu muß – je nach Alter – Arbeit delegiert werden. Das geht natürlich nicht, ohne die dazu nötigen Fertigkeiten zu vermitteln. Nach der „Ausbildung" muß der Betreffende die Freiheit bekommen, seine eigenen Strategien zu entwickeln. Wir sind keine Roboter. Freiheit läßt unserer Individualität Raum und fördert die Kreativität.

Als mein Sohn Derek alt genug war, um den Rasen zu mähen (worauf ich schon lange sehnsüchtig gewartet hatte), wandte er eine Technik an, die das geschnittene Gras gleichmäßig auf dem Rasen verteilte, so daß es liegenbleiben konnte und gar nicht unbedingt geharkt und abtransportiert werden mußte. Über Jahre hatte auch ich meine Technik so verfeinert, daß ich recht mühelos das Schnittgut entsorgen konnte. Immer wieder rang ich mit mir um die Entscheidung, was wichtiger war – mein Perfektionismus oder seine Individualität. Ich entschied mich für meinen Sohn. Ich wollte aus ihm keinen Roboter oder Klon machen. Und das fällt einem zum Perfektionismus neigenden Vater gar nicht so leicht.

Vielleicht denken Sie jetzt: *Nun gut, die Arbeit muß getan werden, und alle müssen sich daran beteiligen. Was ist daran so bemerkenswert?* Entscheidend ist die Einstellung dabei! Bewußt entwickelte Hilfsbereitschaft geht über reine Pflichterfüllung weit hinaus. In einer gesunden Familie ist sich jeder bewußt, daß jede Handreichung Ausdruck von Zuneigung ist. Ich bewirke damit etwas Gutes. In harmonischen Familien ist man sich bewußt, daß der Dienst am anderen einen hohen praktischen und ethischen Wert besitzt.

In unserer „Ich-Generation" erscheint eine solche Lebenseinstellung natürlich völlig anachronistisch. Trotzdem kann man immer noch beobachten, daß auch in der Berufswelt letztlich jene dauerhaft die Erfolgreichsten sind, denen es einfach Spaß macht, für andere etwas zu tun. Viele bekannt gewordene Ärzte sehen ihren Beruf als Berufung, den Kranken zu helfen. Und wirklich große Politiker wollen noch Diener der Öffentlichkeit sein. Gute Pädagogen sehen in ihren Schülern den Menschen, und es gibt für sie keinen größeren Lohn, als wenn der eine oder andere ihrer Schützlinge seine Fähigkeiten und Talente voll entfaltet.

Der Schriftsteller Philip Yancey berichtet, daß Albert Einstein zum Ende seines Lebens die Porträts der großen Physiker Newton und Maxwell von der Wand nahm und sie durch Bilder von Gandhi und Schweitzer ersetzte. Einstein habe dazu erklärt, es sei nun Zeit, die Bilder des Ruhms durch Bilder der Dienstbereitschaft zu ersetzen.[3]

Kinder und Teenager

Sobald aus dem Säugling ein Krabbelkind geworden ist, beginnt es, aktiv seine Welt zu erforschen. Danach wird es zum Baumeister. Mit vier bekommt es dann Lust zu helfen. Immer öfter wird es jetzt fragen: „Mama, kann ich dir was helfen?" Dieser Impuls scheint ganz natürlich zu kommen. Wenn man ihn positiv aufnimmt und dem Kind häufig die Gelegenheit gibt, sich einzubringen, dann kann man damit rechnen, daß es noch bis zur ersten oder zweiten Klasse diese innere Einstellung beibehält. Zwischen acht und zwölf wird die Hilfsbereitschaft sehr vom Vorbild der Eltern abhängen. Wenn die Eltern bereits über die Tugend des Helfens mit ihren Kindern gesprochen, sie auch praktisch dazu angehalten haben, und entsprechendes Verhalten immer loben, dann werden die Kinder auch noch als Jugendliche Befriedigung dabei finden.

Doch mit der Pubertät ändert sich vieles. Wenn der Teenager die Bereitschaft zum Helfen bereits verinnerlicht hat, wird sich dies auf vielerlei Weise im sozialen Umfeld positiv bemerkbar machen. In der Schule und auch im Jugendkreis der Gemeinde sind solche jungen Menschen oft Vorbilder für die anderen. Vielleicht helfen sie zu Hause gar nicht mehr so gern. Sie verbringen jetzt nämlich immer mehr Zeit außerhalb und haben immer weniger Lust, etwas mit der Familie zu unternehmen.

Wichtiger für sie ist im Augenblick der Drang nach Freiheit, der zu den Grundbedürfnissen des Menschen gehört. Dies drückt sich unter anderem auch im Gebrauch einer speziellen Jugendsprache aus. (Versuchen Sie es erst gar nicht, sie zu verstehen, da Sie erwachsen sind.) Man will damit Distanz schaffen zwischen sich und den Erwachsenen. Der gewonnene Raum dient dazu, selbständig zu werden. Ihre Zimmertüren werden jetzt immer häufiger geschlossen bleiben (sehr zur Freude eines jeden Perfektionisten), sie sind immer seltener zu Hause, und das, was die Freunde sagen, wird jetzt ernster genommen als die Meinung der Eltern.

Dieses Streben nach Distanz und die mangelnde Bereitschaft, zu Hause zu helfen, führen zu Konflikten. Doch Konflikte sind keine Krankheitssymptome. Erst der Umgang mit diesen Konflikten wird zeigen, wie gesund und stabil Ihre Familie ist. In der funktionsfähigen Familie stellt man sich auf Konflikte ein. Uns ist von vornherein klar, daß Menschen nicht immer gleich fühlen und denken. Gerade Eltern und Teenager sehen die Dinge oft aus einem ganz anderen Blickwinkel. Deshalb sind wir auch nicht überrascht, wenn es zu Spannungen in der Familie kommt.

Gesunde Familien haben es gelernt, sich damit konstruktiv auseinanderzusetzen. Es wird nichts unter den Teppich gekehrt, sondern mit offenen Karten gespielt. Die jungen Leute werden immer wieder ermutigt, ihre Meinung zu äußern, während die Eltern ein offenes Ohr für sie haben. Die Eltern sind ganz ernsthaft darum bemüht, zu verstehen, was ihre Teenager bewegt. Dafür sind dann auch die jungen Leute bereit, ihrerseits den Standpunkt der Eltern anzuhören und zu durchdenken. (Gibt es das tatsächlich? Ja, und zwar in Familien, in denen sich alle Mitglieder sicher und geborgen fühlen können.)

Auch wenn viele es nicht mehr wahrhaben wollen – die jungen Menschen sehnen sich danach, daß man ihnen Grenzen setzt. „Steht überhaupt noch irgend jemand für irgend etwas ein?“ fragte ein 15jähriger junger Mann vor kurzem. „Jeder scheint alles zu akzeptieren, wenn es ihm nur gerade in den Kram paßt. Ich wünschte, die Eltern würden uns mehr Orientierung bieten. Haben sie denn nichts gelernt in ihrem Leben, was uns davor bewahren könnte, in dieselben Fettnäpfchen zu treten?" Gebote und Verbote sind wie Zäune, und Zäune geben ein Gefühl der Sicherheit. Diese Sicherheit schafft eine Atmosphäre, in der junge Leute gut lernen und gedeihen. Wenn also Teenager die große Freiheit zu suchen beginnen und ihre Aufgaben in der Familie zusehends vernachlässigen, sollten Eltern diesen Freiheitsdrang zunächst einmal respektieren. Allerdings müssen sie ihre jungen Leute auch daran erinnern, daß niemand für sich allein lebt und jeder in ein Netz von Verantwortlichkeiten eingebunden ist. Der Dienst am anderen gehört zu einem sinnvollen Leben in der Familie, aber auch außerhalb.

Wer Größe hat, dient leichter

Die meisten Erwachsenen wünschen sich Kinder, obwohl sie wissen, was auf sie zukommt. Die Entscheidung für das Kind bedeutet: zwei Jahre Windeln, fünf Jahre Badeorgien, monatelanges Stillen oder Fläschchenauskochen, dann Breifütterung. Es werden 308 (wenn nicht mehr) Heftpflaster geklebt, 220 Volleyballturniere begleitet, unzählige Mahlzeiten gekocht und Abertausende von Handreichungen geleistet. Und doch entscheiden wir uns (meist) aus freien Stücken für ein Kind. Diejenigen, die auf natürlichem Wege keine Kinder bekommen können, adoptieren solche, denen jemand anders seine Zuwendung verweigert.

Was kann ein Mensch größeres auf dieser Welt tun, als sich für seinen Nächsten einzusetzen? Die meisten, die das Leben Jesu von Nazareth studiert haben, sind sich wohl einig darüber, daß der Gründer des christlichen Glaubens seine wahre Größe bewies, als er Waschschüssel und Handtuch nahm und wie ein Diener die Füße seiner Jünger wusch. Und er ließ keinen Zweifel daran, warum er dies tat. Er sagte: „Wenn nun ich, der Herr und Meister, euch die Füße gewaschen habe, dann müßt auch ihr einander die Füße waschen. Ich habe euch ein Beispiel gegeben, damit auch ihr so handelt, wie ich an euch gehandelt habe ... Selig seid ihr, wenn ihr das wißt und danach handelt."[4] Bei einer anderen Gelegenheit sagte er zu denen, die ihm nachfolgten: „Wer bei euch groß sein will, der soll euer Diener sein."[5] Das ist der scheinbare Widerspruch: Der Weg nach oben führt hinab. Wahre Größe drückt sich durch die Bereitschaft zum Dienen aus.

In einer harmonischen Familie ist die Hilfsbereitschaft das Öl im Getriebe. Wenn es ausreichend vorhanden ist, wird das Miteinander einfacher zu organisieren sein. Doch dort, wo es fehlt, wird sich schnell Sand im Getriebe festsetzen, was ein gestörtes Familienleben zur Folge hat.

Anmerkungen

1. William J. Bennet, The Book of Virtues (New York, 1993).
2. Sprüche 13,19
3. Philip Yancey, Leadership, 1995, S. 41.
4. Johannes 13,14-15, 17
5. Matthäus 20,26

4. Wer tut den ersten Schritt?

Wer fängt an in einer Familie? Im Idealfall Vater und Mutter. Wenn beide in halbwegs heilen Familien aufgewachsen sind, werden sie Hilfsbereitschaft als Tugend schon mit der Muttermilch aufgesogen haben. Und mit dieser Einstellung werden sie in die Ehe gehen. Doch das ist wirklich nur der Idealfall. In der Realität sieht es oft anders aus. Entweder ein Partner oder gar beide haben es in der Kindheit nicht gelernt, in der Familie füreinander einzutreten. Es ist vielleicht ganz interessant, sich einmal zu fragen, wie es bei Ihnen zu Hause zuging. Denken Sie daran, daß es uns nicht um Dienstbeflissenheit aus Angst vor Nachteilen geht. Auch das wäre ein Zeichen für ein gestörtes Verhältnis in der Familie. Wahre Hilfsbereitschaft wird ohne Zwang aus dem Herzen geboren. Die Freiheit, sich für oder gegen den Dienst am anderen zu entscheiden, ist nur dann vorhanden, wenn man sich seiner Liebe auch ohne Vorbedingungen sicher sein kann. Ein Liebesdienst, der nicht freiwillig geleistet wird, ist in Wahrheit die Pflichterfüllung eines Dieners. In diesem Kapitel wollen wir Ihnen ein paar Tips geben, wie Sie Ihre Kinder dazu bewegen können, über das Thema nachzudenken, damit sie schließlich aus eigenem Antrieb zu Liebesdiensten in der Familie bereit sind.

Denken Sie über Ihr eigenes Elternhaus nach. Wie hilfsbereit waren Vater, Mutter und Geschwister. Auf einer Skala von 0 bis 10 sollten Sie jedes einzelne Familienmitglied bewerten, wobei 0 für den völligen Mangel an Gemeinsinn steht. Bitten Sie Ihren Partner, dasselbe zu tun. Dann reden Sie miteinander über das, was Sie herausgefunden haben. Wie groß war die Bereitschaft in Ihren Familien, sich füreinander einzusetzen?

Nun beurteilen Sie Ihre eigene Familie. Bewerten Sie jedes Mitglied auf einer Skala von 0 bis 10. Wie setzt sich jeder einzelne für die Familie ein?

Sollten Ihre Kinder alt genug sein, dürfen sie an dieser Bewertung schon teilnehmen und selbst Werte vergeben. Diese Übung schärft nicht nur die Wahrnehmung, sie fördert auch den Gedankenaustausch zu diesem so wichtigen Thema.

Wie wir die richtige Einstellung bekommen

Mit den gewonnenen Erkenntnissen sind Sie nun in der Lage, die Hilfsbereitschaft in Ihrer Familie gezielt zu fördern. Ich möchte Ihnen dazu ein Spiel vorschlagen. Es heißt: „Ich finde richtig gut, daß ..." Damit machen Sie sich nämlich bewußt, was alles an Liebesdiensten und Handreichungen in Ihrer Familie schon geleistet wird. Jeder von Ihnen sollte folgenden Satz vervollständigen: „Ich mache schon dieses oder jenes, um dir zur Hand zu gehen." Das können alle möglichen Pflichten und Handreichungen in Haus und Garten sein. Und jedes angesprochene Familienmitglied sollte dann erwidern: „Das schätze ich auch sehr." Wenn es die Zeit erlaubt, können Sie gleich mehrere Runden spielen. So wird uns einmal vor Augen geführt, was der einzelne schon Gutes tut. Und wir können uns einmal ganz konkret für bestimmte Dienste bedanken. Spielen Sie dieses Spiel immer dann, wenn einer in der Familie es sich wünscht.

Das zweite Spiel, das ich vorschlagen möchte, heißt: „Weißt du, was ich gern hätte?" Bei diesem Spiel gibt jedes Familienmitglied eine Bitte an ein anderes weiter und sagt z. B.: „Weißt du, was ich echt gut fände?" Und dann fährt der Betreffende fort: „Ich fände es toll, wenn du mir, während ich im Bad bin, schon den Frühstückstoast schmieren würdest." Derjenige, dem die Bitte gilt, antwortet: „Ich werde versuchen, daran zu denken." Beachten Sie: Der Betreffende verspricht nicht, es zu tun, sondern lediglich, daran zu denken. Er hat deshalb immer noch die Freiheit der Entscheidung. Sie erinnern sich: Jeder Dienst am anderen muß freiwillig sein! Diese beiden Spiele sind geeignet für Kinder und Jugendliche von vier bis 18. Wenn man sie in zwangloser Atmosphäre spielt und dabei weder verurteilend noch fordernd auftritt, stärken sie das Bewußtsein für die wichtige Funktion gegenseitiger Hilfe. Aber selbst Eheleute ohne Kinder haben vielleicht noch Spaß an solchen Spielen.

Wenn Ihr Partner keine Lust dazu hat oder ihm die Zeit fehlt, dieses Buch mit Ihnen gemeinsam durchzuarbeiten, können Sie das Spiel auch zu Anfang nur mit Ihren Kindern spielen. Vielleicht fühlt er sich ja doch durch die zwanglose Art, mit der Sie das tun, eines Tages angesprochen.

Und durch die Verspieltheit der Kinder findet er (oder sie) unter Umständen eher einen Zugang dazu, als wenn Sie ihm auf der intellektuellen Ebene den Sinn des Spiels zu erklären versuchen. Jemand muß den ersten Schritt tun. Und da Sie gerade dieses Buch lesen, fällt es Ihnen möglicherweise zu, mit gutem Beispiel voranzugehen.

Aber denken Sie immer daran: Das Ziel ist nicht, demjenigen Familienmitglied ein schlechtes Gewissen zu machen, das sich noch nicht so einbringt! Unsere Absicht ist es nur, unsere Angehörigen davon zu überzeugen, daß der Dienst am anderen ein zutiefst befriedigendes Handeln ist. Jesus hat gesagt: „Geben ist seliger als Nehmen.“[1] Wir möchten, daß jeder in unserer Familie diese wichtige Erfahrung macht. Jeder soll erleben, daß es sich lohnt, sich für andere einzusetzen, weil es unserer Seele guttut.

Als Eltern müssen wir allerdings aufpassen, daß wir unsere Liebe und Zuneigung nicht von der Hilfsbereitschaft unseres Kindes abhängig machen. Wer zu seinem Kind sagt: „Du kriegst kein Küßchen mehr, solange du deine Legos nicht aufräumst“, der macht seine Liebe zur Handelsware. Das Kind lernt, daß die Liebe seiner Eltern verdient werden muß. Und so wächst ein Kind heran, das viel zu sehr leistungsorientiert ist und stets das Gefühl hat, es verdiene die Liebe seiner Eltern nicht. Aus solchen Kindern werden dann oft Workaholics, die glauben, nur durch Leistung akzeptiert zu werden und Lohn zu verdienen. Sagen Sie deshalb nicht zu Ihrem Kind, das gerade den Wagen gewaschen hat: „Du hast ja die Radkappen vergessen! Du bist vielleicht ein Huschel.“ So etwas ist ein Schlag für das Selbstwertgefühl Ihres Kindes. Und Sie setzen einen Perfektionismus zum Standard, der dazu führt, daß Ihr Kind ein Leben lang diesem „Ideal“ hinterherlaufen und sich oft als Versager sehen wird. Jetzt, nach getaner Arbeit, ist nicht der Zeitpunkt für die Unterweisung, wie man Radkappen schrubbt. Jetzt ist ein Lob dran! Nächste Woche können Sie gern erklären, wie man's macht. Und legen Sie auch gleich Bürste und Spray dafür hin. Weisen Sie auf die Problemzonen hin, aber bekunden Sie Ihre Zuversicht, daß Ihr Kind es schon schaffen wird. Wenn es dann gut geklappt hat, sollten Sie Ihre Freude zum Ausdruck bringen. So unterweisen Sie Ihr Kind durch Ihr Vorbild, und Sie tun es auf eine positive Weise, die das Selbstwertgefühl des Kindes stärkt.

Hilfsbereitschaft nicht nur in den eigenen vier Wänden

Die Bereitschaft, sich für andere einzusetzen, wird zu Hause gelernt und dort auch erst einmal praktiziert. Doch sobald eine solche Einstellung in Fleisch und Blut übergegangen ist, wird sie sich auch im weiteren sozialen Umfeld positiv bemerkbar machen. Es gibt viele Beispiele für gute Taten außerhalb der Familie: Man könnte einem einsamen Menschen einen Kuchen backen, einer gebrechlichen alten Dame die Einkäufe machen, das Laub in Nachbars Garten harken, sich die Zeit nehmen, einem Freund in Not zuzuhören oder Nachbars Hund im Urlaub versorgen. Wenn in einer Gesellschaft genug Familien sind, die sich auch außerhalb der eigenen vier Wände für andere Menschen einsetzen, dann wird diese Gesellschaft auch funktionieren. Das Gegenteil ist die Ellenbogengesellschaft, in der immer mehr Menschen nur auf den eigenen Vorteil bedacht sind. Eine solche Gesellschaft ist auf Dauer nicht funktionstüchtig.

Bei unseren Übungen fangen wir am besten auch wieder bei unserem Elternhaus an. Sie kennen die Übung schon; wir wollen sie nur ein wenig verändern. Wir wollen uns fragen, wie groß die Hilfsbereitschaft in Ihrem Elternhaus anderen Menschen gegenüber war. Beurteilen Sie jedes Familienmitglied auf einer Skala von 0 bis 10, wobei 10 bedeutet, daß derjenige sich mit viel Engagement für Menschen außerhalb der Familie eingesetzt hat. Keine Punkte bekommen Angehörige, die sich so gut wie nie um andere Menschen gekümmert haben. Laden Sie auch Ihren Partner dazu ein, diesen Test zu machen. Diskutieren Sie anschließend Ihre Ergebnisse. Seien Sie so konkret wie möglich, indem Sie Ereignisse aus Ihrem Leben berichten. Es kann viel Spaß machen, sich an positive Dinge von früher zu erinnern. Und es fallen einem wieder Dinge ein, an die man schon Jahre nicht mehr gedacht hat.

Anschließend wenden Sie sich der eigenen Familie zu. Jeder in der Familie sollte die anderen nach dem gleichen Schema bewerten wie in der Übung zuvor. Danach sprechen Sie gemeinsam über Ihre Bewertungen. Nennen Sie konkrete Beispiele als Begründung für Ihre Ergebnisse. Haben Sie dabei mehr die positiven Seiten im Auge, und bewerten Sie Ihre Lieben so anerkennend wie möglich!

Sie sollten sich zur Gewohnheit machen, beim Abendessen reihum zu erzählen, was Sie an diesem Tag für andere getan haben - und wenn einer nur einen Bleistift aufgehoben und an den Besitzer zurückgegeben hat.

Wenn Sie das jeden Abend tun, so ist dies eine Anregung für Sie alle, dem anderen nachzueifern. Jede Hilfeleistung und jeder Liebesdienst wird bewußter wahrgenommen. Und so kann man sich einfach darüber freuen, einem anderen Menschen außerhalb der Familie etwas Gutes getan zu haben. Die ganze Einstellung zum Leben wird dadurch positiver. So ist es in jedem Fall besser, als wenn alle Familienmitglieder mißmutig berichten, was wieder alles schiefgelaufen ist an diesem Tag und wie andere ihnen übel mitgespielt haben.

Was man praktisch tun kann

Vielleicht nehmen Sie sich einmal im Monat vor, mit der ganzen Familie ein größeres Hilfsangebot auszusprechen. Damit unterstützen Sie nicht nur andere, es nützt auch Ihrer Familie, weil Sie etwas gemeinsam erleben. Da zieht ein Freund um, und Sie in der Familie sind sich einig, die alte Wohnung zu putzen, wenn der Möbelwagen abgefahren ist. Jemand, der die Wohnung nicht mehr verlassen kann, wartet händeringend auf Besuch. Die ganze Familie oder ein Teil entschließt sich, dorthin zu gehen. Man plaudert ein Stündchen, redet über alte Zeiten und versucht, ein bißchen Spaß zu machen. Sie erfahren, daß ein Freund finanziell in der Klemme sitzt. Sie kommen in der Familie überein, dem Freund zu helfen, indem sie eine bestimmte Summe von Ihrem Haushaltsbudget abzweigen. Bei einer alten Witwe sind die Dachrinnen verstopft, der Rasen muß gemäht werden, oder Malerarbeiten sind fällig. Sie als Familie kommen überein, hier zu helfen und die Not zu lindern.

Ich bin einmal mit der Studentengruppe aus unserer Gemeinde durch unseren Ort gefahren, um zu schauen, in welchen Vorgärten noch viel Laub lag. Meine Tochter Shelley, die damals zehn war, begleitete uns. Irgendwann entdeckten wir ein solches Grundstück. Wir klopften an und erzählten der alten Dame, die uns öffnete, was wir vorhatten. Wir seien eine Studentengruppe, die betagten Mitbürgern helfen wolle. Und wir hätten nun gern gewußt, ob wir das Laub auf ihrem Rasen zusammenharken dürften. „Ich verstehe nicht ganz“, sagte sie, und man merkte ihr an, wie verblüfft sie war. Ich wiederholte unser Angebot, und dann antwortete sie: „Fein, ich bezahle euch auch etwas, wenn ihr das Laub zusammenfegt. Ich habe schon so viele Leute gefragt, aber es hat sich bisher niemand gefunden, der es tun wollte.“

„Wir wollen kein Geld“, erklärte ich. „Wir haben einfach Spaß daran, anderen zu helfen." Ich weiß nicht, ob sie unsere wahren Motive mitbekam. Aber sie war einverstanden. Eine Woche später rief sie bei der Sekretärin unserer Gemeinde an und schwärmte von der so außerordentlich netten Studentengruppe, die ihr Laub zusammengeharkt habe. Da sie sich nicht sicher sei, ob es nicht doch Engel gewesen seien, habe sie angerufen, um sich zu vergewissern. Können Sie sich vorstellen, welchen positiven Eindruck diese Aktion bei unserer Tochter hinterlassen hat? Sie ist inzwischen Ärztin, und noch immer hat sie die Einstellung, daß der Dienst am Nächsten etwas ganz Wichtiges ist.

Ob wir jemand das Laub harken oder einen Eingeschneiten freischaufeln – solche Liebesdienste hinterlassen immer positive Erinnerungen, die uns ein Leben lang begleiten. Das sind die schönen Erlebnisse, über die Geschwister reden, wenn sie erwachsen geworden sind und an früher denken. Außerdem haben solche Hilfsaktionen das Potential, das soziale Klima in einem Wohnblock oder einer Siedlung zum Besseren zu wenden.

Anmerkung

1. Apostelgeschichte 20,35

Merkmal Nummer 2:

Persönliche Nähe zwischen Mann und Frau

5. Wie wichtig ist persönliche Nähe?

Das zweite Merkmal einer glücklichen Familie ist die persönliche Nähe zwischen Mann und Frau. Dafür haben wir unser Jawort gegeben! Was wir damals im Standesamt unterzeichnet haben, war keine Kriegserklärung. Wir haben mit unserem Namen unterschrieben, weil wir unser beider Leben zu gemeinsamem Glück vereinen wollten. Auf jeden Fall wollten wir jene durch Hingabe gekennzeichnete Beziehung weiterführen, an die wir uns in der Zeit der Verliebtheit gewöhnt hatten. Wir erwarteten Vertrautheit und Nähe. Doch bei vielen Paaren ist es mit der Vertrautheit und Nähe vorbei, sobald die Verliebtheit abebbt. Es kann sich sogar herausstellen, daß man sich noch nicht einmal darüber einigen kann, was unter Nähe zu verstehen ist.

Am Ende eines Seelsorgegespräches sah der Mann mich einen Augenblick an und sagte: „Wenn unser Sexualleben wieder in Gang käme, wäre alles in Ordnung. Doch da wir kaum noch miteinander schlafen, habe ich das Gefühl, daß ich ihr gleichgültig bin. Und das halte ich auf Dauer nicht aus." Nun war es heraus. Er hatte ausgesprochen, was ihn bewegte. Und ich merkte, daß er sich erleichtert fühlte. Es stimmte mich als Seelsorger zuversichtlich, daß er so offen über sein Bedürfnis nach sexueller Intimität sprach.

In den zwei Sitzungen hatte sich auch seine Frau über ihren Mann beklagt: „Wir unternehmen gar nichts mehr gemeinsam. Ständig ist er unterwegs. Früher haben wir viel zusammen unternommen. Das Gespräch zwischen uns ist fast ganz zum Erliegen gekommen. Wir unterhalten uns kaum noch. Er begreift gar nicht, was in mir vorgeht.

Wenn ich mal anfange zu erzählen, was mich bekümmert, dann hat er eine schnelle Antwort parat und geht aus dem Zimmer." Sie sehnte sich offenbar nach emotionaler Nähe.

Die Tatsache, daß sie in meinem Büro saßen, zeigte immerhin eins ganz deutlich: Sie waren sehr besorgt um ihre Ehe. Sie wußten, daß es zwischen ihnen nicht mehr stimmte. Jeder sehnte sich nach Nähe, doch beide hatten unterschiedliche Aspekte derselben Sache im Auge. Ihm ging es um die körperliche Nähe und ihr um die emotionale. Diese unterschiedlichen Bedürfnisse sind nicht selten. Tragisch ist nur, wenn Paare sich schon jahrelang darüber beklagen, nicht die Nähe vom andern zu bekommen, nach der sie sich sehnen, und dabei selbst nicht wissen, wie sie dem anderen seine Wünsche erfüllen sollen. In den folgenden Kapiteln wollen wir uns mit der wichtigen Rolle ehelicher Intimität beschäftigen, und wir wollen Ihnen ein paar praktische Tips geben, wie man für diese Nähe sorgt.

Was ist mit Nähe gemeint?

Persönliche Nähe entsteht dort, wo zwei Menschen einander ihr Innerstes preisgeben. Das geschieht auf der emotionalen, intellektuellen, körperlichen und geistlichen Ebene. Nähe bedeutet, in allen Lebensbereichen intensive Kommunikation zu haben. Ihre Zeichen sind Liebe und Vertrauen: Wir sind fest davon überzeugt, daß der andere nur unser Wohl im Sinn hat. Und so können wir uns ihm getrost öffnen, ohne Angst zu haben, daß das, was wir äußern und offenlegen, gegen uns verwendet werden könnte.

Das Verlangen nach Nähe und Intimität zwischen Mann und Frau ist so alt wie das Menschengeschlecht. Der bekannteste Bericht über die Herkunft des Menschen steht in jenem alten jüdischen Buch, das auf hebräisch den Titel „Im Anfang" hat. Es erzählt, daß die Frau aus der Rippe des Mannes geschaffen wurde. Als der Mann danach aus einem tiefen Schlaf erwachte und die Frau sah, die Gott geschaffen hatte, rief er aus: „Das endlich ist Bein von meinem Bein und Fleisch von meinem Fleisch. Frau soll sie heißen; denn vom Mann ist sie genommen."[1] Da stand sie vor ihm: ein Spiegelbild und dennoch mit individuellen Merkmalen. Jedenfalls sah sie ihm ähnlicher als alles, was er zuvor gesehen hatte. Doch da waren auch die Unterschiede. Es stand ein Wesen vor ihm, das nicht er selbst war, mit dem er sich aber dennoch spontan tief verbunden fühlte. Beide spürten ihre Seelenverwandtschaft. Das war keine oberflächliche Begegnung. Es begegneten sich zwei Wesen, die sich ähnlicher waren als alles andere im Universum.

Gleichheit und Individualität – das sind die beiden Aspekte einer intimen zwischenmenschlichen Beziehung. Wenn einer dieser Aspekte fehlt, können wir nicht mehr von emotionaler Nähe sprechen. Mann und Frau sind unterscheidbare Individuen. Dennoch können sie emotional, intellektuell und geistlich in Beziehung zueinander treten. Da ist etwas im Mann, das sich nach der Frau sehnt, und etwas in der Frau, das nach der Gemeinschaft mit dem Mann verlangt. Deshalb wird eine gesunde Ehe auch niemals vom Wettstreit der Geschlechter bestimmt sein, sondern nach Ergänzung und Zusammenarbeit streben. Wir finden im anderen den Hafen, die Heimat, den vertrauten Menschen, zu dem wir uns hingezogen fühlen.

Die sexuelle Intimität ist einer der vier Aspekte persönlicher Nähe. Allerdings darf sie nicht vom emotionalen, intellektuellen und geistlichen Aspekt getrennt werden. Diesen Fehler hatte das Paar begangen, von dem ich weiter oben erzählte. Er wollte in erster Linie sexuelle Intimität, und sie sprach sich für mehr Zweisamkeit aus. Keiner von beiden hatte verstanden, daß sie ein und dasselbe wollten. Sie sehnten sich nach Nähe, Anerkennung und Liebe. Doch jeder sah nur jeweils einen Aspekt derselben Sache.

In einer gesunden Ehe müssen die Partner verstehen, daß ihr Wunsch nach Intimität und Nähe von ihrer Persönlichkeit geprägt wird. Dieser Wunsch war auch meist zuallererst das Motiv, genau diesen Partner zu heiraten. Die meisten Paare können auf eine Zeit in ihrer Beziehung zurückschauen, in der sie wirklich verliebt waren. Sie erlebten damals große emotionale Nähe. Und alles begann mit jenem „Kribbeln im Bauch", das Ausdruck einer körperlichen und emotionalen Anziehung ist. Dieses Kribbeln treibt uns dazu, uns wiedersehen zu wollen und soviel wie möglich miteinander zu unternehmen. Wenn dann die Verliebtheit ihren Höhepunkt erreicht hat, haben wir ein tiefes Gespür dafür, einander ganz zu gehören. Bei beiden ist die Bereitschaft vorhanden, sich zu öffnen, ehrlich zu sein und die tiefsten Geheimnisse preiszugeben. Wir leben mit der Gewißheit im Herzen, einander auf ewig zu lieben. Wir wünschen uns nichts sehnlicher als das Glück des anderen, und wir meinen, unser eigenes Glück hinge von der Gegenwart des anderen ab. Es ist diese Erfahrung größter Einheit und Nähe, die uns den Mut gibt, ein auf Lebenszeit angelegtes Eheversprechen zu geben. (Mehr über das Phänomen „Verliebtheit“ finden Sie in meinem Buch *Die fünf Sprachen der Liebe, Kapitel 1.)*[2]

Wo ist die Nähe geblieben?

Jennifer weinte bitterlich, und ich reichte ihr eine Packung Papiertaschentücher. „Ich verstehe das nicht“, sagte sie. „Vor der Hochzeit habe ich mich Bob noch so nahe gefühlt. Wir haben über alles reden können. Er war freundlich, zärtlich und verständnisvoll. Er schrieb mir Gedichte und schenkte mir häufig Blumen. Doch das ist alles vorbei. Ich erkenne ihn gar nicht wieder. Er ist nicht mehr der Mann, den ich geheiratet habe. Wir können kaum noch miteinander reden, ohne uns gleich wieder zu streiten. Es scheinen Welten zwischen uns zu liegen. Ich weiß, daß er sich so miserabel fühlt wie ich. Er ist bestimmt nicht glücklich.“

Was ist aus der Nähe und Intimität zwischen Jennifer und Bob geworden? Ihr Problem ist so alt wie die Menschheit. Bereits in dem alten hebräischen Bericht der Bibel über den Ursprung des Menschen lesen wir davon, wie Mann und Frau einander fremd wurden und sich der Abstand zwischen ihnen vergrößerte. Der Verfasser schreibt über die am Anfang noch so problemlose Beziehung: „Beide, Adam und seine Frau, waren nackt, aber sie schämten sich nicht voreinander.“[3] Das ist ein sehr anschauliches Bild. Mann und Frau bedeckten sich noch nicht mit Kleidern. Dieses Sinnbild illustriert die ungetrübte Intimität in dieser Beziehung. Da lebten zwei Menschen miteinander, die gleichwertig waren und auf emotionaler, spiritueller und leiblicher Ebene engste Beziehung pflegten. Jeder war für den anderen ein offenes Buch, und sie schämten sich dessen nicht. Diese Offenheit und Annahme, dieses Vertrauen und die daraus resultierende Lebensfreude sind wohl die Sehnsucht jeden Paares.

Doch schon ein paar Sätze weiter in diesem alten Dokument lesen wir, daß sich eben jener Mann und jene Frau mit Feigenblättern bedeckten, nachdem sie Gott gegenüber ungehorsam gewesen waren. Sie versteckten sich vor Gott und voreinander. Ihre Scham war plötzlich begründet. Zum erstenmal erlebten diese beiden Menschen, was Furcht ist. Ihre Blöße war ihnen unerträglich geworden. Die Schuld lastete schwer auf ihnen, und die Scham übermannte sie. Die Unschuld, mit der sie sich bis dahin völlig ungeschützt begegnen konnten, war dahin, und sogleich wies Adam alle Schuld von sich. Eva sei verantwortlich für alles, aber Eva beschuldigte die Schlange. Noch bevor der Tag sich neigte, verkündete

Gott, was die Sünde nach sich ziehen würde: Er bekleidete sie mit Fellen und wies sie aus dem paradiesischen Garten. Der Garten Eden ist nur noch schöne Erinnerung, und das Leid ist Realität geworden.

Gibt uns dieser Bericht nicht eine symbolische und höchst anschauliche Darstellung von der Situation, in der auch wir stecken? Die meisten Paare träumen nur von der ungetrübten Intimität der zwei Menschen im Paradies. Vielleicht gehen wir ja noch in die Ehe mit viel persönlicher Nähe zwischen uns. Doch irgendwann wird aus der Intimität Isolation.

Wie kommt es dazu? Paare sprechen immer wieder davon, sie hätten das Gefühl, eine Mauer wachse zwischen ihnen empor. Vielleicht erinnern Sie sich ja auch an eine Episode wie die folgende, die sich bei Tom und Ellen in den ersten Wochen ihrer Ehe zutrug. Es herrschte eitel Sonnenschein – bis Tom an einem Donnerstagabend nach Hause kommt und sagt: „Weißt du was, Schatz, am Wochenende werde ich mit den Jungs angeln gehen. Ist doch 'ne tolle Idee, oder? Die Fische sollen im Moment beißen wie noch nie!“

Ellen erwidert: „Angeln? Mit den Jungs? Du bist verheiratet!“ Da dämmert es ihm zum erstenmal, worauf er sich eingelassen hat.

„Du glaubst doch nicht etwa, daß ich mein Angeln aufgebe, nur weil wir verheiratet sind?“ fragt er zurück.

Und sie antwortet: „Das nicht. Aber immerhin willst du mich ein ganzes Wochenende allein lassen.“

„Keiner der Jungs nimmt seine Frau mit“, gibt er zu bedenken.

„Außer Steve sind sie ja alle nicht verheiratet. Und auch er lebt getrennt.“ Ihre Miene verfinstert sich, und Tränen rinnen ihr über die Wangen. „Ich kann einfach nicht glauben, daß du so etwas tun willst.“ Sie schluchzt. „Wir sind doch erst drei Wochen verheiratet.“ Sie schluchzt noch mehr. „Aber Mutti hat es mir vorausgesagt.“

Sie verzieht sich schmollend aufs Sofa, und er verläßt das Zimmer.

Diese Erfahrung war der erste Stein einer Mauer zwischen den beiden. Doch da sie damals noch verliebt waren, vergaßen sie die Kränkung und Enttäuschung schnell. Nach ein paar Tagen war alles wieder im Lot. Zwei Monate später gab es ein weiteres negatives Erlebnis, und der nächste Stein kam in die Mauer. Und so ging es fort. Es dauerte gar nicht lange, da war eine Wand zwischen ihnen errichtet, die sie eigentlich gar nicht wollten. Die persönliche Nähe war nicht mehr da, und es trennte sie eine Mauer der Enttäuschungen.

Wie kann man die Nähe wiederherstellen? Die Antwort ist schlicht: *Die Mauer muß eingerissen werden.* Aber das ist gar nicht so leicht, wie es sich anhört. Man muß dazu auf den anderen zugehen und sagen: „Ich habe über uns beide nachgedacht, und da ist mir klargeworden, daß nicht du allein das Problem für unsere Ehe bist. Ich habe darüber nachgedacht, wie unsere Beziehung so gelaufen ist. Und da ist mir aufgefallen, daß auch ich dir oft unrecht getan habe. Mir fallen da einige Situationen ein. Ich möchte noch einmal darüber sprechen und dich dann um Verzeihung bitten." In dem Augenblick, da Sie bereit sind, Ihre Fehler einzugestehen, beginnt das Mauerwerk auf Ihrer Seite zu bröckeln. Wenn dann Ihr Partner auch bereit ist, Ihnen zu vergeben und eigene Fehler einzugestehen, wird die Mauer von beiden Seiten eingerissen, und die Nähe stellt sich ganz automatisch wieder ein. Damit aber die Mauer in Trümmern liegenbleibt, müssen wir es uns zur Gewohnheit machen, Fehler sofort einzugestehen, wenn sie uns unterlaufen. Niemand ist perfekt. Wir werden unseren Partner immer wieder enttäuschen. Doch wenn wir bereit sind, diese Fehler einzugestehen und um Vergebung zu bitten, können wir verhindern, daß alte Trümmer eine neue Mauer bilden.

Nähe ist ein Prozeß

Nähe ist kein einmal erreichter Zustand, sondern immer ein dynamischer Prozeß. Wir können sie nicht herstellen und dann als einen Schatz für den Rest unseres Lebens aufbewahren. Das Medium, durch das wir diesen Prozeß „Nähe" in Gang halten, ist Kommunikation. Und Kommunikation besteht aus zwei Elementen: Da ist einerseits die *Selbstoffenbarung:* Wir teilen dem anderen Gedanken, Gefühle und Erfahrungen mit. Auf der anderen Seite ist die *Aufnahmebereitschaft* für die Selbstoffenbarung des Partners. Wir versuchen zu verstehen, was der andere denkt und fühlt. Dieser schlichte Vorgang – Reden und Zuhören – sorgt dafür, daß wir uns emotional nicht aus den Augen verlieren.

Wir sind keine Gedankenleser. Wir können zwar beobachten, was unser Partner tut, aber wir wissen nicht so ohne weiteres, welche Gedanken, Gefühle und Motive dahinterstecken. Wir sehen, daß der andere weint. Doch wir wissen nicht, was seine Tränen hervorbrechen läßt. Wir erleben den Wutausbruch des Partners, doch wir wissen nicht, was ihn so außer sich geraten ließ. Nur wenn wir uns gegenseitig öffnen, werden wir Vertrautheit und Nähe spüren. Warum aber ist diese schlichte Fähigkeit, zu reden und hinzuhören, im Umfeld der Ehe so schwer in die Tat umzusetzen? Als wir noch befreundet oder verlobt waren und uns mit gespannter Erwartung verabredeten, schienen wir noch Experten zwischenmenschlicher Kommunikation zu sein. Stundenlang haben wir geredet und zugehört. Wir haben die innersten Geheimnisse unserer Vergangenheit preisgegeben und zuweilen unseren Gefühlen sogar poetisch Ausdruck verliehen. Warum nimmt diese Fähigkeit zur Kommunikation nach der Hochzeit so ab?

Was behindert die emotionale Nähe?

Auch wenn die emotionale Nähe längst verlorengegangen ist, unterhalten sich die meisten Paare immer noch über Fragen der Familienlogistik: *Wann soll ich die Kinder abholen? Wann fängt die Veranstaltung an? Wollen wir heute mittag mal essen gehen? Wann muß ich da sein, damit ich die Aufführung der Kinder nicht verpasse? Holst du die Sachen heute von der Reinigung ab? Ich gehe mal eben mit dem Hund raus.* Diese Gesprächsebene funktioniert oft noch, wenn auf der emotionalen, intellektuellen und geistlichen Ebene überhaupt nichts mehr läuft. Doch durch solche oberflächlichen Kurzgespräche entsteht keine emotionale Nähe. Sie stellt sich erst ein, wenn wir über Gefühle, Gedanken und Erfahrungen reden, wenn wir erzählen, was uns innerlich bewegt, wonach wir uns sehnen und was uns frustriert. Was aber hindert den Kommunikationsfluß auf dieser tieferen, emotionalen Ebene? Ich möchte hier ein paar Gründe nennen.

Wir vermeiden es, über unsere Gefühle zu reden, weil wir selbst keinen Zugang zu ihnen finden. Wir sind aus den verschiedensten Gründen und Motiven dazu erzogen worden, unsere Gefühle zu unterdrücken. Jemand hat uns früher immer wieder eingeredet, daß das, was wir fühlten, abstoßend sei. Was haben unsere Eltern uns nicht alles vorgehalten? „Spiel dich nicht so auf. Halt den Mund!" hieß es da. Und die Großmutter sagte zum Enkel: „Aber, aber, große Jungen weinen doch nicht!"

Bei anderen prägen noch immer tiefe emotionale Verletzungen aus der Kindheit den Alltag ihres Erwachsenenlebens. Vielleicht haben sich die Eltern scheiden lassen, oder das Kind wurde sexuell mißbraucht, möglicherweise sogar mißhandelt. Auch der Kummer über den frühen Tod eines Elternteils könnte tiefe Spuren hinterlassen haben. Solche Erlebnisse werden von vielen Kindern überhaupt nicht richtig verarbeitet. Die dazugehörenden Gefühle liegen tief im Innersten des Menschen begraben. Und irgendwann hat der Betreffende ganz aufgehört zu fühlen, weil die Kraft zum Ausgraben erlahmt. Er spaltete den Verstand von der Gefühlswelt ab und hat bald keinen Zugang mehr zu seinen Emotionen. Wenn man solch einen Menschen fragt: „Was geht in dir vor, wenn du deine krebskranke Schwester so leiden siehst?“, dann wird er antworten: „Tja, was soll man machen? Ich hoffe nur, daß sie es bald überstanden hat.“ Er solidarisiert sich nicht mit dem Leid, weil er keinen Zugang zu seiner Gefühlswelt hat. Solche gefühlskalten Menschen bräuchten eigentlich einen ausgebildeten Seelsorger oder Therapeuten. Die Vorwürfe des Partners, der andere spreche nicht über seine Gefühle, helfen ihm wenig.

Der zweite Grund, warum wir so ungern über unsere Gefühle reden, ist die Angst vor der Reaktion. Wir fürchten, daß der andere unsere Gefühle verurteilt, uns vorhält, wir hätten anders zu fühlen, und uns schließlich ablehnt. Diese Angst mag ihren Ursprung in Erfahrungen mit dem Partner haben oder auf Erlebnisse aus der Kindheit zurückzuführen sein. Solche Ängste wirken wie Blockaden, die jedem Versuch, Nähe herzustellen, im Wege stehen. Um sie zu überwinden, müssen wir sie uns zunächst einmal eingestehen. Wir müssen den Mut bekommen, darüber zu reden. Nur wenn wir das tun, können wir sie verarbeiten und überwinden.

Der dritte Grund, warum manche Menschen nicht über Gefühle reden wollen, ist die Vorstellung, daß sich ganz bestimmte Gefühlsregungen nicht gehören. Manche haben schon als kleine Kinder gelernt, daß Emotionen wie Angst, Wut oder Traurigkeit nicht erwünscht sind. Anständige Menschen würden solche Gefühle nicht haben.

Doch wenn wir gelernt haben, es sei nicht richtig, Emotionen wie Wut oder Niedergeschlagenheit überhaupt zu haben, werden wir sie eher verleugnen, als sie mit dem Partner zu besprechen. Wir sollten also immer anstreben, unsere Wut so schnell wie möglich nach dem auslösenden Ereignis positiv zu verarbeiten.

Ein weiterer Grund, warum manche Menschen nicht über Gefühle reden, ist die Tatsache, daß sie es einfach noch nie getan haben. „Wir führen eine ganz gute Ehe. Aber über unsere Gefühle haben wir noch nie viel geredet. Warum sollten wir es jetzt plötzlich tun?“ Solch ein Satz stammt meist von einem Menschen, in dessen Elternhaus Emotionen nicht offen gezeigt werden durften. Es gehörte sich einfach nicht, Gefühle zu äußern, vor allem, wenn jemand anders auch noch Anstoß daran nehmen könnte. Dieser Mensch hat es gelernt, seine Emotionen unter Verschluß zu halten. Und so führt er dann auch seine Ehe. Auf der emotionalen Ebene gibt es wenig Nähe. Dabei ist das Gespräch über das, was uns im

Innersten bewegt, die Voraussetzung für mehr Intimität in der Beziehung. Und emotionale Intimität beeinflußt auch die sexuelle Intimität. Man kann die beiden Seiten einer Medaille nicht voneinander trennen.

Es gibt aber noch einen weiteren Grund für das Schweigen der Partner: „Ich möchte meinen Mann (meine Frau) nicht mit meinen seelischen Problemen belasten." Solch eine Aussage hört sich zunächst sehr fürsorglich an, und der Betreffende ist vielleicht wirklich um das Wohl des Partners besorgt. Es gibt auch sicher Zeiten, in denen unser Ehepartner so sehr unter Streß steht, daß es nicht besonders klug und rücksichtsvoll wäre, über unsere negativen Gefühle zu reden. Da ist es wahrscheinlich schon besser, erst einmal selbst zuzuhören und den anderen zu unterstützen, anstatt ihn noch weiter mit unseren Problemen zu belasten. Doch in einer gesunden Beziehung sollte der emotionale Austausch gleichzeitig in beide Richtungen gehen: Wenn wir nicht darüber sprechen, was uns belastet, wie soll der andere uns dann den Rücken stärken? Wir nehmen unserem Partner die Gelegenheit, mit uns in Beziehung zu treten und Anteil an unseren Problemen zu nehmen.

Diese Anteilnahme am anderen ist die Grundvoraussetzung für emotionale Nähe in einer Ehe. Als wir heirateten, verspürten wir diese emotionale Nähe, und wir hofften, sie ein Leben lang zu bewahren. Doch ohne Anteilnahme scheint die ganze Beziehung zunehmend schwächer zu werden. Sie ist also extrem wichtig für eine glückliche Familie. Nur durch sie wird eine tiefe Sehnsucht der Beteiligten gestillt, und sofern Kinder zur Familie gehören, sorgt eine innige persönliche Beziehung der Eltern dafür, daß die Kinder lernen, was Familie im Idealfall ist.

Weil der Wunsch nach Nähe in der Ehe so tief in unserer Seele verwurzelt ist, wirkt er sich auch auf alle Bereiche des Familienlebens aus. Der Umgang zwischen Mann und Frau wird von ihm bestimmt, und ebenso das Verhältnis zwischen Eltern und Kindern. Dort, wo ein enges Vertrauensverhältnis zwischen Mann und Frau herrscht, entsteht eine gesunde Atmosphäre für die Erziehung der Kinder. Dort aber, wo dieses Vertrauensverhältnis nicht mehr besteht, wachsen Kinder in einem Krisengebiet auf, und sie werden ein Leben lang unter den Verwundungen zu leiden haben.

Wer sich dafür einsetzt, ein Vertrauensverhältnis zum Partner zu schaffen, der investiert klug, denn seine Kinder werden seelisch und körperlich gedeihen. Ein Vertrauensverhältnis zwischen Mann und Frau schafft Geborgenheit und gibt Kindern ein Gefühl der Sicherheit. Eine innere Stimme sagt dem Kind: „So muß es sein zwischen Vater und Mutter."

Anmerkungen

1. Mose 2,23
2. Gary Chapman, Die fünf Sprachen der Liebe (Francke, 1994).
3. 1. Mose 2,25

6. Nähe in fünf Bereichen

Die Blockaden, die wir im fünften Kapitel besprochen haben, müssen durch ausführliche Gespräche immer wieder beseitigt werden, wenn wir unser Vertrauensverhältnis zum Partner behalten wollen. In einer funktionierenden Beziehung werden wir Hindernisse und Blockaden immer gleich wahrnehmen, und wir lernen es, offen und ohne Scheu darüber zu reden. Wir schaffen eine Atmosphäre des gegenseitigen Vertrauens, in der wir z. B. sagen können: „Ich traue mich eigentlich nicht, dir zu sagen, was ich denke. Ich habe nämlich Angst, du könntest mich verurteilen. Vielleicht hältst du mich für völlig übergeschnappt. Und das würde mich ganz schön kränken. Aber weil ich die Nähe zu dir suche und mir wünsche, daß unsere Beziehung sich immer weiterentwickelt, will ich meine Furcht überwinden und dir alles erzählen." Solch ein ehrliches Bekenntnis schafft ein Klima echter Nähe und Vertrautheit.

Woher nehmen wir den Freimut, so offen miteinander zu reden? Wir schaffen das nur, wenn die persönliche Nähe oberste Priorität in unserer Beziehung bekommt. Wir haben ja schließlich nicht geheiratet, weil wir zu bequem waren, um selber zu kochen, zu waschen, zu putzen und Kinder großzuziehen. Wir haben geheiratet, weil da eine tiefe Sehnsucht in uns war, hinter die Fassade eines anderen Menschen zu schauen und uns von ihm hinter unsere Fassade schauen zu lassen. Wir wollten lieben und geliebt werden. Wir wollten unser Leben teilen, weil wir der Meinung waren, es gemeinsam intensiver führen zu können.

Wie schaffen wir es, diese hehren Ziele in der täglichen Praxis zu verwirklichen? Es hilft uns weiter, wenn wir dazu die fünf Bereiche kennenlernen, in denen zwischenmenschliche Nähe möglich ist. (1) Wir sprechen über unsere Gedanken *(intellektuelle Nähe)*. (2) Wir unterhalten uns über unsere Gefühle *(emotionale Nähe)*. (3) Wir verbringen Zeit miteinander oder reden über Erlebnisse, die jeder allein gemacht hat *(soziale Nähe)*. (4) Wir reden über das, was unsere Beziehung zu Gott ausmacht *(spirituelle Nähe)*. (5) Wir verschenken unseren Körper *(körperliche Nähe)*. Im täglichen Leben sind diese Bereiche niemals völlig voneinander zu trennen. Aber um die Zusammenhänge besser verstehen zu können, wollen wir uns jeden einzelnen getrennt anschauen.

Intellektuelle Nähe

Sobald wir erwachen, treten wir in die Welt der Gedanken ein. Wir denken fast pausenlos und treffen Entscheidungen aufgrund dieser Gedanken. In dem Augenblick, da wir die Augen aufschlagen, ist unser Verstand aktiv. Er empfängt das, was wir sehen, hören und riechen, und gibt diesen Sinneseindrücken einen Sinn. Beim Summton des Weckers versorgt uns der Verstand mit dem Impuls, aufzustehen (oder noch fünf Minuten zu dösen). Wir gucken in den Kühlschrank und sehen, daß keine Milch mehr da ist. Daraufhin entscheiden wir, ob wir unsere Cornflakes mit Wasser essen oder uns auf dem Weg zur Arbeit ein belegtes Brötchen beim Bäcker holen. Wir denken, interpretieren und entscheiden alles mit dem Verstand. Kein Mensch kann herausbekommen, was in unserem Kopf vor sich geht, solange wir es nicht preisgeben. So geht es den lieben langen Tag. (Wen wundert es da noch, daß wir hin und wieder Kopfschmerzen bekommen!) Aber unser Denkapparat kann ja nicht nur Eindrücke verarbeiten. Er kann mit uns auch auf Reisen gehen. Während wir eine Sache erledigen, vor allem, wenn es sich um eine Routinetätigkeit handelt, können wir in Gedanken die verschiedensten Ziele ansteuern: Amerika, Timbuktu oder auch nur Oma Paula ein paar Straßen weiter. In Gedanken können wir Kontinente in Sekundenschnelle überfliegen. Wir können Gesichter sehen und Stimmen hören, die alle nur in unserem Gedächtnis gespeichert sind.

Unsere Gedankenwelt ist aber auch voller Wünsche und Sehnsüchte. Wünsche motivieren uns, die Kaffeemaschine in Betrieb zu setzen oder im Reisebüro anzurufen, um eine Reise zu buchen. Der Wunsch basiert auf dem Gedanken, daß das angestrebte Ziel Freude macht oder einen ganz bestimmten Wert für uns darstellt. Diese Gedanken, die wir Wünsche nennen, sind der Motor für viele unserer Handlungen und Verhaltensweisen. Unsere Gedankenfabrik arbeitet tagein, tagaus, von morgens bis abends. Und das ist bei unserem Partner nicht anders. Jeder lebt in seiner Gedankenwelt, ob man nebeneinander sitzt oder meilenweit voneinander entfernt ist.

Wenn wir Nähe wollen, müssen wir uns entscheiden, den anderen ganz bewußt an unserer Gedankenwelt teilhaben zu lassen. Natürlich werden wir nie alles preisgeben wollen oder können. Der Gedanke, alles ausbreiten und besprechen zu wollen, ist absurd. Dafür reicht unsere Lebenszeit nicht! Doch wer sich entscheidet, überhaupt nichts preiszugeben, der beschwört den Tod einer lebendigen und intimen Zweierbeziehung herauf. Ein Großteil unseres Lebens spielt sich in unserem Kopf ab, und deshalb werden wir intellektuelle Nähe immer dann verspüren, wenn wir uns die Zeit nehmen, Gedanken zu teilen und unsere Sicht der Ereignisse vom Tage darzulegen.

Wenn ich über „intellektuelle" Nähe spreche, meine ich nicht den Gedankenaustausch über hochkomplizierte philosophische Fragen. Entscheidend ist, daß Sie über *Ihre* Gedanken reden. Sprechen Sie ruhig über Finanzen, Atomenergie, Essen, Mode, Gesundheitspolitik oder Kriminalität. Wichtig ist, daß *Sie Ihre Gedanken* dazu offenlegen. Sie offenbaren etwas darüber, was Ihnen im Laufe des Tages durch den Kopf gegangen ist. Wenn zwei Gedankenwelten Kontakt miteinander aufnehmen, entsteht intellektuelle Nähe. In beiden Welten herrschen nicht identische Ansichten über gemeinsame Erfahrungen. Aber das ist ja gerade die Stärke einer Gedankenkoalition. Es kann sehr anregend sein, eine Reise in die Gedankenwelt des Partners zu machen und etwas über seine Beweggründe zu erfahren. Das ist intellektuelle Nähe.

Emotionale Nähe

Gefühle sind unsere intuitive, emotionale Reaktion auf alles, was wir mit unseren fünf Sinnen wahrnehmen. Ich höre, daß der Hund des Nachbarn gestorben ist, und ich habe Mitgefühl. Ich sehe die Feuerwehr durch unsere Straße rasen und bin besorgt. Du berührst meine Hand, und ich fühle mich geliebt. Ich sehe dein Lächeln, und ich spüre, daß du mir den Rücken stärkst.

Solange wir leben, haben wir Gefühle in jedem Augenblick: Ich werfe eine Münze in den Cola-Automaten. Aber es kommt weder das Getränk noch die Münze zurück. Ich habe Gefühle! Ich erfahre, daß die Firma, bei der ich arbeite, Kurzarbeit anmeldet. Ich habe Gefühle! Meine Frau ruft mich im Büro an, weil ich auf dem Nachhauseweg noch Brot besorgen soll. Oder mein Kind steigt im Volleyball von der zweiten zur ersten Mannschaft auf. Immer haben wir Gefühle, aber niemand nimmt sie so ohne weiteres wahr. Vielleicht kann der andere durch unsere Körpersprache etwas ahnen, aber unsere Gefühle nimmt er niemals direkt wahr. Weder das Lachen noch die hochgezogenen Augenbrauen sind die Gefühle selbst. Sie geben immer nur eine Ahnung von dem, was uns antreibt.

Emotionale Nähe entsteht dort, wo wir über unsere Gefühle reden und bereit sind zu folgenden Auskünften: „Ich mache mir im Augenblick große Sorgen." – „Ich bin so richtig glücklich heute abend." – „Es hat mir Mut gemacht, als ich hörte ..." – „Ich war gestern abend total peinlich berührt, als ..." – „Wenn ich ehrlich sein soll, bin ich ganz schön gekränkt." Das alles sind Aussagen, die etwas von unserem Innenleben preisgeben. Wenn wir so offen reden, signalisieren wir dem Partner, daß wir ein enges Vertrauensverhältnis zu ihm haben. Wir lassen ihn schließlich an der Welt in unserem Innern teilhaben. Wer es lernt, über seine Gefühle zu reden, macht eine wunderbare Erfahrung.

Solche Gespräche erfordern allerdings, daß wir vom anderen Toleranz erwarten können. Wenn ich mir sicher sein kann, daß mein Partner meine Gefühle nicht verdammen und nicht den Versuch unternehmen wird, sie mir auszureden, werde ich viel eher bereit sein, offen darüber zu reden. „Ich bin richtig geschafft in den letzten Tagen", sagt eine Frau, und ihr Mann entgegnet: „Wovon bist du denn geschafft? Du hockst doch den ganzen Tag zu Hause. Wie kann man da geschafft sein?" Diese Frau wird das nächstemal kaum noch den Mut haben, über ihre Gefühle zu reden. Der Mann schafft gleich ein ganz anderes Klima, wenn er antwortet: „Das tut mir aber leid. Erzähl mir mal, woher das kommt." Er solidarisiert sich mit ihr und signalisiert, daß er ihr aufmerksam zuhören will. In dieser Atmosphäre wird sie bereit sein, sich zu öffnen. Es ist diese Sicherheit, vom Partner angenommen und nicht verurteilt oder beschämt zu werden, die es uns leichtmacht, unsere Gefühle miteinander zu besprechen.

Diese Offenheit erlaubt es uns auch erst, am Glück des anderen teilzuhaben. Da berichtet eine Frau ihrem Mann: „Ich bin ganz aus dem Häuschen. Denk mal, meine alte Schulfreundin hat geschrieben. Ich habe schon jahrelang nichts mehr von ihr gehört." Hoffen wir, daß ihr Mann jetzt folgendermaßen reagiert: „Das ist ja toll! Was hat sie denn geschrieben? Erzähl mal." Wenn er jetzt noch aufmerksam zuhört, während sie von vergangenen Zeiten schwärmt, dann erleben die beiden einen Augenblick größter emotionaler Nähe.

Doch auch wenn wir über negative Dinge reden, schaffen wir emotionale Nähe. Eine Frau sagt zu ihrem Mann: „Ich fürchte, wir haben nächsten Monat so wenig Geld übrig, daß wir nichts mehr für Julias Studium abzweigen können. Das nimmt mich schrecklich mit. Aber ich weiß wirklich nicht, was wir da tun könnten." Ihr Mann könnte auf ihre Offenheit folgendermaßen eingehen: „Ich kann mir vorstellen, daß dich dieser Gedanke belastet. Wäre dir danach, mal über alles zu reden?" Danach entwickelt sich ein intensives Gespräch über die Finanzlage der Familie, und möglicherweise kommt man ja gemeinsam auf Ideen, wie man die Tochter doch noch unterstützen kann. Bei solch einem Gespräch entsteht emotionale Nähe.

Wenn wir unseren Partner an unseren Gefühlen teilhaben lassen, öffnen wir ihm den Zugang zu einem der prägendsten Bereiche unserer Persönlichkeit. Geteilte positive Gefühle verstärken das gemeinsame Glück, und geteilte negative Gefühle erleichtern uns das Leben. In einer engen und intimen Beziehung werden Gefühle nicht als Bedrohung empfunden, sondern als gute Freunde. Und das Gespräch darüber ist Teil des täglichen Lebens.

Soziale Nähe

Soziale Nähe entsteht, wenn wir Zeit miteinander verbringen und das, was uns tagtäglich widerfährt, gemeinsam bewußt erleben. Wir erleben Dinge gemeinsam, doch immer wieder gehen wir auch getrennte Wege, so daß Erlebnisse erst durch eine offene Kommunikation zu einer gemeinsamen Erfahrung werden. Durch beides entsteht soziale Nähe. Das Leben besteht größtenteils aus einer Kette von Ereignissen: Uns wird etwas mitgeteilt, uns wird geholfen, es werden uns Steine in den Weg gelegt, und wir müssen uns auf neue Situationen einstellen. Unser Vorgesetzter ermutigt uns mit einem Lob, oder seine Kritik trifft uns wie ein Keulenschlag. Tim kommt mit einer Fünf in Mathematik nach Hause. Mary kommt mit hohem Fieber von der Schule. Das Leben ist eine Kombination aus Routine und unerwarteten Ereignissen. Viele dieser Dinge ereignen sich, während wir gerade nicht mit unserem Partner zusammen sind. Erst wenn wir uns im Gespräch darüber austauschen, haben wir das Gefühl, am Leben des anderen teilzuhaben. Das, was mein

Leben ausmacht, beschränkt sich nicht auf die Erfahrungen, die ich im Laufe des Tages unmittelbar mache. In dem Augenblick, da ich mit meinem Partner Erfahrungen austausche, erweitert sich mein Horizont. Wir werden in das Betätigungsfeld des anderen mit hineingezogen. Wir empfinden uns als Einheit im sozialen Gefüge, und wir bekommen mit, was dem anderen in seinem Leben wichtig ist.

Das Gespräch über Erlebtes mündet oft in einen Austausch über Gedanken und Gefühle. Wir erzählen einander, wie wir bestimmte Ereignisse verstehen und deuten. Und vielleicht sprechen wir auch über die begleitenden Gefühle. Schon viele Jahre habe ich es mir in meinen Eheseminaren zur Gewohnheit gemacht, den Teilnehmern die Reservierung einer täglichen „Gesprächszeit" ans Herz zu legen. In dieser Zeit erzählt einer dem anderen mindestens drei Erlebnisse des Tages und was er dabei empfunden hat. Haben Paare sich daran gehalten, so wurde dieser Augenblick oft zum Höhepunkt des Tages. Wie viele berichteten, habe man in dieser reservierten Zeit ganz stark soziale Nähe empfunden.

Aber auch die gemeinsamen Aktivitäten sind wichtig für die soziale Nähe. Sie können zusammen zum Kegeln gehen, Scrabble spielen oder eine Magnolie im Vorgarten pflanzen. Man kann auch zusammen einen Einkaufsbummel machen (was für manche Männer sogar noch ein Liebesdienst an ihren Frauen wäre). Aktivitäten im weitesten Sinne machen den größten Teil unseres Lebens aus. Wenn wir also *gemeinsam* aktiv werden, entsteht zwischen uns nicht nur ein förderlicher Teamgeist, sondern wir sorgen auch dafür, daß sich Nähe zwischen uns einstellt.

Gemeinsame Unternehmungen gehören meist zu den schönsten und lebendigsten Erinnerungen in unserem Leben. Werden meine Frau und ich je vergessen, wie wir zusammen den Mount Mitchell bestiegen haben, wie wir versuchten, unsrem Fiffi das Fell zu stutzen, oder zu zweit zum Rodeln gingen, bevor die Kinder kamen? Als die Kinder dann da waren, schlichen wir uns eines Abends hinaus, während die Kleinen schon schliefen, um ein paarmal unseren Rodelberg hinunterzufahren.

In einer heilen Familie gehört soziale Nähe zum täglichen Umgang. Zeitdruck, Streß und andere Hindernisse müssen immer wieder auf die Tagesordnung gesetzt werden bei Familienkonferenzen. Mann und Frau müssen ständig daran arbeiten, daß sie genug Zeit finden, Gemeinsames zu erleben und Dinge zu tun, die beiden Spaß machen.

Spirituelle Nähe

Von allen Bereichen persönlicher Intimität in der Ehe wird die spirituelle Nähe oft am wenigsten beachtet. Und doch hat sie großen Einfluß auf alle anderen Bereiche. Als ich vor vielen Jahren anfing, mich wissenschaftlich mit Anthropologie zu beschäftigen, hat mich die Entdeckung fasziniert, daß man überall dort, wo man Menschen begegnet, den Glauben an eine geistliche Welt vorfindet. Es gibt nur wenige Bereiche der menschlichen Kultur, die derart weit verbreitet sind. Ich bin jedenfalls nach vielen Jahren des Forschens zu dem Schluß gekommen, daß in diesem Jahrhundert der Versuch, die geistliche Natur des Menschen zu leugnen, vollkommen gescheitert ist. Das gegenwärtige Interesse der westlichen Kultur an esoterischen Bewegungen (deren Gedankengut oft sehr alt ist), an östlichen Religionen und an allen möglichen Psychosekten ist ein Beleg dafür, daß der postmoderne Mensch im Westen noch immer auf der Suche nach seiner Seele ist. Meine persönliche Überzeugung ist es, daß der Mensch die Quelle spiritueller Erkenntnis verließ, als er seinen christlichen Glauben ablegte, um im wissenschaftlichen Materialismus die Erleuchtung zu finden.

Zu welcher Religion oder Nichtreligion wir uns auch immer bekennen – unsere Ehe wird in jedem Fall von unserem Glauben oder unserer Weltanschauung nachhaltig beeinflußt. Da zur Ehe zwei Menschen gehören, die Nähe zueinander suchen, müssen sie über ihre individuellen geistlichen Erfahrungen und Erlebnisse ins Gespräch kommen. Die Vorstellung, der Glaube sei Privatsache, ist genauso irrig wie die Annahme, Gefühle seien kein Gegenstand zwischenmenschlicher Kommunikation. Wenn wir es kategorisch ablehnen, über unsere geistlichen Erfahrungen einen Gedankenaustausch zu führen, mißachten wir einen ganz wichtigen Aspekt unseres Menschseins, und wir schaffen dadurch Distanz zwischen uns als Mann und Frau.

Spirituelle Nähe erfordert nicht Übereinstimmung in jeder Detailfrage des Glaubens. Wie in allen anderen Bereichen zwischenmenschlicher Nähe geht es in erster Linie darum, dem anderen Informationen über unserer Innenleben zu geben. Wenn wir über Gefühle, Gedanken und Erfahrungen reden, teilen wir dem Partner Dinge mit, die er sonst nie erfahren hätte. Wenn wir die geistliche Nähe suchen, tun wir dasselbe. Wir sprechen offen über unsere Gedanken, Erfahrungen, Empfindungen und Deutungen geistlicher Fragen. Ziel ist nicht die Übereinstimmung, sondern das Verständnis. Unsere geistlichen Erfahrungen, Gefühle und Interpretationen werden keineswegs immer identisch sein. So haben Sie sich vielleicht diese Woche ganz ausgiebig mit der Liebe Gottes beschäftigt, während Ihr Partner sich genauso intensiv mit der Gerechtigkeit Gottes auseinandergesetzt hat. Er versucht, einen Aspekt von Gottes Wesen zu ergründen, während Sie gerade über einen ganz anderen meditieren und nachdenken. Wenn wir nun bereit sind, diesen Lebensbereich einander zu öffnen, werden wir uns gegenseitig bereichern, und das Ergebnis ist spirituelle Nähe.

Gestern abend kam meine Frau ganz aufgeregt in mein Büro und sagte: „Das muß ich dir einfach vorlesen!“ Und sie fing an, einen ziemlich langen Abschnitt aus Victor Hugos Roman *Die Elenden*[1] vorzulesen. Darin war von einem Bischof Digne die Rede, der mit einem Strafgefangenen zusammentraf. Dieser war gerade entlassen worden. Und er hoffte inständig, daß der Bischof ihn einließe und zu einem Mahl lade. Man hatte dem Mann zuvor in der Stadt schon mehrfach die Tür gewiesen und Essen und Logis verweigert. „Ihr kennt ja noch nicht einmal meinen Namen“, hatte der Mann verwundert bemerkt, worauf der Bischof antwortete: „Doch, doch, ich kenne deinen Namen. ‚Bruder‘ ist dein Name.“ Karolyn las noch, wie liebevoll dieser Bischof auf seinen Gast einging, der ein so schlimmes Leben hinter sich hatte. Danach erzählte sie mir, was sie bei dieser Passage empfunden und gedacht hatte. Und sie erinnerte mich daran, daß sie die Theaterfassung einmal in New York auf der Bühne gesehen hatte. Sie berichtete, und ich hörte zu, wodurch wir einen Augenblick echter spiritueller Intimität erlebten.

Spirituelle Nähe bedeutet aber auch einen Gedankenaustausch über rein geistliche Dinge. Tricia hatte gestern morgen Psalm 23 gelesen. Ihr war dabei aufgefallen, wie persönlich dieser Psalm durch die verwendeten Personalpronomen wirkte: „Der Herr ist *mein* Hirte. *Mir* wird nichts mangeln. Er weidet *mich* auf grünen Auen ...“ Gestern abend hat sie dann mit ihrem Mann darüber gesprochen, und er erzählte von seiner Begegnung mit einem Schafhirten in Australien. Beide erlebten dabei geistliche Nähe.

Geistliche Nähe wird nicht nur durch das Gespräch gefördert, sondern auch durch gemeinsame Erlebnisse. Wir gehen immer zusammen als Familie zum Gottesdienst. Und dieser gemeinsame Gottesdienstbesuch stärkt unsere Gemeinschaft. Wir benutzen das gleiche Gesangbuch und hören uns dieselben Worte singen. Und wir halten uns zum Gebet an den Händen. Auf dem Heimweg reden wir dann oft über das, was uns am Gottesdienst besonders gefallen hat.

Das gemeinsame Gebet ist ein weiteres förderndes Element für spirituelle Nähe. Es gibt wohl kaum etwas Persönlicheres als ein Gebet, das aus dem Herzen kommt. Zwei Menschen, die sich zum Gebet treffen, werden die spirituelle Nähe ganz besonders spüren. Wann sind wir verletzlicher, als wenn wir zu zweit ins Gebet gehen? All jenen, die sich unwohl fühlen bei dem Gedanken, laut mit dem Partner zu beten, möchte ich raten, sich bei den Händen zu fassen, die Augen zu schließen und leise für sich zu beten. Wenn Sie aufhören möchten, sagen Sie einfach Amen. Auch wenn der andere Amen sagt, bevor Sie Ihre Gedanken im Gebet ausgesprochen haben, so sind Sie sich innerlich doch nähergekommen. Sie haben einen Augenblick geistlicher Nähe erlebt.

Körperliche Nähe

Weil sich Männer und Frauen in ihrer Sexualität unterscheiden, verstehen sie unter geschlechtlicher Intimität oft etwas ganz anderes. Für den Ehemann ist der körperliche Aspekt oft der wichtigere. Das Sehen, Berühren, Fühlen sowie das Erleben von Vorspiel und Höhepunkt stehen im Mittelpunkt seines Interesses. Dieses Erleben ist für ihn erregend und befriedigend zugleich. Die Frau dagegen sucht körperliche Nähe eher auf der emotionalen Schiene. Für sie ist das Glück am größten, wenn sie geliebt, umschwärmt, bewundert und liebkost wird. Wenn der körperlichen Begegnung Komplimente und vielleicht der eine oder andere Liebesdienst vorausgehen und sich die Frau dadurch wahrhaft geliebt fühlt, dann ist das körperliche Erlebnis nur eine konsequente Fortsetzung des emotionalen Vorspiels. Sie wird den Höhepunkt der Liebe genießen, aber er ist nicht das Ziel, auf das alles hinstrebt. Sie hat viel mehr Freude an der emotionalen Nähe, die sie bei der körperlichen Liebe empfinden kann.

Sexuelle Nähe setzt voraus, daß wir diese Unterschiede kennen und berücksichtigen. Der Mann muß es lernen, die emotionalen Bedürfnisse seiner Frau nach Liebe zu berücksichtigen, und die Frau muß die körperliche Ausrichtung seiner Sexualität verstehen lernen. Wenn ein Paar darauf hinwirkt, daß das sexuelle Erlebnis zu einem Liebesakt wird, von dem beide etwas haben, dann werden sie die sexuelle Nähe ganz real erfahren. Doch wenn jeder nur tut, was ihm der Trieb gerade diktiert, dann wird alles bald in Enttäuschung und Langeweile enden.

Männer und Frauen sind auch auf unterschiedliche Weise erregbar.

Der Mann wird durch das, was er sieht, stimuliert. Schon der Anblick seiner Frau, die sich im Dämmerlicht der Nachttischlampe entkleidet, kann ihn spürbar auf die Liebe einstimmen. Die Frau wird sexuell eher durch Zärtlichkeiten und Liebesbekundungen erregt. Deshalb stimmen viele Frauen auch dem bekannten Spruch zu: „Die Liebe beginnt nicht im Schlafzimmer, sondern in der Küche. Sie erwacht schon morgens und nicht erst am Abend." Die Art, wie man mit seiner Frau den ganzen Tag über umgeht, ist ausschlaggebend für ihre spätere Erregbarkeit.

Daraus geht eindeutig hervor, daß wir sexuelle Intimität nicht von emotionaler, intellektueller, sozialer und spiritueller Nähe trennen können. Zum besseren Verständnis haben wir alle diese Aspekte nacheinander betrachtet, doch in der Beziehung selbst kann man sie nicht in Schubladen stecken. Wir erreichen keine sexuelle Intimität ohne Nähe in den anderen Lebensbereichen. Sex können wir ohne Vorbedingungen haben, aber keine echte sexuelle Intimität – das Gefühl, einander ganz nah zu sein, eins zu werden und sich glücklich machen zu können.

Im ersten Buch der Bibel heißt es, daß Mann und Frau ein Fleisch werden, wenn sie sich körperlich vereinigen. Der Gedanke dahinter ist nicht, daß sie dabei ihre Identität verlieren. Vielmehr wird ihrer beider Leben auf höchst beglückende Weise zu einem neuen Ganzen verschmolzen. Da werden nicht nur zwei Körper vereint. Dieses Wort meint auch die intellektuelle, emotionale, soziale und spirituelle Vereinigung. Das Körperliche soll Ausdruck einer inwendigen Vereinigung sein. Im Alten wie im Neuen Testament wird nirgends ein Zweifel daran gelassen, daß die Liebesvereinigung nur in die Ehe gehört. Das war keine willkürliche Entscheidung der Verfasser. Es ging vielmehr darum, dem eigentlichen Wesen der geschlechtlichen Vereinigung als einer vereinenden Kraft Rechnung zu tragen. Starke emotionale Bindungen außerhalb einer auf Lebenszeit angelegten Beziehung zwischen Mann und Frau würden der Sache nicht dienen.

In einer Familie ist die Beziehung zwischen Mann und Frau zweifellos die wichtigste tragende Säule. Und deshalb ist für eine glückliche Familie nichts wichtiger als das enge Vertrauensverhältnis der Partner. Die sexuelle Intimität ist der sichtbarste Ausdruck dieser Nähe. Wie beglückend diese Sexualität aber ist, hängt weitgehend davon ab, wie entwickelt die intellektuelle, emotionale, soziale und spirituelle Intimität ist.

Streß, Zeiten der Trennung, Krankheit und die Pflichten des Alltags werden immer die Zeit und die Energie beschneiden, die wir für die eheliche Intimität aufwenden können. Aber in einer intakten Familie werden

Mann und Frau entschlossen darauf hinwirken, ihr persönliches Vertrauensverhältnis zu bewahren. Es sorgt nicht nur für das persönliche Glück der Partner, sondern hat auch Vorbildfunktion für die Kinder. Gerade das Vorbild der Eltern ist heute in vielen Familien nur noch selten die prägende Kraft.

Die persönliche Nähe zwischen Mann und Frau wirkt sich immer auf die ganze Familie aus. Wenn sie in der Ehe nicht vorhanden ist, wird die Beziehung zu den Kindern und das Verhältnis zwischen den Geschwistern darunter leiden. In gesunden Familien hat für Mann und Frau die Ehebeziehung oberste Priorität. Denn eine intakte Beziehung dient nicht nur dem Paar selbst. Es schenkt den Kindern ein hohes Maß an Geborgenheit und gibt ihnen ein Gefühl der Sicherheit. Weil wir erkannt haben, wie wichtig dieses Prinzip ist, engagieren meine Frau und ich uns so sehr in der Eheseelsorge. Am wirkungsvollsten können wir uns für die Kinder dieser Generation einsetzen, wenn wir den Müttern und Vätern helfen, wieder mehr Nähe in ihren Ehen zu suchen und zu finden.

Anmerkungen

1. Victor Hugo, Die Elenden (Manesse Verlag, 1968).

7. Wie man sich näherkommt

Sie können etwas tun, um sich als Ehepaar näherzukommen. Beginnen wir dort, wo alles angefangen hat. Welches Vorbild hatten Sie beide in Ihren Eltern? Wie stand es um die eheliche Nähe bei Vater und Mutter? Wie groß war die Nähe zwischen Vater und Mutter in den bereits behandelten Bereichen?

Unterhalten Sie sich darüber, warum Sie Ihre Eltern so und nicht anders eingeschätzt haben. Das wird Ihnen helfen zu verstehen, welche Vorbilder Sie jeweils gehabt und welche Eindrücke Sie mit in die Ehe gebracht haben. Beantworten Sie dann folgende Fragen, und diskutieren Sie über Ihre Antworten. *Wie hat das Vorbild meiner Eltern meine Vorstellungen von der ehelichen Intimität geprägt? Was an meinem eigenen Verhalten könnte durch das Vorbild meiner Eltern geprägt worden sein?* Denken Sie immer daran, daß es nicht darum geht, Ihr eigenes Fehlverhalten zu entschuldigen, weil Sie vielleicht ein so schlechtes Vorbild gehabt haben. Es sollte Ihnen zuallererst darum gehen, sich den Einfluß Ihrer Eltern auf Ihr eigenes Verhalten bewußt zu machen – den guten und den schlechten.

Nun wollen wir herausbekommen, welches Fundament Sie in Ihrer eigenen Familie gelegt haben. Die 10 vergeben Sie, wenn Sie sagen können: „Wir sind uns in diesem Bereich sehr nahe und vertraut." Die 0 vergeben Sie, wenn Sie sagen müssen: „In diesem Bereich sind wir uns vollkommen fremd." Ermuntern Sie auch Ihren Partner, an diesem Test teilzunehmen.

Unterhalten Sie sich darüber, warum Sie sich so und nicht anders eingeschätzt haben. Beachten Sie, daß Sie mit einiger Wahrscheinlichkeit die Intimität der ersten Jahre aus unterschiedlichem Blickwinkel beurteilen werden. Respektieren Sie das Recht des anderen, Dinge anders wahrgenommen zu haben. Versuchen Sie nicht, sich gegenseitig zu überzeugen, daß die Wahrnehmungen des anderen falsch sind. Gestehen Sie sich gegenseitig das Recht zu, eigene Gedanken und Gefühle zu haben und Ereignisse individuell zu deuten.

Wie sieht es heute bei Ihnen aus? Beurteilen Sie die letzten sechs Monate, und verfahren Sie nach dem bekannten Schema.

Wenn Sie beide diese Bewertung vorgenommen haben, dann sollten Sie über Ihre Antworten reden und sie dem anderen gegenüber begründen. Haben Sie den Eindruck, daß Ihre Ehe jetzt intimer ist als in den ersten Jahres Ihres Zusammenlebens? Wenn Sie sich nähergekommen sind, dann sollten Sie feiern. Vertrauen und Nähe entwickeln sich, und das wird für Sie beide das große Glück in Ihrer Ehe sein. Feiern bedeutet ja nicht, daß Sie in der Illusion leben, schon alles erreicht zu haben. Denken Sie immer daran: Nähe ist ein Prozeß!

Wenn Sie sich Ihre Ergebnisse anschauen, dann sollten Sie sich folgende Frage stellen: *In welchem Bereich wünsche ich mir Fortschritte?* Bitten Sie Ihren Partner, dasselbe zu tun. Erzählen Sie ihm danach, was Sie sich wünschen. Sprechen Sie darüber, was getan werden könnte, um dieses Ziel zu erreichen.

Sollten Sie sich tatsächlich im Laufe der Jahre fremder geworden sein, dann brauchen Sie nicht zu verzweifeln. Denken Sie immer daran: Nähe ist ein Prozeß! Sie können noch heute anfangen, auf Ihren Partner zuzugehen. Finden Sie zuallererst heraus, was passiert ist. Schauen Sie zurück auf Ihre Ehe, und versuchen Sie herauszubekommen, wann und wodurch eine Kluft zwischen Ihnen entstand. Einige werden sagen: „Das war, als die Kinder kamen." Dann fragen Sie sich: *Was hat damals im Umgang mit unseren Kindern konkret unserer Ehe so geschadet? Was würden wir aus heutiger Sicht anders machen? Wie können wir Fehler bereinigen?*

Welche Enttäuschungen oder Verletzungen sind zu Steinen in der Mauer zwischen Ihnen geworden? Seien Sie so konkret wie möglich, und versuchen Sie, sich so gut es geht zu erinnern. Ihr Partner sollte das gleiche tun. Lassen Sie den anderen Ihre Liste lesen, und lesen Sie seine. Denken Sie daran: es geht nicht darum, den Partner zur Rechenschaft zu ziehen. Ziel ist es, die Blockaden herauszufinden, die das Vertrauensverhältnis zwischen Ihnen zerrüttet haben.

Auch hier können Ihre Erinnerungen wieder sehr auseinandergehen. Vergeuden Sie keine Zeit damit, den anderen zu überzeugen, daß er sich falsch erinnert. Lassen Sie Ihren Partner einfach Mensch sein. Wenn er Ihnen einen Stein in der Mauer präsentiert, den Sie beigetragen haben, dann sollten Sie – sofern Sie sich dazu durchringen können – zu ihm sagen: „Inzwischen ist mir klar, daß ich dich damals ganz schön verletzt habe. Das tut mir leid. Vielleicht kannst du mir ja vergeben." Was gewinnen wir, wenn wir Fehler aus der Vergangenheit nicht wahrhaben wollen - selbst wenn sie unabsichtlich geschahen? Mauern kann man Stein für Stein abreißen, so wie man sie einst Stein für Stein aufgerichtet hat. Wir können die Vergangenheit zwar nicht ungeschehen machen, aber wir können unsere Fehler eingestehen, und wir können dem anderen vergeben. Erst wenn wir Verfehlungen eingestehen und um Verzeihung bitten, wird die Mauer abgetragen. Das ist der erste Schritt auf dem Weg, der uns dem anderen wieder näherbringt.

Als ich einmal für ein paar Tage nicht zu Hause war, fiel mir plötzlich siedend heiß ein, daß ich vergessen hatte, Karolyn am Vortag anzurufen und ihr zu unserem Hochzeitstag zu gratulieren. Ich rief sie sofort an, um mich in aller Form bei ihr zu entschuldigen. Ich erwartete eine kühle Reaktion. Verdient hätte ich sie ja – so dachte ich. Doch Karolyn sagte nur: „Ist schon in Ordnung." Sollte ich so einfach davonkommen? Das wäre nicht recht, dachte ich und entschuldigte mich noch einmal. Und wieder antwortete sie: „Ist schon in Ordnung!" Karolyn hatte offenbar begriffen, wie man Mauern einreißt.

Ist die Mauer erst einmal eingerissen, stehen Ihnen alle Wege offen, eine neue Innigkeit zwischen Ihnen herzustellen, die manchmal intensiver sein kann als alle Ihre Träume am Anfang der Ehe. Ich möchte Ihnen eine fünfwöchige Beobachtungsphase für Ihre Beziehung empfehlen. Dazu verabreden Sie, einmal in der Woche zusammenzukommen, um sich mit jeweils einem der besprochenen Bereiche persönlicher Intimität näher auseinanderzusetzen und sich folgende Frage zu stellen: *Was können wir tun, um in diesem Bereich größere Nähe und Vertrautheit zwischen uns herzustellen?* Aus dieser Diskussion ergeben sich sicher verschiedene Anregungen, die Sie dann gemeinsam in die Tat umsetzen können. Ohne Anstrengung und Engagement wird es nicht gehen. Sie werden sich Zeit nehmen müssen. Aber der Lohn wird alle Mühe wert sein, weil Sie eine dauerhafte Veränderung herbeiführen.

Wie wir zu mehr intellektueller Nähe kommen

In der ersten Woche werden Sie sich mit der intellektuellen Nähe befassen. Vielleicht wollen Sie ja noch einmal den entsprechenden Abschnitt im vorigen Kapitel durchlesen. Wenn Sie intellektuelle Nähe herstellen wollen, wird es Ihr Ziel sein, einen intensiveren Gedankenaustausch mit dem Partner in Gang zu setzen. „Worüber hast du heute nachgedacht?" Das ist die Frage, die Sie beantwortet haben möchten. Es reicht also nicht, wenn Sie von Erlebnissen des Tages berichten. Sie müssen auch mitteilen, welche Gedanken Sie dabei gehabt haben. Wie haben Sie die Dinge gesehen? Welche Beweggründe hatten Sie? Denken Sie immer daran, daß intellektuelle Nähe nicht nur durch den Austausch von positiven Gedanken geschieht. Unser ganzes Leben hat nicht nur helle, sondern auch dunkle Seiten. Wir durchleben Höhen und Tiefen. Und Nähe bedeutet Gedankenaustausch über *alles,* was uns durch den Kopf geht. Hier noch ein paar praktische Tips:

1. Lesen Sie denselben Artikel in Ihrer Tageszeitung, und tauschen Sie sich darüber aus, welche Gedanken Sie beide sich dazu gemacht haben. Beachten Sie: Ziel der Diskussion ist es nicht, die Gedanken des anderen mit Kopfschütteln zu quittieren. Es geht nur darum, zu erfahren, was den Partner bewegt. Sie sollen seine Denkweise kennenlernen. Und dazu sind Sie auch berechtigt, nachzuhaken und zu fragen, warum der andere denkt, was er denkt. Solche Erklärungen sind oft sehr aufschlußreich und geben Auskunft über das, was dem anderen durch den Kopf geht.
2. Gehen Sie zusammen ins Kino, oder sehen Sie sich einen Film im Fernsehen an. Diskutieren Sie später darüber, und stellen Sie sich folgende Fragen: *Hatte dieser Film eine Botschaft? Welche Botschaft könnte das gewesen sein? Was hat dich gestört an dem Film? Was hat dich besonders interessiert, und warum?*
3. Lesen Sie gemeinsam ein Ehebuch – ein Kapitel pro Woche. Berichten Sie dann dem Partner, was Sie durch dieses Kapitel über sich selbst erfahren haben.
4. Lesen Sie irgendein anderes interessantes Buch – ein Kapitel pro Woche. Tauschen Sie sich darüber aus, was Sie an diesem Kapitel fasziniert hat und was Ihnen etwas gegeben hat.

Wenn Sie diese etwas geplant wirkenden Gespräche eine Weile praktizieren, wird dies Ihre intellektuelle Vertrautheit fördern. Ich möchte hier noch einmal betonen, daß Ihre Bemühungen nur dann Erfolg haben, wenn Sie dem anderen das Recht auf freie Meinungsäußerung zubilligen und Sie ihm mit Toleranz begegnen. Akzeptieren Sie, was er sagt, auch wenn Sie ganz anderer Meinung sind und das Gesagte sogar negative Gefühle bei Ihnen auslöst. „Das ist ein interessanter Gedanke. Kannst du mir das mal näher erläutern?" Solche Aussagen fördern intellektuelle Nähe. Doch man kann auch anders reagieren: „So was Blödes habe ich ja noch nie gehört. Wie kommst du denn darauf?" Wer das sagt, stoppt den Prozeß der Annäherung und errichtet eine Mauer. Achten Sie einmal darauf, wie Sie reagieren, damit Sie nicht unbemerkt den Gedankenaustausch durch abfällige Bemerkungen und entsprechende Gesten unterbrechen. In einem guten Gespräch werden die Ideen des anderen als das interpretiert, was sie sind – eben Ideen. Das bewahrt davor, den anderen persönlich anzugreifen.

Wie wir zu mehr emotionaler Nähe kommen

In der zweiten Woche wollen wir uns mit der emotionalen Nähe beschäftigen. Vielleicht lesen Sie noch einmal den entsprechenden Abschnitt im vorigen Kapitel. Wenn Sie emotionale Nähe herstellen wollen, wird es Ihr Ziel sein, mit dem Partner über Ihre Gefühle ins Gespräch zu kommen. „Was hat dich heute im Innersten bewegt?" Das ist die Frage, die Ihnen der Partner beantworten soll. Es reicht also nicht, wenn Sie von Gefühlen berichten. Sie müssen auch mitteilen, was diese Gefühle jeweils ausgelöst hat. Hier ein paar Anregungen, die Ihnen vielleicht auf die Sprünge helfen:

1. Überlegen Sie jeden Tag, was Sie heute positiv bewegt hat. Beschreiben Sie die Situation, in der Sie diese guten Gefühle hatten. Zum Beispiel: „Ich habe mich richtig gefreut, als ich hörte, daß ich am Freitag nicht ins Büro muß." Oder: „Ich war ganz aus dem Häuschen, als Susan die ersten beiden Punkte in ihrem Volleyballspiel gemacht hatte." Oder: „Ich war mächtig stolz, als Peter mir sein Zeugnis zeigte."

2. An den letzten vier Tagen der Woche sollen Sie nicht nur über positive Gefühle reden, sondern auch über negative. Erzählen Sie, was Sie wütend gemacht hat, wovor Sie sich gefürchtet haben und was Sie traurig fanden. Zum Beispiel: „Ich war tief enttäuscht, als ich erfuhr, daß wir am nächsten Wochenende nicht an der Freizeit teilnehmen können." – „Ich war so richtig wütend, als mein Gesprächspartner, mit dem ich um zehn verabredet war, um zehn vor zehn absagte."

Es wird immer leichterfallen, negative Emotionen anzusprechen, die nicht vom Partner ausgelöst wurden. Aber es ist durchaus sinnvoll, wenn wir es lernen, über Verärgerungen zu sprechen, auch wenn der Partner der Verursacher ist. In einer funktionsfähigen Ehe sind wir in der Lage, uns auch Kritisches zu sagen: „Ich war ganz schön verärgert gestern abend, als ich um sechs nach Hause kam und du nicht da warst. Ich dachte, wir hätten uns zum Kino verabredet. Ich wußte, wenn du nicht bald kommen würdest, würde alles ins Wasser fallen. Als du schließlich um halb acht kamst und mir erzähltest, daß du noch arbeiten mußtest, hast du sicher gemerkt, wie sauer ich war. Ich war sauer, weil wir nun nicht mehr zusammen weggehen konnten und weil du es nicht für nötig gehalten hast, mir Bescheid zu sagen. Meinst du, daß ich mich zu Unrecht so aufgeregt habe, oder kannst du verstehen, daß ich sauer und enttäuscht war?"

Wenn die Frage am Ende ernst gemeint war und es sich nicht nur um eine rhetorische Floskel handelte, dann ist dies ein Beispiel für eine sehr reife Art, miteinander umzugehen. Der Partner macht kein großes Theater und zieht sich auch nicht schweigend in den Schmollwinkel zurück, so daß der andere erst fragen muß: „Was ist denn los mit dir? Warum schmollst du denn den ganzen Abend?" Die falsche Antwort darauf wäre in jedem Fall: „Nichts ist los! Wie kommst du darauf?" Nein, wer so miteinander reden kann, wie oben beschrieben, der spricht über seinen Zorn und seine Enttäuschungen offen und ehrlich.

In einer harmonischen Ehe erlauben wir uns und den Kindern, Gefühle zu haben, und wir lassen uns die Freiheit, diese Gefühle auch zum Ausdruck zu bringen. Unser Anliegen ist es, uns gegenseitig als individuelle Persönlichkeiten zu begegnen und uns zu verstehen. Wir wollen nicht nur ohne große Reibungen miteinander auskommen, sondern auch eine authentische und intime Beziehung zu allen Mitgliedern der Familie pflegen. Wo Gedankenfreiheit und Redefreiheit herrschen, entsteht eine gesunde Atmosphäre, in der der einzelne es wagt, Konflikte anzusprechen, um sie zu verarbeiten. Konflikte können der Intimität in einer Beziehung nichts anhaben, sofern damit verantwortungsbewußt umgegangen wird. Sie können das enge Vertrauensverhältnis sogar noch stärken, wenn die Beteiligten bereit sind, einander zu akzeptieren, zu stützen und nicht zu verurteilen.

Wie wir zu mehr sozialer Nähe kommen

In der dritten Woche konzentrieren wir uns auf die soziale Nähe. Sie entsteht, wenn wir gemeinsam aktiv werden – unter Menschen oder ganz für uns. Es genügt aber auch schon, sich über Erfahrungen zu unterhalten, die man nicht gemeinsam gemacht hat. So hat der Mann vielleicht ein ausgefallenes Hobby. Und wenn er nach Hause kommt, erzählt er ausführlich seiner Frau davon. Soziale Nähe bedeutet also auch, den anderen durch das Gespräch am eigenen Leben teilhaben zu lassen und gleichzeitig Interesse am Partner zu zeigen. Hier nun ein paar Tips, wie Sie soziale Nähe in Ihrer Ehe fördern können.

1. Fangen Sie ganz praktisch an, und berichten Sie Ihrem Partner über eine Begegnung, die Sie heute hatten. Wir erzählen, mit wem wir zusammen waren und was wir dabei empfunden haben. Weil wir einen großen Teil unseres Tages getrennte Wege gehen und deshalb ganz verschiedene soziale Kontakte haben, haben wir nur eine Möglichkeit, das soziale Umfeld des anderen kennenzulernen: Wir müssen miteinander reden.
2. Soziale Nähe entsteht auch durch gemeinsame Aktivitäten. Fragen Sie sich einmal, wieviel Zeit Sie im letzten halben Jahr für solche Aktivitäten reserviert haben. Machen Sie beide getrennt eine Liste von Veranstaltungen, die Sie gemeinsam besucht haben. Möglicherweise müssen Sie dazu auf Ihren Terminkalender zurückgreifen. Das können Sportveranstaltungen, Theaterbesuche, Gemeindeaktivitäten, Schulaufführungen, Festessen oder andere öffentliche Veranstaltungen gewesen sein. Vergleichen Sie Ihre Listen, und nennen Sie ein Ereignis, das Ihnen am meisten Spaß gemacht hat – und warum.

3. Fertigen Sie eine zweite Liste von Aktivitäten und Projekten an, die Sie gemeinsam in Angriff genommen haben. Vielleicht haben Sie ja renoviert, den Garten neu gestaltet und größere Anschaffungen gemacht. Oder Sie sind zusammen verreist, haben Gesellschaftsspiele gemacht und lange Gespräche geführt. Bitten Sie Ihren Partner, auch solch eine Liste zu machen. Zeigen Sie sich Ihre Aufzeichnungen, und erzählen Sie, was Ihnen am meisten Spaß gemacht hat. Was könnten Sie in der Zukunft noch planen?
4. Wie zufrieden sind Sie mit Ihren sozialen Aktivitäten im letzten halben Jahr? Reden Sie darüber, zu welchem Ergebnis Sie jeweils gekommen sind. Und erzählen Sie, warum Sie so empfinden. Nutzen Sie solch ein Gespräch für Pläne, die Sie in den kommenden 14 Tagen verwirklichen könnten. Wiederholen Sie das im Rhythmus von zwei Wochen. Wenn Sie sehr unterschiedliche soziale Interessen haben, sollten Sie abwechselnd jeweils für zwei Wochen die Pläne machen. Sollten Sie dadurch ein bißchen gezwungen sein, in das soziale Umfeld Ihres Partners hineinzuschnuppern, so erweitert sich Ihr Horizont, und Sie lernen sich besser gegenseitig kennen.

Denken Sie immer daran, daß zwischenmenschliche Kontakte ein weites Spektrum von Aktivitäten umfassen können. Wenn er Fußball spielt, sie zum Zuschauen mitgeht und zum Schluß beide noch zusammen eine Currywurst am Kiosk essen, dann ist dies ein gemeinsames Erlebnis. Da schadet es nicht, daß die beiden die meiste Zeit räumlich getrennt waren. Wenn Sie Ihre Schwiegereltern besuchen, kommt es vielleicht öfter vor, daß Ihre Frau fast die ganze Zeit mit ihrer Mutter verbringt, während Sie sich mit dem Schwiegervater unterhalten. Doch sobald Sie auf der Heimfahrt über Ihre Eindrücke reden und sich austauschen, entsteht wieder ein bißchen mehr soziale Nähe.

Wie wir zu mehr spiritueller Nähe kommen

In der vierten Woche werden Sie sich damit beschäftigen, wie man geistliche Nähe erreicht. Wie nahe fühlen Sie sich Ihrem Ehepartner in spirituellen Dingen? Wie frei fühlen Sie sich, sich in Glaubensfragen zu äußern? Wie wir bereits erwähnten, ist dies ein heikles Thema für manche. Vielleicht sind Sie dazu erzogen worden, über den Glauben nicht zu reden. Das sei Privatsache. Doch wenn wir diese Auffassung vertreten, bleiben wir uns in einem so wichtigen Bereich fremd. Wenn Sie etwas tun wollen, müssen Sie dort anfangen, wo Sie gerade stehen. Und eins müssen Sie sich immer vergegenwärtigen: Nähe kann man nicht erzwingen.

Wenn Sie sich für dieses vierwöchige Programm entscheiden, werden Sie sich folgende Frage stellen müssen: „Was können wir tun, damit wir uns im geistlichen Bereich unserer ehelichen Gemeinschaft näherkommen?" Machen Sie doch den Anfang, indem Sie beide einmal ausführlich erläutern, wie Sie zu diesem Bereich Ihrer Beziehung stehen. Wenn Sie beide zu der Auffassung gelangen, daß es dort noch einiges zu tun gibt, dann stehen Ihnen viele Möglichkeiten offen, Ihre guten Absichten in die Tat umzusetzen. Denken Sie aber immer daran, daß zwischen Ihnen Meinungsfreiheit herrschen sollte. Tolerieren Sie, was der andere denkt und empfindet. Wie in den anderen Bereichen gilt auch hier: *Es geht nicht darum, den anderen davon zu überzeugen, die Welt nur so zu sehen wie man selbst, sondern zu verstehen, was in ihm vorgeht.* Ihr Ziel ist Nähe, nicht unbedingt Übereinstimmung.

Suchen Sie sich ein Ehepaar, das Ihnen als Vorbild dienen kann, und überlegen Sie zusammen mit Ihrem Partner, wie Sie diesem Paar nacheifern könnten, um die geistliche Nähe zwischen Ihnen zu verstärken. Spirituelle Intimität ist ein Prozeß, der Zeit braucht. Diese Woche aber sollten Sie wenigstens einen konkreten Schritt dazu tun.

Wie wir zu mehr körperlicher Nähe kommen

In der fünften Woche richten wir unser Hauptaugenmerk auf die körperliche Nähe. Wir wollen uns fragen, wie Sie in diesem Bereich Ihrer Ehe noch mehr erreichen können. Deshalb lautet unsere zentrale Frage diesmal: „Wie können wir zu noch größerer sexueller Erfüllung kommen?"

Viele Paare sind der Meinung, daß ihre persönliche Nähe insgesamt größer wäre, wenn es ihnen gelänge, ihr Sexualleben zu intensivieren. Auch hier müssen wir uns wieder vergegenwärtigen, daß jeder von uns anders denkt und empfindet. Wir unterscheiden uns in unseren Wünschen, Erwartungen, Vorlieben und Abneigungen. Den einen erregt etwas, und den anderen stößt es ab. Wir müssen einander ernst nehmen. Unser Ziel sollte es nie sein, den anderen unter Zwang nach unserem Bild zu formen. Unser Anliegen sollte es vielmehr sein, die Sehnsüchte des Partners kennenzulernen und möglichst viele gemeinsame Nenner zu finden. Nirgendwo ist liebevolle Toleranz mehr gefragt als in der Sexualität. Wenn wir fordernd auftreten und dominieren wollen, werden wir keine echte sexuelle Nähe finden. Intimität ist das Ergebnis einer Liebesbeziehung.

Wenn Sie die folgenden Fragen beantworten und diskutieren, kommen Sie Ihrem Ziel größerer sexueller Intimität sicher näher: *Was finden Sie positiv an Ihrem bisherigen Sexualleben? Was gefällt Ihnen nicht daran? Was könnte Ihr Partner tun oder unterlassen, sagen oder lieber nicht sagen, damit die Sexualität in Ihrem Leben wieder mehr Spaß macht? Was erregt Sie? Was stößt Sie eher ab? Wenn Sie etwas in Ihrer Sexualbeziehung ändern könnten, was wäre das?* Diskutieren Sie die Antworten auf diese Fragen, und Sie werden Ihrem Ziel in dieser Woche näher kommen.

Um noch mehr zu erreichen, wäre es tatsächlich gut, ein Buch über die Sexualität in der Ehe zu lesen. Der Titel *Meine Liebe schenk' ich Dir* von Clifford und Joyce Penner[1] hat schon vielen Paaren geholfen, sich auf dem Gebiet der Sexualität wieder näherzukommen. Es handelt sich bei diesem Buch um eine sehr offene und ehrliche Bestandsaufnahme zum Thema Sexualität in der Ehe mit vielen praktischen Tips, die nicht nur die Techniken verbessern helfen, sondern auch die Einstellung. Man sagt ja, das wichtigste Geschlechtsorgan sei das Gehirn. Und das ist gar nicht so verkehrt. Wie wir über die Sexualität denken, beeinflußt nachhaltig unser Verhalten in der Liebe. Um uns sexuell noch näherzukommen, müssen wir zuallererst eine ausgewogene und gesunde Sicht der Dinge entwikkeln.

Fünf Wochen lang haben wir uns nun gefragt, wie wir uns in der Ehe wieder persönlich näherkommen können. Vielleicht hat ja die intensive Beschäftigung mit dieser Frage dazu geführt, daß wir tatsächlich auf eine höhere Ebene der zwischenmenschlichen Intimität gelangt sind. Hoffen Sie nicht auf die perfekte Ehe. Aber seien Sie immer bestrebt, sich weiterzuentwickeln. Damit sollten Sie sich zufriedengeben. Nähe ist ein Prozeß, und wenn wir dabei in die richtige Richtung gehen, werden wir die Früchte ernten.

Anmerkungen

1. Clifford und Joyce Penner, Meine Liebe schenk' ich Dir (Edition Trobisch, 1993).

Merkmal Nummer 3:

Eltern, die die Kinder leiten

8. Die Achse muß zwei Räder haben

Das dritte Merkmal einer funktionsfähigen Familie ist die Bereitschaft der Eltern, sich für die Erziehung der Kinder zu engagieren. Bei den alten Griechen gab es zwei Begriffe für das, was wir heute Erziehung nennen. Einmal sprach man von der *nouthesía.* Das dazugehörige Verb bedeutet „ans Herz legen". Es ist damit also die Ermahnung und die Warnung gemeint – die Erziehung durch das Wort. Das zweite Wort ist *paideía.* Hier liegt der Schwerpunkt eher auf der Tat. Es ist die praktische Ausbildung zum Leben, die beides enthält: Zuwendung und konsequente Erziehung. Zuwendung ist die ermunternde, freundliche Geste, während konsequente Erziehung die Maßnahme zur Abwendung von Gefahren ist. Immer aber ist das aktive Handeln gemeint. Die Unterweisung und das erziehende Handeln sind nach griechischem Denken also die zwei Räder an der Achse des Wagens, der die Erziehung symbolisiert.

Ich habe den Eindruck gewonnen, daß in der modernen westlichen Welt Eltern dazu neigen, immer nur einen der beiden Erziehungsaspekte für wichtig zu halten. Manche Eltern sind ausgesprochene Lehrer. Sie erziehen hauptsächlich durch das Wort. Ihr Motto lautet: „Laß uns darüber reden." Allerdings gibt es dabei auch Unterschiede. Für die einen bedeutet „reden", Monologe zu führen und dem Kind eine Lehrstunde nach der anderen zu erteilen. Andere sind da schon weiter. Sie haben den Wert des Dialogs erkannt, und sie achten darauf, nicht nur die eigene Meinung zu äußern, sondern auch auf die des Kindes zu hören. In jedem Fall versucht man, an die Vernunft zu appellieren. Man ist fest entschlossen, jedes „Warum?" des Kindes zu beantworten und man stützt sich auf die Philosophie, daß ein Kind, das die Hintergründe versteht, viel eher auf den elterlichen Rat hört. Viele Eltern, die sich der rein verbalen Erziehung verschrieben haben, handeln aufgrund leidvoller Erfahrungen aus der Kindheit durch allzu strenge Eltern. Sie haben sich geschworen, ihre Kinder niemals so zu behandeln, wie sie selber behandelt worden sind.

Die Schattenseite dieser „wortreichen“ Erziehungsmethode ist, daß Eltern, die mit sanften Worten und Appellen bei den Kindern nichts erreichen, oft laut werden, brüllen und schimpfen. Sie müssen heftigste Drohungen ausstoßen, um das Kind zur Räson zu bringen. Die Familie wird zum Schlachtfeld der Worte. Derjenige, der am lautesten schreit, bekommt schließlich recht.

Eine andere Gruppe von Eltern zieht die Aktion vor und hält nichts von Worten. Ihr Motto lautet: „Erst handeln – geredet wird später.“ Doch zum „später“ kommt es bei vielen dann nicht mehr. Benimmt sich das Kind daneben, wird es am Kragen gepackt und bekommt ein paar hinter die Ohren. Und wehe, es weint dann auch noch! Man muß doch dem Kind zeigen, wo es lang geht. Wer nicht mit harter Hand erzieht, dem entgleiten die Kinder. Bei solchen Eltern ist der Schritt zur Kindesmißhandlung dann oft nicht weit. Weil das Kind auf die bisherigen Maßnahmen nicht positiv reagiert, muß die Schraube der Gewalt noch weiter angezogen werden, und schließlich tut man Dinge, die man eigentlich nicht gewollt hat.

Dem Wagen fehlt ein Rad!

Die alten Griechen hätten solche Einseitigkeit in der Erziehung höchst sonderbar gefunden. Sie wußten, was es bedeutet, wenn an ihren Streitwagen ein Rad verlorenging. Mit der im Staub schleifenden leeren Achse konnte man sein Ziel nicht erreichen. Aber genau das spielt sich in vielen Familien unser westlichen Kultur ab. Noch nie hat es so viele Kindesmißhandlungen gegeben wie heute. Und lautstarke Wortgefechte zwischen Eltern und Kindern sind in unseren Familien an der Tagesordnung.

Wenn dann auch noch die Eltern getrennt marschieren, weil beide je einen der beiden Erziehungsansätze favorisieren, ist das Chaos programmiert. Das Kind weiß nicht mehr, woran es ist, die Eltern liegen sich ständig in den Haaren, und die Familie ist nicht mehr in der Lage, die Geborgenheit zu geben, die eigentlich nötig wäre. Am Ende versucht das Kind, die Eltern gegeneinander auszuspielen, um seinen Willen durchzusetzen. Aber es gibt dabei keinen Gewinner.

In einer funktionsfähigen Familie bemühen sich die Eltern, verbale und praktische Elemente in der Erziehung im Gleichgewicht zu halten. Man hat erkannt, daß beide Elemente sich ergänzen und nicht ausschließen. Eine solche Ausgewogenheit setzt voraus, daß Eltern ihren Erziehungsstil analysieren, die Schwächen und Stärken jedes Ansatzes erkennen und den goldenen Mittelweg einschlagen. Wer so ausgeglichen erzieht, läuft nicht Gefahr, in die Extreme abzugleiten. Er wird seltener schreien und zetern und sicher auch sein Kind nicht mißhandeln. Dafür wird so eher das Ziel erreicht, dem Kind zu helfen, sich zu einem seelisch gesunden Menschen zu entwickeln.

Erziehen im Team

Inzwischen fragen Sie sich möglicherweise, ob es denn überhaupt möglich ist, einen gemeinsamen Nenner zu finden, wenn die Eltern ihre Kinder mit verschiedenen Ansätzen erziehen wollen. Die Antwort ist ein uneingeschränktes Ja. In unserer Familie stellten wir irgendwann fest, daß ich eher der ruhige, verbale Erziehertyp bin, während Karolyn mehr impulsiv zur Tat schreitet. Wir brauchten eine Weile, um dieses Phänomen zu durchschauen und uns einzugestehen, daß jeder von uns zu einem Extrem neigte. Als wir diesen Erkenntnisschritt getan hatten, fragten wir uns: „Was ist das Beste für unsere Kinder?" Uns wurde dabei klar, daß wir es nur als Team schaffen würden. Unsere jeweilige Grundtendenz änderte sich nicht. Aber wir lernten es, unsere Neigung in den Griff zu bekommen. Ich lernte es, auch öfter aktiv zu werden und Worte mit Taten zu verquicken, und Karolyn gewöhnte sich daran, erst nachzudenken, bevor sie handelte. In den folgenden Kapiteln werde ich ein paar Erkenntnisse darlegen, die auch uns geholfen haben. Doch zunächst wollen wir einmal schauen, was es mit dem Öl auf sich hat, das beide Räder ruhig laufen läßt.

9. Das Öl der Liebe

Wenn unsere Erziehung wie ein Wagen auf zwei Rädern läuft, dann ist die Liebe das Öl, das die Achsen schmiert. Keine Erziehungsmaßnahme wird wirklich greifen, wenn sich das Kind nicht von den Eltern geliebt fühlt. Aber auch umgekehrt gilt: Ein Kind, das sich geliebt fühlt, wird durch dilettantische Erziehungsversuche nicht verdorben.

Ich las einmal die Geschichte von einem Mann, der zunächst ein ganz normales Leben führte. Er war verheiratet, hatte zwei Söhne, ein komfortables Haus und einen Beruf, der ihm Spaß machte. Alles lief völlig problemlos – bis eines Abends einer der Söhne krank wurde. Weil die Eltern vermuteten, daß es nichts Ernstes sei, gaben sie dem Kind eine Aspirintablette und gingen schlafen. Doch das Kind starb während der Nacht an akuter Blinddarmentzündung. Trauer und Schuldgefühle trieben den Mann in den Alkohol. Nach einer gewissen Zeit verließ ihn dann auch noch seine völlig entnervte Frau. Er war nun alleinerziehender Vater mit einem Alkoholproblem.

Durch seine Sucht verlor dieser Mann nach und nach alles – seine Arbeit, sein Haus, all seinen Besitz und seine Selbstachtung. Nach Jahren starb er einsam in einem Hotelzimmer. Ernie, sein Sohn, wuchs trotz alledem zu einem stattlichen jungen Mann heran, der sich im Leben zurechtfand, fleißig arbeitete und überall als großherzig bekannt war. Jemand, der seine Vorgeschichte kannte, fragte einmal: „Ich weiß, daß du lange Zeit mit deinem Vater allein gelebt hast. Und ich weiß auch, daß er Alkoholiker war. Wie hat er es trotzdem geschafft, aus dir einen so netten, freundlichen und großzügigen Mann zu machen?"

Nachdem er eine Weile nachgedacht hatte, antwortete der junge Mann: „Noch als ich schon 18 war, ist mein Vater jeden Abend an mein

Bett gekommen, hat mir einen Kuß gegeben und zu mir gesagt: ‚Ich habe dich lieb, mein Sohn.'"[1]

Zweifellos ist die Liebe, die Ernie durch die freundlichen Worte des Vaters und durch den Körperkontakt spürte, in seinen „Gefühlstank" geflossen und hat ihn nach und nach gefüllt. Dadurch wurde der Sohn in die Lage versetzt, trotz des alkoholkranken Vaters eine positive Lebenseinstellung zu entwickeln. Leider bekommen nicht alle Kinder durch freundliche Worte und Zärtlichkeiten das Gefühl, wirklich geliebt zu werden. Mein Buch *Die fünf Sprachen der Liebe für Kinder*[2] beschäftigt sich mit der wichtigen Frage, wie man die individuelle Muttersprache der Liebe seines Kindes herausbekommt und regelmäßig gebraucht. Ich bin zu der Überzeugung gekommen, daß es fünf Sprachen der Liebe gibt und daß jedes Kind eine dieser Sprachen deutlicher versteht als alle anderen. Ich möchte diese fünf Sprachen hier kurz vorstellen und erklären.

Sprache der Liebe Nummer 1: Ich lobe dich

Ernies Vater sprach gleich zwei der fünf Liebessprachen mit seinem Sohn: Die eine war Lob und Anerkennung und die andere Zärtlichkeit. Betrachten wir zunächst die erste. Zu den Grundlagen jeder Liebesbeziehung gehört es, einander mit positiven Worten aufzubauen. Mit dieser Liebessprache ermöglichen wir es dem Kind, ein positives Selbstbild zu entwickeln. Die folgenden Ermunterungen gehören alle zu dieser Sprache der Liebe: „Gut gemacht!" – „Das war aber lieb, daß du mir geholfen hast." – „Wie du das gemacht hast! Gefällt mir! Du hast dir wirklich Mühe gegeben." – „Das schätze ich sehr an dir." – „Wie du heute gespielt hast – einfach super!" –„Danke, daß du mir heute nachmittag unter die Arme gegriffen hast." – „Du hast ja vielleicht Muckis bekommen!" – „Du siehst aber hübsch aus." – „Ich habe dich so lieb." Solche ermunternden Worte sind für alle Kinder wichtige Ausdrucksformen der elterlichen Liebe. Doch für Kinder, deren persönliche Liebessprache Lob und Anerkennung ist, sind sie die Luft zum Atmen.

Sprache der Liebe Nummer 2: Ich bin ganz für dich da

Es geht um Zweisamkeit. Und Zweisamkeit bedeutet, daß wir jedem Kind unsere ungeteilte Aufmerksamkeit schenken. Für das Kind mit dieser Liebessprache gibt es nichts Wichtigeres, als sich mit Vater oder Mutter zusammenzusetzen und ausgiebig Zeit miteinander zu verbringen. Man kann zusammen lesen, Ball spielen, eine Radtour machen, spazierengehen oder einfach nur beim Autofahren plaudern. Das sind die Zeiten, in denen sich das Kind intensiv geliebt fühlt. Die Worte „Ich liebe dich“ ohne Zweisamkeit und ungeteilte Aufmerksamkeit sind für solch ein Kind leer und ohne große Bedeutung.

Sprache der Liebe Nummer 3: Ich streichle dich

Schon lange wissen wir, wie sehr Zärtlichkeiten ein Kommunikationsmittel der Liebe sind. Die Forschung hat gezeigt, daß Säuglinge, die häufig liebevoll berührt werden, emotional besser gedeihen als jene, die man kaum beachtet. Liebevoller Körperkontakt ist für alle Kinder wichtig. Doch manche Kinder fühlen sich durch ihn erst richtig geliebt. Die Art, wie man das Kind berührt, muß natürlich dem Alter angepaßt werden. Einen Teenager in Gegenwart seiner Freunde oder Freundinnen zu umarmen, dürfte ihn eher peinlich als liebevoll berühren. Doch wenn Zärtlichkeiten die persönliche Liebessprache des jungen Menschen sind, dann sehnt er sich nach Körperkontakt, sobald die Freunde außer Sichtweite sind.

Sprache der Liebe Nummer 4: Ich schenk' dir was

Geschenke sind ein universaler Ausdruck für Zuneigung. Ein Geschenk sagt: „Mutti/Papa hat an mich gedacht.“ Wenn Sie von einer Reise heimkehren und ein Geschenk mitbringen, sagt dies, daß Sie in Ihrer Abwesenheit an Ihr Kind gedacht haben. Das bedeutet natürlich nicht, daß Sie einem Kind mit dieser Liebessprache jeden Wunsch erfüllen müssen, damit es sich geliebt fühlt. Es bedeutet auch nicht, daß Sie eine beachtliche Zahl von Geschenken beibringen müssen, damit sich das Kind auch wirklich geliebt fühlen kann. Geschenke müssen nicht teuer sein. Was zählt, ist die gute Absicht!

Sprache der Liebe Nummer 5: Ich helfe dir

Liebesdienste – also all die kleinen und großen Handreichungen, über die sich Ihr Kind freut – sind auch eine Sprache der Liebe. Ein überraschend zubereitetes Lieblingsessen, die schnell wieder gewaschene Hose, die Extrafahrt mit dem Auto, die Hilfe bei den Schularbeiten und die

Begleitung zum Basketballspiel – all das sind kleine und große Liebesbeweise. Für Kinder mit dieser Muttersprache der Liebe sind solche Dienste eine Grundvoraussetzung für ihr emotionales Gedeihen. Wer einem solchen Kind das Fahrrad repariert, der macht es nicht nur wieder mobil – er gibt auch einen Tropfen Liebesöl dazu.

Ich finde Ross Campbells Idee vom „Liebestank" so genial[3]. Er glaubt, daß jedes Kind einen emotionalen Liebestank in sich trägt. Fühlt es sich von seinen Eltern ehrlich geliebt, wird es sich normal entwickeln und für die Erziehungsimpulse der Eltern offen sein. Wenn der Liebestank jedoch leer ist, weil das Kind sich nicht geliebt fühlt, dann wird es viel eher gegen alle Erziehungsversuche der Eltern aufbegehren.

Alle fünf Ausdrucksformen der Liebe haben ihre Berechtigung, aber sie sind nicht für jedes Kind von gleichem Wert. Jedes hat seine persönliche Muttersprache der Liebe und vielleicht eine zweite, die es auch noch spontan spricht und versteht. Wenn die Eltern nun diese zwei Sprachen ausgiebig sprechen, fühlt sich das Kind ausreichend geliebt. Andernfalls fühlt sich das Kind ungeliebt, obwohl die Eltern alle anderen Sprachen ausgiebig sprechen. Es reicht eben nicht, daß Eltern ihre Kinder lieben! Die entscheidende Frage lautet: *Fühlt sich das Kind auch geliebt?* Jeder Seelsorger hat mit Kindern zu tun – kleinen und großen –, die sagen: „Meine Eltern lieben mich nicht. Meinen Bruder haben sie lieb, mich aber nicht." In fast allen Fällen lieben die betroffenen Eltern ihre Kinder durchaus von ganzem Herzen. Das Problem ist, daß sie die Muttersprache der Liebe ihres Kindes nicht kennen und ausreichend sprechen. So wächst das Kind mit einem leeren Liebestank auf.

Wie man die Liebessprache seines Kindes herausbekommt

Wie bekommt man aber die Muttersprache der Liebe seines Kindes heraus? Ich möchte drei Möglichkeiten vorschlagen. Beobachten Sie zunächst, wie es seine Liebe Ihnen gegenüber zum Ausdruck bringt. Wenn Ihnen Ihr Sohn regelmäßig sagt, was für eine liebe Mutter Sie sind, und wenn er häufig über Ihre Kochkünste schwärmt, dann ist seine Liebessprache wahrscheinlich Lob und Anerkennung. Wenn Ihnen Ihre Tochter oft kleine Geschenke macht – gefundene Sachen oder schön eingewickelte Dinge –, dann sind sicher Geschenke ihre Liebessprache. Ist Ihr Kind aber sehr anhänglich, will dauernd schmusen und auf den Arm genommen werden, dann können Sie damit rechnen, daß Zärtlichkeiten seine Liebessprache sind. Bietet es auffallend häufig seine Dienste in Wohnung, Haus oder Garten an, dann sind Liebesdienste seine Sprache der Liebe. Wenn Ihre Tochter aber ständig quengelt, Sie mögen mit ihr spielen, ihr etwas vorlesen oder mit ihr etwas unternehmen, dann ist Zweisamkeit die gesuchte Liebessprache. Ihre Kinder bieten Ihnen also häufig an, was sie sich von Ihnen wünschen.

Die Liebessprache meines Sohnes ist der Körperkontakt. Ich entdeckte das, als er ungefähr fünf war. Wenn ich nachmittags nach Hause kam, rannte er mir immer entgegen. Dann wollte er auf den Schoß und mir meine Haare zerzausen. Er berührte mich, weil er selber berührt werden wollte. Inzwischen ist er erwachsen. Doch wenn er zum Wochenende nach Hause kommt und vor dem Fernseher auf dem Boden liegt, sucht er noch immer den Körperkontakt, indem er mir scherzhaft ein Bein stellt, wenn ich vorübergehe. Für ihn bedeutet Körperkontakt noch immer viel.

Die Liebessprache unserer Tochter ist dagegen die Zweisamkeit. Das hat mich zu so manchem Abendspaziergang mit ihr motiviert, als sie noch zur Oberschule ging. Wir haben über Bücher diskutiert, über Jungen und weniger spannende Themen. Sie ist inzwischen eine junge Ärztin, aber wenn sie uns besucht, kommt garantiert die Frage: „Wollen wir ein Schwätzchen ums Karree machen, Paps?" Noch immer vermittelt ihr diese Zweisamkeit das Gefühl, von mir geliebt zu werden.

Mein Sohn ist nie mit mir spazierengegangen. Er hat immer behauptet: „So ein Spaziergang ist das Dümmste auf der Welt. Man läuft und hat kein Ziel. Wenn man irgendwohin will, dann fährt man eben." Was dem einen Kind das Gefühl gibt, geliebt zu werden, kann dem anderen gar nichts bedeuten. Der Schlüssel ist die persönliche Liebessprache. Die restlichen Sprachen der Liebe kann man immer noch hier und da einsetzen. Das gibt zusätzliche Bonuspunkte. Aber die beiden wichtigsten Liebessprachen Ihres Kindes dürfen niemals vernachlässigt werden.[4]

Nachdem Sie darauf geachtet haben, was Ihre Kinder für Sie tun, sollten Sie nun beobachten, worum sie am häufigsten bitten. Denn auch das wird Ihnen ihre Liebessprachen verraten. Wenn Sie auf eine Reise gehen, und das Kind ruft Ihnen noch zum Abschied nach: „Bring mir aber was mit", dann ist dies ein Hinweis auf seine Liebessprache. Sollte die Tochter immer wieder fragen: „Wie habe ich das gemacht, Mutti", so sagt sie damit, daß ihr Lob und Anerkennung Zuneigung vermitteln. Bettelt Ihr Sohn ständig, Sie mögen mit ihm wandern oder sich mit ihm beschäftigen, dann offenbart das seine Sprache der Liebe: Er möchte Ihre ganze

Aufmerksamkeit. Achten Sie einmal längere Zeit auf die Wünsche Ihres Kindes, denn erst dann erkennen Sie eine Tendenz. Wenn sich abzeichnet, daß eine Liebessprache bevorzugt wird, ist das die persönliche Muttersprache der Liebe Ihres Kindes. Dann erst können Sie sie ganz bewußt anwenden.

Einen dritten Hinweis geben die Beschwerden Ihres Kindes. Worüber beklagt es sich am häufigsten? Vielleicht beschwert es sich immer wieder, daß Sie nicht mit ihm spielen, ihm nichts mitbringen oder die Eins im Zeugnis übersehen. Das sind deutliche Hinweise. Kinder kritisieren dort am meisten, wo ihre persönliche Liebessprache angesiedelt ist.

Solange Sie sich noch nicht sicher sind, welche Liebessprache Ihr Kind spricht, sollten Sie alle fünf immer eine Woche lang ausprobieren. Wenn Sie die richtige Sprache getroffen haben, wird Ihr Kind gleich empfänglicher für Ihre Erziehungsimpulse sein. Es wird besser gelaunt sein und zur Familienharmonie beitragen.

Was Kinder ihren Eltern auch immer nachsagen mögen, eins sollten sie stets mit Gewißheit behaupten können: „Ich weiß, daß sie mich liebhaben." Dann können wir mit Zuversicht erwarten, daß aus ihnen seelisch gesunde, optimistische und kreative Menschen werden, die überall positiv auffallen werden.

Anmerkungen

1. Bobbie Gee, „A Legacy of Love" in Chicken Soup for the Soul, Hrsg. Jack Canfield und Mark Victor Hansen (Deerfield Beach, Fl., 1993), S. 117-118.
2. Gary Chapman und Ross Campbell, Die fünf Sprachen der Liebe für Kinder (Marburg an der Lahn: Francke, 1997).
3. Ross Campbell, Kinder sind wie ein Spiegel (Marburg an der Lahn: Francke, 1979).
4. Wenn Sie mehr wissen wollen über die fünf Sprachen der Liebe und ihre praktische Anwendung in Ehe und Familie, empfehle ich die Lektüre von: Gary Chapman, Die fünf Sprachen der Liebe (Marburg an der Lahn: Francke, 1994) und Chapman und Campbell, Die fünf Sprachen der Liebe für Kinder (Marburg an der Lahn: Francke, 1997).

10. Lernen mit Spaß

Jedes Kind ist von Natur aus wißbegierig. Es hat, wie es scheint, einen unstillbaren Hunger nach Wissen. Welche Eltern sind nicht schon fast in den Wahnsinn durch Warum-Fragen getrieben worden, die ihr wissensdurstiges Kind ohne Unterlaß stellt? Bedauerlich ist nur, daß viele Eltern diese Wißbegier ihres Kindes ins Leere laufen lassen und damit abtöten, indem sie meist nur ausweichend reagieren: „Jetzt nicht." Oder: „Das habe ich dir doch schon tausendmal erklärt!" Grundschullehrer berichten immer häufiger von Kindern, die keine Fragen mehr stellen und sich damit zufriedengeben, eben nichts zu wissen.

Die Aufgabe der Eltern besteht darin, sich auf die natürliche Wißbegier ihres Kindes einzustellen und dafür zu sorgen, daß es seinen wachen Geist behält – möglichst ein Leben lang. Deshalb spreche ich gern von der „kreativen Unterweisung". Wir sind herausgefordert, eine Atmosphäre zu schaffen, in der das Verlangen des Kindes nach Wissen und die Freude des Erwachsenen an der Wissensvermittlung ein harmonisches Ganzes bilden. Es soll beiden Seiten Spaß machen.

In Kapitel 8 haben wir von der Achse mit den zwei Rädern gesprochen. Das eine Rad ist die verbale Unterweisung und das andere die praktische Schule des Lebens. Man sollte diese beiden Erziehungsansätze eigentlich nicht voneinander trennen. Doch zum besseren Verständnis werden wir uns in zwei gesonderten Kapiteln mit jeweils einem Thema beschäftigen.

Weiter oben erwähnte ich ja bereits, daß eins der griechischen Wörter für Erziehung in der Verbform auch „ans Herz legen" bedeutet. Es geht dabei um die verbale Kommunikation. Über das Wort werden Wissen und Erfahrung von Mensch zu Mensch vermittelt. Mit diesem Vorgang wollen wir uns zunächst beschäftigen. Wie setzen wir das Gespräch ein, um unsere Kinder zu lehren, was wir für richtig halten?

Wir als Eltern müssen uns darauf einstellen, daß die Unterweisung unserer Kinder einen Großteil unseres Lebens in Anspruch nimmt. Im Idealfall wird diese Unterweisung regelmäßig in das tägliche Leben integriert sein. Doch der Faktor Zeit ist in unserer modernen Welt auch in diesem Bereich ein Problem geworden. Da inzwischen mehr als die Hälfte aller Mütter berufstätig ist und viele Eltern oft lange Wege zum Arbeitsplatz in Kauf nehmen müssen, untergräbt der immense Zeitdruck das Bemühen um kreative Unterweisung.

Es würde den Rahmen dieses Buches sprengen, wollten wir uns an dieser Stelle intensiver mit Zeitmanagement beschäftigen. Aber eins möchte ich ganz klar herausstellen: Wir müssen uns in jedem Fall dazu durchringen, Zeit für die Unterweisung unserer Kinder zu erübrigen! Es bleiben uns in unserer Gesellschaft lediglich 18 Jahre, um aus einem hilflosen Säugling einen halbwegs auf eigenen Füßen stehenden Erwachsenen zu machen. Nur diese wenigen Jahre bleiben uns, um die Fertigkeiten in ihnen anzulegen, die wir für die Lebenstüchtigkeit als unerläßlich erachten. Und wir müssen es in dieser Zeit schaffen, den Kindern unser Wertesystem so verständlich zu machen, daß sie in die Lage versetzt werden, ihrerseits ein solches Fundament der Werte und Interessen für sich zu etablieren. Das ist beileibe keine leichte Aufgabe. Und deshalb ist es so wichtig, sich Zeit dafür zu nehmen. Schauen wir uns nun die vier Bereiche kreativer Erziehung etwas näher an.

Kreative Unterweisung

Wir unterweisen unsere Kinder, indem wir ihnen erzählen, was wir für wichtig halten. Wir vermitteln Familiengeschichte und Traditionen, Ethik und Moral, Fakten und Theorien, geistliche Werte und praktische Einsichten in viele Aspekte der Welt, die uns umgibt. Und das alles tun wir, damit sich unsere Kinder später im Leben zurechtfinden und in der Gesellschaft aktiv werden können. Eltern erklären, was es mit der Sexualität auf sich hat, wie man gesund lebt, sich im Straßenverkehr verhält und wie man bei Freunden Grenzen setzt. Es werden noch unbekannte Verhaltensweisen erklärt. Die Fachleute nennen diesen Vorgang *Sozialisation.* Dem Kind wird vermittelt, wie es sich am besten in die Gesellschaft eingliedert. Es muß soziale Fertigkeiten erlernen, die es ihm ermöglichen, einen festen Stand im Leben zu bekommen.

In unserer Gesellschaft wird diese Aufgabe aber nicht allein den Eltern überlassen. Die Schule, die Kirche und andere gesellschaftliche Organisationen übernehmen zum Teil Verantwortung für die Erziehung des Kindes. Trotzdem behalten die Eltern immer noch die Hauptverantwortung für die Zurüstung ihrer Kinder auf ein Leben in einer komplexen und technisierten Welt.

Wenn wir von Unterweisung sprechen, haben wir zunächst einmal den Lehrer vor Augen, der vor der Klasse steht und vorträgt, wie man multipliziert, dividiert oder Brüche kürzt. Aber eine gute Unterweisung beschränkt sich niemals auf Monologe des Lehrenden. Es ist nicht unsere Aufgabe, den Kindern mechanisch Wissen einzutrichtern. Wir haben es mit Wesen zu tun, die denken, Gefühle haben und Entscheidungen treffen sollen. Die effektivste Form der Unterweisung ist also immer noch der Dialog zwischen Eltern und Kind. Manchmal ergreifen die Eltern die Initiative: „Ich will dir mal erzählen, was meine Großmutter schon gesagt hat." Und ein andermal wird das Kind aktiv, indem es Fragen stellt: „Warum halten Bären eigentlich Winterschlaf?" Unterweisung wird so oder so eingeleitet. Unsere Aufgabe ist es nun, kreativ zu agieren bzw. zu reagieren. Wenn der weise Spruch der Großmutter auf ein Kärtchen paßt, könnten Sie es aufschreiben und dem Kind mit erklärenden Worten geben. Vielleicht steckt es sich das Kärtchen an den Spiegel, um es auswendig zu lernen. So wird die Erkenntnis der Großmutter zur Lebensweisheit für Ihr Kind.

Die Frage nach dem Winterschlaf des Bären mag auch für die Eltern zu neuen Erkenntnissen führen, wenn man zusammen mit dem Kind Lexika wälzt oder die CD-ROM Version im Computer befragt. Immer wird durch Worte Wissen vermittelt, aber es ist in beiden Fällen kein Monolog. Bei der Diskussion um Großmutters Weisheit und den Winterschlaf des Bären werden alle Seiten profitieren, denn Antworten regen zu neuen Fragen an, und Fragen verlangen nach Antworten. Das ist spannend für Eltern und Kinder. Wenn wir die Zeit erübrigen können, wäre ein Besuch in der Bibliothek oder im Zoo sicher eine nette Abwechslung. Man könnte sich vom Pfleger so einiges über die Lebensweise der Bären erzählen lassen. Die meisten von uns könnten jedenfalls viel kreativer sein, wenn sie sich mehr Zeit und Ruhe gönnen würden.

Aber wann haben wir schon in der Hektik des Alltags die Muße, so kreativ zu werden? Wir leben schließlich nicht mehr wie im alten Israel, als man den Eltern noch sagen konnte, sie sollen ihre Kinder lehren, „wenn du zu Hause sitzt und wenn du auf der Straße gehst, wenn du dich schlafen legst und wenn du aufstehst."[1] Kreative Unterweisung ist also nicht auf ein paar Lehrstunden am Tag zu begrenzen. Sie ist integraler Bestandteil unseres täglichen Lebens.

Meine Frau Karolyn und ich haben uns intensiv mit der jüdischen Familientradition befaßt. Dabei hat uns besonders die Solidarität und das Wir-Gefühl in der hebräischen Familie beeindruckt. Wir fragten uns, ob man auch heute noch seine Kinder unterweisen kann, wenn man zu Hause sitzt, auf der Straße geht, sich schlafen legt und aufsteht. Wir stellten fest, daß diese Art der Unterweisung durchaus noch in unsere moderne Welt paßt. Allerdings ist dafür ein stetiges Engagement vonnöten.

Nach dem Aufstehen: Die Bereitung des Frühstücks für die ganze Familie war immer ein wirkliches Opfer für meine Frau. Das war nicht die geeignete Zeit für Karolyn, den Wissensdurst unserer Kinder zu stillen (obwohl ihr Vorbild sicher auch Wirkung zeigte). Deshalb übernahm ich die Rolle des Lehrmeisters am Morgen. Die Zeit war in jedem Fall knapp bemessen. Es blieb praktisch nur der Moment, da wir alle um den Frühstückstisch saßen. Wenn wir alle gegessen hatten, las ich ein Wort aus der Bibel vor, wir sprachen kurz darüber und erzählten, was uns dazu einfiel. Dann gaben wir den Kindern die Gelegenheit, Fragen zu stellen und etwas zum Thema zu sagen, worauf wir noch ein kurzes Gebet sprachen.

Dazu brauchten wir selten mehr als zehn Minuten. Ich behaupte allerdings auch nicht, daß das die beste Lehrzeit am Tag bei uns war. Doch es war immerhin die Gelegenheit, für einen Augenblick Gedankenaustausch zu haben. So gingen wir mit etwas mehr Gemeinschaftsgefühl auf getrennten Wegen in den Tag. Wenn diese Familiensolidarität schon am Morgen geweckt wird, stärken wir das Bewußtsein, daß zu Hause eine Familie auf uns wartet. Auch wenn der Inhalt unseres Kurzgesprächs längst vergessen war, reichte das verbleibende Bild von der Gemeinschaft am Tisch, um diesen Augenblick so wertvoll zu machen.

Wenn man zu Hause sitzt: Sitzt man in der modernen Familie eigentlich noch oft genug zusammen? Sicher, wir sitzen vor dem Fernseher zusammen, zuweilen auch vor dem Computerbildschirm. Aber es kommt nicht mehr so häufig vor, daß Eltern und Kinder einfach so beisammensitzen und sich unterhalten. Wir sitzen zwar, aber reden nicht. Das bedeutet natürlich nicht, daß der Fernseher und der Computer keine Lehrmittel wären. Es gibt durchaus lehrreiche Filme und Computerprogramme. Doch wenn man die nicht sorgfältig auswählt, ist der Lerneffekt oft kleiner, als die Eltern es sich wünschen. Wenn Eltern diese Instrumente nicht bewußt als kreative Mittel der Unterweisung einsetzen, können sie schnell zum Feind ihrer Erziehungsbemühungen werden. Wird der Fernseher lediglich als Babysitter im Vorschulalter und als bequemer Hauslehrer im Grundschulalter eingesetzt, verzichten die Eltern auf die Freude, die der persönliche Umgang mit den Kindern durchaus bringen kann.

Wir in unserer Familie haben noch zusammengesessen und geplaudert. Eltern und Kinder haben sich ihre Ideen, Gefühle und Erfahrungen mitgeteilt. Die beste Zeit dafür war bei uns das Abendessen. Es kam gar nicht so selten vor, daß wir noch eine Stunde nach dem Essen so zusammensaßen und redeten. Als die Kinder dann älter wurden, diskutierten wir manchmal stundenlang, vor allem, wenn Sohn und Tochter während ihrer Studienzeit nur am Wochenende zu Hause waren. Die Kommilitonen, die am Wochenende bei uns übernachteten, staunten oft nicht schlecht, daß eine Familie drei Stunden beisammensitzen und debattieren konnte. Viele von ihnen waren in Familien aufgewachsen, in denen man niemals zusammen am Tisch saß und sich über Gott und die Welt unterhielt.

Als junger Vater beeindruckte mich die Aussage von Dr. Graham Blaine, der Psychiater an der Harvard Universität ist. Seiner Meinung nach ist das Fernsehen nicht so problematisch, weil das Programm so schlecht ist. Es sei vielmehr so schädlich, weil es die Gespräche beim gemeinsamen Abendessen behindere. Wenn jemand ganz scharf auf seine Lieblingssendung ist, wird er das Essen hinunterschlingen, um schnell zum Fernseher zu kommen. Doch die kleinen und großen Ereignisse des Tages werden so nicht mehr besprochen. Karolyn und ich waren fest entschlossen, an der Tradition des gemeinsamen Abendessens festzuhalten, und wir nutzten diese Zeit zur Unterweisung unserer Kinder ausgiebig.

Die Kinder haben das sicher gar nicht mitbekommen. Wir haben uns ganz einfach unterhalten und uns als Familie erlebt. Wir haben uns Zeit genommen, unseren Familiensinn zu schärfen und in unserem Bewußtsein tief zu verwurzeln, daß wir gemeinsam als Familie Anteil am Schicksal des anderen haben wollen. Ich muß allerdings zugeben, daß es all unsere Kraft kostete, diese Tradition aufrechtzuerhalten, als unsere Kinder Teenager wurden. Der Termin fürs Abendessen mußte sehr flexibel gehalten werden: von 16 bis 22 Uhr. Er hing ab von Basketballspielen, Proben für die Theater-AG und Klavierstunden. Doch wir fanden, daß es die Mühe wert war.

Zur Vorbereitung für dieses Buch habe ich noch ein längeres Gespräch mit John, unserem Gast von damals, geführt. Er lebt inzwischen in einem anderen Staat, und so war die Wiedersehensfreude groß, als er uns besuchte. Es ist nun schon über zwanzig Jahre her, seit er uns mit wachsamen Augen beobachtet hat. Ich fand interessant, was er über das Fernsehen in unserem Haus sagte: „Es war immer so unglaublich friedlich und still in eurem Haus. Ich habe nie erlebt, daß der Fernseher im Hintergrund plärrte. In vielen Häusern ist der Fernseher doch inzwischen zum Mittelpunkt des Familienlebens geworden. Wenn ihr damals tatsächlich ein Gerät hattet, dann kann ich mich überhaupt nicht mehr erinnern, wo es stand. Ich weiß nur, daß der Fernseher keine große Rolle im Familienleben spielte." Wir hatten tatsächlich schon damals einen Fernseher, aber wir haben es niemals zugelassen, daß er uns beherrscht.

Wenn du auf der Straße gehst: Als Mose diesen Text für die hebräischen Eltern aufschrieb, bewegte man sich noch fast ausschließlich zu Fuß fort. Der Mensch ist eigentlich ständig auf den Beinen. Früher ging er für seinen Lebensunterhalt jagen, fischen oder Beeren sammeln. Er ist auch heute noch ständig unterwegs. Doch hat sich die Art der Fortbewegung inzwischen verändert. Heute benutzen wir das Auto für den Schulweg der Kinder. Wir fahren zur Gemeinde, zum Einkaufen oder zum Handballspiel. Das alles sind gute Gelegenheiten für das Gespräch zwischen Eltern und Kindern. Das ist zwar keine formale Unterweisung. Aber dafür sind diese Gespräche meist sehr ergiebig. Auf solchen Fahrten äußern Kinder oft ihre Sorgen und Nöte.

Wenn du dich schlafen legst: In vielen Kulturen wird die Zeit vor dem Schlafengehen zur Unterweisung und Belehrung genutzt. Bei meinen Forschungsreisen als Anthropologe habe ich unter anderem die Tzeltal Indianer in Mexiko und die Carib Indianer auf Domenika besucht. Und immer wieder konnte ich beobachten, wie Mütter ihre Kinder am Feuer auf dem Schoß wiegten und ihnen ein Schlaflied sangen. Die Väter haben dann ihre älteren Kinder ums Feuer versammelt und ihnen Geschichten aus der Vergangenheit ihrer Stämme erzählt. Dadurch konnten die jungen Menschen mit der Gewißheit einschlafen, Geborgenheit im sozialen Gefüge ihres Stammes zu finden. Die moderne Welt der Gegenwart, die zwar die lodernde Feuerstelle aus ihrer Mitte verbannt hat, läßt jedoch immer noch Raum für das Gespräch auf der Bettkante.

Weil Kinder selten gern zu Bett gehen, sind sie meist offen für Belehrungen jedweder Form, um einen Aufschub zu bekommen. John erinnerte sich noch an das Abendritual bei uns, als die Kinder noch klein waren. Karolyn und ich saßen mit den Kindern auf dem Sofa. Der Fernseher war aus (dafür brannte Feuer im Kamin). Wir lasen aus Kinderbüchern vor, die wir im Laufe der Jahre gesammelt hatten. Nach einer Geschichte gab es immer genug Fragen zu beantworten. Es waren Fragen, die sich aus der Geschichte selbst ergaben oder die wie Blitze aus heiterem Himmel bei meinen kleinen Zuhörern einschlugen und augenblicklich beantwortet werden mußten. Wir hatten zwar eine festgesetzte Zeit fürs Schlafengehen. Doch wir waren auch zu Zugeständnissen bereit, wenn sich wertvolle Gespräche ergaben.

Dann wurde noch einmal das Badezimmer aufgesucht und ein Glas Wasser getrunken, bevor unsere Kleinen unter die Decke schlüpften. Im Bett wurde dann noch gebetet. Derek als der Jüngere ging zuerst. Fünf bis zehn Minuten später folgte Shelley. So konnten wir mit jedem Kind ganz persönlich beten. Sie beteten für Zachäus, den Hund, für ihre Lehrer und für alles, was ihnen ihre Phantasie gerade so eingab. Shelley betete immer für Dr. Al Hood, der als Missionsarzt in Thailand arbeitete. Sie ist nun selbst Ärztin und glaubt, ihr damaliges Interesse und ihre Gebete hätten ihren Wunsch, selbst Ärztin zu werden, mit beeinflußt. Ja, Rituale vor dem Schlafengehen sind ganz besonders wichtig!

Immer wenn Eltern und Kinder beisammen sind, bietet sich die Gelegenheit, die Kinder zu unterweisen. Und es ist Aufgabe der Eltern, ihnen die hohe Kunst des Dialogs beizubringen.

Kreative Ermutigung

Der zweite Bereich kreativer Erziehung ist die kreative Ermutigung. Wie das Wort schon sagt, geht es darum, Mut zu machen. Mut befähigt das Kind, seine Möglichkeiten auszutesten, Risiken einzugehen und etwas zu erreichen, was andere nicht wagen. Die Erziehung der Eltern bestimmt, in welchem Maß Kinder ermutigt oder entmutigt werden. In gesunden Familien machen Eltern ihren Kindern bewußt und regelmäßig Mut.

Als Eltern müssen wir mit unserem Lob nicht warten, bis die Kinder perfekte Leistungen bringen. Manche Eltern befürchten tatsächlich, ihr Kind werde das Mittelmaß niemals überschreiten, sofern sie es für mittelmäßige Leistungen loben. Doch das Gegenteil trifft zu. Wenn Sie sich mit Lob und Ermutigung zurückhalten, solange das Kind keine perfekten Leistungen bringt, wird es niemals sein ganzes Leistungsvermögen ausschöpfen.

Wir müssen es lernen, unsere Kinder nicht für ihre Leistungen zu loben, sondern für ihre Bemühungen. Wir tun das ganz instinktiv, solange die Kinder klein sind. Erinnern Sie sich noch an die ersten Gehversuche Ihres Kindes? Noch hielt es sich an der Couch fest. Sie standen zwei Meter entfernt und ermunterten es: „Na los! Du schaffst das. Ja los, komm! Na komm!“ Das Kleine machte einen halben Schritt und fiel gleich auf die Nase. Wie haben Sie damals reagiert? Sie haben bestimmt nicht gebrüllt: „Du dummes Kind, kannst du denn nicht aufpassen!“ Nein, Sie haben in die Hände geklatscht und gerufen: „Ja fein! Komm, wir machen's gleich noch mal!“ Das Kind stand auf, versuchte es wieder und wieder, und irgendwann lief es im Zimmer umher.

Es war Ihr Lob für das Bemühen, das Ihrem Kind Mut machte, es noch einmal zu versuchen. Es ist zu schade, daß wir diese Technik der kreativen Erziehung verlernen, sobald das Kind größer wird. Wir betreten Marens Zimmer und sehen, daß noch zwölf Spielsachen auf dem Boden liegen. Wir bitten Maren ganz ruhig, diese zwölf Sachen wegzuräumen. Nach fünf Minuten kommen wir wieder, und sieben Spielsachen sind weggeräumt, während fünf noch herumliegen. Jetzt haben wir die Wahl: Wir können schimpfen: „Ich habe dir doch gesagt, du sollst die Sachen wegräumen. Muß es denn erst wieder was setzen?“ Wir können aber auch Mut machen und sagen: „Toll, sieben Sachen sind schon in der Kiste.“ Ich wette, daß die restlichen fünf nur so in die Kiste fliegen. Ermutigende Worte motivieren zu positivem Verhalten. Schelte aber läßt Bemühungen ohne Lohn.

Vor mehreren Jahren besuchte ich einen 13jährigen Jungen im Krankenhaus, der an einem Magengeschwür litt. Um die emotionale Dynamik in seinem Leben zu erkunden, fragte ich ihn: „Wie kommst du mit deinem Vater aus?“

„Nicht sehr gut“, antwortete er.

„Kannst du mir das an praktischen Beispielen erklären“, fragte ich.

„Wenn ich eine Zwei im Zeugnis habe, sagt mein Vater: ‚Du hättest aber auch eine Eins haben können. So dumm bist du doch gar nicht.‘ Wenn ich Basketball spiele und einen Zweier schaffe, sagt er: ‚Du schaffst doch auch Dreier. Du mußt nur ein bißchen besser zielen.‘ Wenn ich den Rasen mähe, hat mein Vater hinterher immer was an meiner Arbeit auszusetzen. So sagt er z. B.: ‚Du hast schon wieder das Gras an den Rändern übersehen. Hast du keine Augen im Kopf?‘ Ich kann ihm nichts recht machen.“

Ich kannte den Vater des Jungen. Jeder hätte ihn eigentlich für einen guten Vater gehalten. Ich wußte auch, daß er durchaus die besten Absichten hatte. Er wollte seinem Jungen doch nur vermitteln: „Wenn du Ball spielst, gib dein Bestes. Wenn du zur Schule gehst, dann zeig auch, was du kannst. Und wenn du eine Aufgabe erledigst, dann mach es gleich richtig." Er hatte offensichtlich immer noch die Worte seines eigenen Vaters im Ohr, der immer gesagt hatte: „Wenn es sich lohnt, eine Arbeit anzufangen, dann lohnt es sich auch, sie richtig zu machen." Dieser Vater versuchte, seinen Sohn in allen Lebensbereichen zu Höchstleistungen anzustacheln, aber Sie wissen ja, welche Botschaft sein Sohn immer nur vernahm: „Du schaffst es nie!" Die wohlmeinenden Worte des Vaters waren eine Quelle der Entmutigung für seinen heranwachsenden Sohn und verursachten viel Leid in seiner Seele.

Der richtige Zeitpunkt zur Ermunterung, aus einer Zwei eine Eins zu machen, ist nicht der Augenblick, da uns das Zeugnis zum Lesen gegeben wird. Da müssen wir erst einmal das Kind für seine Zwei loben. Drei Tage später, wenn das Zeugnis im Schrank verschwunden ist, könnte die Mutter sagen: „Du hast dir echt Mühe gegeben in Mathe. Immerhin hast du eine Zwei bekommen. Hast du eine Idee, wie man im nächsten Halbjahr aus der Zwei vielleicht sogar noch eine Eins machen könnte?" Ihr Lob für bisherige Anstrengungen wird Mut machen, ein noch höheres Ziel anzustreben.

Der richtige Zeitpunkt, Ihren Sohn zu ermuntern, mit einem einzigen Wurf noch mehr Punkte herauszuholen, ist nicht der Tag des Spiels. Da müssen Sie auf der Zuschauerbank jubeln: „Toll, Junge, zwei Punkte!" Zwei Tage später können Sie ihm dann im Hof ein paar Tricks zeigen, wie man es noch besser macht, damit der nächste Wurf gleich drei Punkte bringt. Der richtige Zeitpunkt, dem Kind Gartenarbeit zu erklären, ist nicht gekommen, wenn es den Rasenmäher beiseite stellt. Jetzt müssen Sie es erst einmal loben: „Gut gemacht! Da hast du aber was geschafft. Sieht wieder schön aus, der Rasen. Vielen Dank, daß du mir die Arbeit abgenommen hast." Am nächsten Samstag, wenn der Sohn oder die Tochter wieder anfangen will, den Rasen zu mähen, kann dann der Vater sagen: „Siehst du das Gras da an den Rändern? Da kommt man schwer ran. Du mußt ganz scharf an den Kantensteinen entlangfahren. Aber das schaffst du bestimmt!" Ich garantiere Ihnen, daß diesmal auch die Ränder geschnitten werden. Kinder reagieren fast immer auf Lob mit der Motivation, es besser zu machen. In einer gesunden Familie gehört das Mutmachen zum Lebensstil.

Bei unserem letzten Umzug durchsuchte ich ein paar alte Schachteln. Dabei fand ich den folgenden Brief, den ich meinem Sohn Derek geschrieben hatte, als dieser bei einem Basketballturnier eine Reihe von Niederlagen einstecken mußte.

Mein lieber Derek,
ich weiß, daß dieses unschöne Spiel mit den vielen Rangeleien gestern abend eine große Enttäuschung für Dich war – und das zu Recht. Immer dann, wenn wir das Gefühl haben, nicht das geleistet zu haben, was wir eigentlich zu leisten imstande wären, sind wir tief enttäuscht. Ein Rückschlag ist immer schwer zu verkraften. Ich weiß das, denn auch ich habe schon einige hinter mir.
Ich habe heute morgen nachgedacht, welche Personen in der Bibel mit Rückschlägen fertig werden mußten. (1) Josef, als seine Brüder ihn in die Sklaverei verkauften. (2) Josef, als Potifars Frau ihn falsch beschuldigte. (3) Abraham, als er log und seine Frau für seine Schwester ausgab. (4) Petrus, als er Christus verleugnete. Ich kann mir vorstellen, wie niedergeschlagen sie alle gewesen sein mußten. Doch sie alle sind auch wieder aufgestanden und große Männer Gottes geworden.
Ich weiß, daß Du kein Drückeberger bist. Du wirst es den anderen schon zeigen und Dein Bestes geben. Aber ich möchte, daß Du weißt: Ich verstehe Deine Niedergeschlagenheit.
Ich habe Dich sehr lieb, und ich bin stolz auf Dich – wie immer Du auch spielst. Du hast einen guten Charakter, und das ist das einzige, was zählt – beim Spiel und im täglichen Leben!
Es liebt dich

Paps

Worte des Lobes und der Ermutigung – geschrieben oder gesprochen – bleiben im Gedächtnis der Kinder auch dann noch haften, wenn sie die Erwachsenen schon längst wieder vergessen haben.

Kreative Zurechtweisung

Der dritte Bereich kreativer Erziehung ist die kreative Zurechtweisung. In einer heilen Familie korrigieren Eltern ihre Kinder, wenn es nötig ist. Wichtig ist dabei aber, daß dies auf kreative Weise geschieht. Denken wir immer daran: Unser Ziel ist es, daß die Kinder mit Freude lernen. Sie sollen zu positiven Verhaltensweisen angeregt werden. Zurechtweisen kann man auf positive und auf negative Art.

Zuallererst müssen wir sicherstellen, daß wir kein Verhalten korrigieren, das gar nicht korrigiert werden muß. In unserem Bemühen, den

Kindern etwas beizubringen, neigen wir dazu, ihre Kreativität zugunsten von Konformität zu unterdrücken. Kreativität ist die großartige Gabe, sich auch außerhalb ausgetretener Pfade bewegen zu können. Erst das Schöpferische in uns macht es möglich, sich zu individuellen Persönlichkeiten zu entfalten. Wer diese Kreativität bremst, sorgt dafür, daß sich unsere Kinder gleichen wie ein Ei dem anderen, statt individuell wie Schneeflocken zu sein. Dr. Howard Hendricks, in den USA einer der Vordenker zum Thema Kreativität, erzählt gern von dem Kind, das Blumen mit Gesichtern gemalt hatte. Worauf die Lehrerin einwandte: „Aber Johnny, Blumen haben doch keine Gesichter!" Johnny entgegnete: „Meine schon."

Noch ist Johnnys Kreativität lebendig. Aber wenn seine Lehrerin doch noch erfolgreich ist, werden seine Blumen bald genauso aussehen wie alle anderen auch. In einer gesunden Familie korrigieren wir nur jene Verhaltensweisen, die der Entwicklung des Kindes schaden. Wir sollten nicht versuchen, die individuellen und kreativen Ausdrucksformen unserer Kinder zu unterdrücken.

Zwei Fragen, die sich Eltern immer wieder stellen müssen, lauten: „Schadet das Verhalten, das ich korrigieren will, meinem Kind wirklich? Wird es seine Zukunft negativ beeinflussen, wenn ich es jetzt gewähren lasse?" Wenn ich diese Fragen mit ja beantworte, dann ist Zurechtweisung angesagt. Lautet die Antwort aber nein oder bin ich mir meiner Sache nicht so sicher, dann sollte ich mir Zeit nehmen und die Situation weiter beobachten.

Kommen wir aber zu dem Schluß, daß Korrektur unumgänglich ist, müssen wir diese aus Liebe und nicht aus unkontrolliertem Zorn einsetzen. Die Liebe will das Wohl des Kindes, während unkontrollierte Wut ein Abreagieren unserer eigenen Frustrationen ist, und das schadet dem Kind. Ich meine damit nicht, daß Eltern nie wütend auf ihr Kind sein dürfen. Das wäre unrealistisch. Wut ist ein Gefühl, das in uns aufsteigt, sobald sich unser Kind ungehörig benimmt.

Wut ist eine völlig normale und sogar gesunde Emotion. Ihr Zweck ist es, in bestimmten Situationen mit genügend Nachdruck zu reagieren. Doch verlieren Eltern immer wieder die Beherrschung und die Kontrolle über ihren Zorn, und so wissen sie oft nicht mehr, was sie sagen und tun. Das zerstört die Beziehung zum Kind. Wenn Sie spüren, daß der Zorn Sie packt und Sie in diesem Augenblick der Meinung sind, Korrektur sei nötig, dann stoppen Sie lieber jede Aktion, und lassen Sie sich Zeit, um abzukühlen. Wenn Sie sich danach dem Kind wieder zuwenden, können

Sie in Ruhe mit ihm reden und es zurechtweisen, sofern es immer noch nötig sein sollte.[2]

Kreative Zurechtweisung sollte allerdings immer von Erklärungen über die Beweggründe begleitet sein. Gardinenpredigten bewirken selten eine Verhaltenskorrektur. Sie bewirken eher, daß sich das Kind in den Schmollwinkel zurückzieht. Sobald das Kind alt genug ist, sollten wir erklären, warum wir bestimmte Verhaltensweise für falsch halten. Und wir sollten sagen, wie man es besser machen kann. Ziel und Zweck unserer Zurechtweisung soll es nicht sein, das Kind zu demütigen. Wenn wir sagen: „Du dummes Ding", dann offenbart das nur unsere eigene Dummheit. Sofern Beschimpfungen zu einer Angewohnheit geworden sind, bedeutet das noch nicht, daß unsere Familie keine Chance mehr hat. Es bedeutet aber, daß wir uns zu unserem Fehlverhalten bekennen müssen. Sobald uns wieder ein Schimpfwort herausgerutscht ist, sollten wir uns beim Kind entschuldigen: „Tut mir leid, daß ich die Beherrschung verloren habe. Vor allem tut mir leid, daß ich ‚du dummes Ding' zu dir gesagt habe. Du bist ja wirklich nicht dumm. Im Gegenteil! Du bist ein kluges Kind. Aber weißt du, ich war in dem Augenblick so aufgeregt, daß ich die Beherrschung verloren habe. Ob du mir noch mal verzeihen kannst? Am besten, wir lernen beide aus der Situation." Sie werden sehen: Kinder vergeben gern, wenn man Fehler eingesteht und sie um Verzeihung bittet.

Das dritte Prinzip kreativer Unterweisung besagt, daß wir nur die Dinge ansprechen und kritisieren, die im Augenblick von Belang sind. Wir erwähnen nicht ständig alte Sünden. Wenn wir einem Kind alle seine Verfehlungen immer wieder vorhalten, suggerieren wir ihm, daß es tatsächlich auf der ganzen Linie ein Versager ist. Wie oft hat wohl Edison versagt, bevor er seine Glühlampe endlich erfunden hatte? Niemand nennt Edison einen Versager, nur weil er zahlenmäßig mehr Mißerfolge als Erfolge hatte. Vielleicht wird ja auch Ihr Kind mal ein Edison. Entmutigen Sie es also nicht, indem Sie ihm ständig seine vergangenen Fehler vorhalten.

Für Eltern mit einem Hang zum Perfektionismus möchte ich noch folgende Warnung aussprechen: Erwarten Sie bitte keine Perfektion von Ihren Kindern. Maschinen kennen kein menschliches Versagen, wenn sie durchdacht konstruiert sind. Aber Ihr Kind ist keine Maschine. Es ist ein menschliches Wesen mit all seinen Stärken und Schwächen. Aufgabe der Eltern ist es, dem Kind zu helfen, seine Schwächen so weit in den Griff zu bekommen, daß es seine Möglichkeiten voll ausschöpfen kann. Das erreichen wir kaum, indem wir Perfektionismus erwarten, sondern eher, indem wir seine Bemühungen wertschätzen und nur dann zurechtweisen, wenn es unumgänglich ist.

Es ist jedenfalls viel produktiver, Mut zu machen, als zu sagen: „Nun hast du es wieder nicht geschafft. Gib es doch auf. Laß mich mal machen." Dieses „Laß mich mal machen" als Mittel der Erziehung bringt verzagte, passive und unproduktive Kinder hervor. Wenn Eltern den Kindern ihre Aufgaben abnehmen, töten sie jede Initiative zum Lernen ab. Denken Sie daran, daß es unsere Aufgabe als Eltern nicht ist, den Kindern alles abzunehmen, was sie fordern könnte. Uns muß es darum gehen, den Ehrgeiz der Kinder anzustacheln, damit sie hoch motiviert sind und Spaß am Lernen bekommen. Nur so werden sie eines Tages kreative und produktive Glieder dieser Gesellschaft sein.

Wenn ein Kind dazu neigt, schnell das Handtuch zu werfen, und auf Kritik hypersensibel reagiert, sollten wir ihm die Schicksale von Personen vor Augen halten, die trotz vieler Rückschläge am Ende doch noch großen Erfolg hatten. (Selbst Einstein war keine Leuchte in der Schule!) Mit jeder Niederlage machen wir Erfahrungen. Deshalb ist sie auch unser Freund und nicht unser Feind. Mit jeder Niederlage lernen wir, wie wir es *nicht* machen dürfen. Und mit jeder neuen Einsicht kommen wir der Wahrheit ein Stückchen näher.

Kreative Würdigung

Der vierte Bereich kreativer Erziehung ist die kreative Würdigung. Würdigung unterscheidet sich vom Lob. Lob bezieht sich auf die Leistung, wogegen die Würdigung mehr der ganzen Person gilt. „Ich liebe dich." – „Du bist ein tolles Mädchen." – „Dein Haar glänzt heute wieder so schön." – „Du bist ein kluger Junge." – „Mann, hast du Muckis bekommen!" All diese anerkennenden Worte sagen etwas über die Person an sich aus. In heilen Familien ist man immer bestrebt, den Kindern ein stabiles Selbstwertgefühl zu vermitteln, indem man auf die positiven Merkmale des Betreffenden hinweist. Würdigung bedeutet, daß man die guten Seiten in den Vordergrund rückt. Wir kehren die negativen Seiten damit nicht unter den Teppich. Unser Bestreben ist es aber, das Kind durch Würdigung der positiven Seiten gegen Verächtlichmachungen von Gleichaltrigen und gegen ungerechtfertigte Selbstvorwürfe immun zu machen.

Die Kinder von heute vergleichen sich sehr stark mit den Idolen aus den Medien. Gemessen an diesen, schneidet eigentlich jedes Kind schlecht ab. Es ist deshalb die Aufgabe der Eltern, den Kindern zu helfen, ein gesundes Selbstwertgefühl zu entwickeln. Denn sie leben in einer Welt, in der körperliche Perfektion, intellektuelle Leistungsfähigkeit und athletischer Erfolg den Wert des Lebens bestimmen. Und so hat der „normale" Durchschnittsmensch kaum noch eine Chance, seinen latenten Minderwertigkeitskomplex loszuwerden. Als Eltern müssen wir dieser Verschiebung der Werte gezielt entgegenwirken.

„Sag mir doch mal, was du am liebsten von mir hörst", fragte einmal eine Mutter ihren achtjährigen Sohn.

„Wenn du mir sagst, wie stark ich bin", erwiderte der Junge, und seine Augen leuchteten. Durch diesen kurzen Dialog hat eine Mutter gelernt, welche Kraft anerkennende Worte haben.

Wir fassen zusammen: Kreative Erziehung bedeutet, so mit unseren Kindern zu reden, daß wir sie mit positivem Gedankengut versorgen. Erst dadurch werden sie in die Lage versetzt, weise Entscheidungen zu treffen und aus ihrem Leben das Beste zu machen. Dazu müssen wir sie unterweisen, ermutigen, zurechtweisen und würdigen. Das tun wir, indem wir mit ihnen ins Gespräch kommen und ihnen Werte vermitteln, die uns wichtig erscheinen. Es wird unser ganzes Bestreben sein, in ihre Seele nur den Samen zu legen, der in Zukunft gesunde Frucht hervorbringt.

Anmerkungen

1. 5. Mose 6,7
2. Ross Campbell, Bevor der Kragen platzt (Verlag der Francke-Buchhandlung GmbH)

11. (Über)lebenstraining mit System

Sokrates hat einmal gesagt: „Wenn ich hinaufsteigen könnte zum höchsten Platz Athens, würde ich meine Stimme erheben und sagen: ‚Was denkt ihr euch dabei, liebe Mitbürger, daß ihr jeden Stein umdreht, um euren Wohlstand zusammenzukratzen, und dabei eure Kinder vernachlässigt, denen ihr eines Tages ohnehin alles überlassen müßt?'"

Wie wir bereits in Kapitel 8 anmerkten, haben schon die alten Griechen Erziehung in zwei Bereiche geteilt und dafür zwei Wörter benutzt. Deshalb haben wir auch von der Achse mit den zwei Rädern gesprochen, die beide gleich schnell und in dieselbe Richtung rollen müssen. Eine effektive Erziehung unserer Kinder kann nicht nur verbal vermittelt werden. Sie muß auch praxisbezogen sein. Manchmal reicht es eben nicht aus, dem Kind das ABC vorzuschreiben, manchmal müssen wir auch seine Hand ergreifen und sie richtig führen. In diesem Kapitel wird es um solche praktischen Hilfestellungen gehen.

Bei meinen anthropologischen Studien sind mir niemals Kulturen begegnet, in denen Eltern von der Pflicht befreit waren, ihren Kindern ganz praktisch mit gutem Beispiel voranzugehen. Tatsache ist, daß ein Baby völlig hilflos auf die Welt kommt. Sich selbst überlassen, würde es schon nach kurzer Zeit sterben. Der Kontakt zwischen Mutter und Kind beginnt mit zärtlichen Berührungen. Die Forschung hat inzwischen beeindruckend belegt, daß sich Kinder, die geherzt und geküßt werden, geborgener fühlen und sich gesünder entwickeln als Kinder, die mit wenig Körperkontakt groß werden. Also bereits in den ersten Stunden im Leben eines Kindes fangen Eltern an, durch aktives Handeln sein Schicksal zu bestimmen. In unserer Kultur endet dieses Engagement oft erst, wenn der junge Mensch bereits volljährig ist.

Uns stehen also rund 18 Jahre zur Verfügung, um unserem Kind auf dem Weg vom hilflosen Wesen zum relativ selbständigen Erwachsenen zur Seite zu stehen. In gesunden Familien erkennen und akzeptieren Eltern diese Pflicht zur Erziehung. Dieses praktische (Über)lebenstraining ist oft zeitaufwendiger als die verbale Unterweisung. Einem Kind zu erzählen, was es zu tun hat, ist allemal bequemer, als es ihm auch noch vorzumachen.

Dieses praktische Training umfaßt nicht nur Fertigkeiten wie Lesen, Schreiben, Schwimmen oder Radfahren, sondern auch soziale Fertigkeiten wie den Umgang mit Gefühlen. Es muß gelernt werden, mit Angst, Wut und Enttäuschung umzugehen. Diese Charakterschulung darf nicht vergessen werden. Eigenschaften wie Ehrlichkeit, Fleiß und Mut müssen zur Entfaltung gebracht werden. Das alles bedeutet harte Arbeit für die Eltern, aber der Lohn bleibt nicht aus. Er wird sichtbar an der späteren Lebensqualität der Kinder, und der positive Nebeneffekt dabei ist, daß die Gesellschaft als Ganzes auch noch davon profitiert. Dr. Karl Menninger hat einmal gesagt: „Was man den Kindern tut, das tun sie der Gesellschaft." Die Ausbildung unserer Kinder zu lebenstüchtigen Menschen ist tatsächlich eine sehr noble Aufgabe. Wie werden wir ihr aber gerecht?

Wir sind Vorbild

Kinder lernen zuallererst durch unser Vorbild. Sie beobachten unseren Lebensstil mit wachem Auge. Und wenn wir etwas tun, was nicht mit unseren Worten übereinstimmt, sind sie die ersten, die es entdecken. Jemand hat einmal scharfsinnig bemerkt: „Ein junger Mensch bis 15 tut, was seine Eltern *sagen.* Danach aber macht er, was sie tun." Es ist einerseits ein erschreckender Gedanke, daß wir einen so gewaltigen Einfluß auf das Leben unserer Kinder haben. Es tröstet andererseits aber auch die Erkenntnis, daß wir sogar ohne pädagogische Fachkenntnisse unsere Kinder zum Guten beeinflussen werden, wenn wir ein Leben führen, das sie für nachahmenswert halten. Abraham Lincoln hat einmal gesagt: „Kein Mensch ist arm, der eine fromme Mutter hat." Das, was wir unseren Kindern vorleben, ist jedenfalls wirkungsvoller als alle anderen Erziehungsmethoden.

Ich möchte Ihnen ein Beispiel aus meinem eigenen Leben geben. Als ich noch ein kleiner Junge war, arbeitete mein Vater in einer Textilfabrik im Schichtdienst. Er fuhr abends um elf zur Arbeit und kehrte heim um sieben. Wenn ich morgens aufstand und mich für die Schule vorbereitete, ging er zu Bett. Vorher betete er aber noch regelmäßig am Bett oder im Badezimmer. Mein Vater betete immer laut. Auf dem Weg von meinem Zimmer zur Küche hörte ich ihn deshalb mit Gott reden. Dabei bekam ich zuweilen mit, daß er auch für mich betete. Ich spürte damals, wie wichtig ihm das Gebet war, und so wurde es auch für mich wichtig. Es wurde so sehr ein Teil meines Lebens, daß ich es selbst in meinen Studienjahren, die all meine Kraft forderten, niemals vernachlässigte.

Ich will damit nicht sagen, daß unser Vorbild das Leben unserer Kinder vollkommen prägen und bestimmen wird. Jeder Mensch hat schließlich einen freien Willen. Doch vieles, was wir vorleben, wird nicht in Vergessenheit geraten. Eines Tages kam mir eine Frage in den Sinn, die mich nachdenklich stimmte: *Was ist eigentlich, wenn sich meine Kinder nach meinem Vorbild entwickeln?* Dieser Gedanke hat mich später immer wieder motiviert, mich noch ein bißchen mehr anzustrengen. Ich bin weit ab von jeder Vollkommenheit, aber es ist doch immer mein Ziel gewesen, mein Leben so zu gestalten, daß es mir nicht peinlich sein müßte, wenn meine Kinder mich wirklich kopieren sollten.

Kinder können durchaus auch durch negative Vorbilder etwas lernen. Auch auf die Gefahr hin, Sie mit Geschichten aus meinem eigenen Leben zu langweilen, möchte ich noch einmal auf persönliche Erfahrungen zurückgreifen. Mein Großvater war Alkoholiker. Auch er arbeitete wie mein Vater in einer Textilfabrik, allerdings nur noch in der Frühschicht. Als ich schon größer war, hatte ich immer den Eindruck, er lebe im Grunde nur für die Wochenenden und um sich sinnlos zu betrinken. Jeden Freitagnachmittag ging er eine halbe Meile zu einer Schenke, in der sich Männer seines Alters trafen, um sich zu betrinken. Mein Großvater trank, bis es dunkel war, und dann versuchte er, nach Hause zu laufen.

Immer wieder kam es vor, daß ein Nachbar bei uns anklopfte und meinen Vater sprechen wollte. Großvater war wieder in einen Graben gefallen und brauchte Hilfe. Ein paarmal begleitete ich meinen Vater. Gemeinsam zogen wir Großvater aus dem Graben, und schleppten ihn dann auf unseren Schultern ins Haus. Dort steckten wir ihn in die Badewanne und legten ihn später schlafen. Als junger Mann wurde mir dadurch Alkohol so zuwider, daß ich niemals versucht war, mit dem Trinken anzufangen. Später ist mir einmal bewußt geworden, daß ich durch diese Entscheidung im Laufe von Jahren Tausende von Dollars gespart habe. Diese gute Entwicklung verdanke ich letztlich meinem Großvater. Sein Vorbild beeindruckte mich mächtig, und ich hatte die Botschaft verstanden.

Vielleicht sind Sie ja auch mit schlechten Vorbildern aufgewachsen, und vielleicht haben Sie gelesen, daß die Forschung herausgefunden hat, Kinder von Alkoholikern seien gefährdet, selbst krank zu werden, und mißbrauchte Kinder seien später eher bereit, selbst Gewalt auszuüben. Dann seien Sie trotzdem nicht verzagt! Die Entscheidungsfreiheit des Menschen ist und bleibt eine Realität. Selbst wenn Sie möglicherweise anfälliger für das Ihnen vorgelebte Verhalten sein sollten, so sind Sie dennoch nicht gezwungen, genauso zerstörerisch mit sich selbst umzugehen. Ihr Wille, es anders zu machen, der Beistand von Freunden und die Hilfe Gottes können Sie motivieren, sich genau entgegengesetzt zu verhalten. Sie haben dann die Chance, trotz krankem Elternhaus ein heiles Familienleben zu führen. Zu den wunderbarsten Eigenschaften von uns Menschen gehört es, daß wir auf einem einmal eingeschlagenen Weg umkehren können.

Auch jeder Sinneswandel hat Vorbildfunktion für unsere Kinder. Ich erinnere mich noch an den Tag, an dem Vater mit dem Rauchen aufhörte. Wir strichen gerade zusammen eins unserer Zimmer. Sein Reizhusten wurde immer schlimmer. Er stand auf der Leiter, als er in seine Tasche griff, um sich eine weitere Zigarette anzustecken. Doch statt sie anzuzünden, zerdrückte er sie und warf sie auf den Boden. Dann zog er die ganze Schachtel hervor, zerdrückte sie ebenfalls und warf auch sie auf den Boden. Dabei sagte er: „Ich habe meine letzte Zigarette geraucht. Ich brauche die Dinger nicht mehr!“ Und er hat tatsächlich nie wieder geraucht. Ich habe ihn immer für diese Entscheidung bewundert. Er hat mir vorgelebt, was die menschliche Entscheidungsfreiheit zu bewirken vermag, nämlich daß man sich für den besseren Weg entscheiden kann.

Wir zeigen, wie es geht

Der kleine Blondschopf war erst sechs Jahre alt (wie er mir stolz erzählte). Er war mit seinem Vater gekommen. Ich traf sie am See, und sie waren die ersten heute, die angelten. Wir kannten uns nicht, aber Brent, der Junge, wollte mir unbedingt den Fisch zeigen, den er geangelt hatte, und mir erzählen, daß sein Vater ihm gerade beibringe, wie man fischt. Man merkte, wie stolz der Vater war. Als ich meiner Bewunderung noch ein paarmal durch „Ah!“ und „Oh!“ Ausdruck verliehen hatte, ging ich weiter am See entlang, und mir wurde bewußt, daß ich gerade Zeuge einer sehr lebendigen Lehrstunde geworden war.

Man kann seinem Kind natürlich auch zu Hause im Sessel erklären, wie man angelt. Aber effektiver ist es schon, den Sohn mit zum See zu nehmen und es ihm vor Ort zu zeigen. Fußballmannschaften benutzen zwar Videos und treffen sich zu Strategiebesprechungen, um den Gegner besser einschätzen zu können. Doch das Spiel lernt man erst durch die Praxis auf dem grünen Rasen. Betten machen, abwaschen, putzen, Autos waschen – all das lernt man am besten in der Praxis.

In nahezu allen Kulturen lernen die Kinder die Grundfertigkeiten des Lebens, weil die Eltern sie ihnen zeigen und vormachen. Ob es darum geht, einen Affen zu jagen, Süßkartoffeln zu ernten oder bestimmte Beeren zu sammeln – die Eltern zeigen, wie man es macht.

Wir verbinden Theorie und Praxis

Ernie Hill ist der schwarze Pastor einer großen Gemeinde bei Los Angeles. Er erzählt folgende Geschichte aus seiner Jugend: Er war kaum 13, als er eines Abends völlig betrunken nach Hause kam. Er schleppte sich in sein Zimmer und übergab sich dort. In seinem Vollrausch konnte er sich gerade noch auf sein Bett rollen, und dann schlief er auch schon ein. Seine Mutter beobachtete die Szene, griff aber nicht ein. Sie ließ ihn einfach schlafen. Am nächsten Morgen weckte sie ihn zur üblichen Stunde: „Steh auf, Ernie, wisch den Boden sauber und wasch dich. Wir beide machen uns auf den Weg."

„Ich will jetzt aber nicht weggehen", sagte Ernie.

Doch seine Mutter blieb standhaft: „Ich habe nicht gefragt, was du willst. Ich habe gesagt, daß wir uns jetzt auf den Weg machen. Mach endlich den Fußboden sauber, und wasch dich."

Ernie raffte sich auf, und nach kurzer Zeit verließen sie das Haus. Es war inzwischen Vormittag geworden, und seine Mutter bestieg mit ihm die U-Bahn. Das Ziel kannte er nicht. Als sie ausstiegen, wußte Ernie, wo sie gelandet waren: Es war die Gegend, wo sich die Obdachlosen und Stadtstreicher herumtrieben. Seine Mutter kochte in einer der dortigen Suppenküchen zweimal in der Woche. Deshalb kannten sie viele der dort herumstehenden Obdachlosen und grüßten sie: „Tag, Mama Hill, was machst'n du schon so früh hier?" Sie antwortete: „Das hier ist mein Sohn Ernie. Er hat mit dem Saufen angefangen. Und er möchte auch bald hier wohnen. Deshalb habe ich ihn mitgebracht, damit er alles noch bei Tageslicht sieht."

Pastor Hill beteuert: „Das war das erste und letzte Mal in meinem Leben, daß ich Alkohol getrunken habe.“ Seine Mutter hatte Theorie und Praxis verbunden. Hätte sie nur theoretisch über die Folgen des Alkoholkonsums gesprochen, wäre die Wirkung sicher nicht so nachhaltig gewesen.

Ob wir schädliches Verhalten unserer Kinder korrigieren oder ihnen Wissen und Moral beibringen wollen – immer ist die Kombination von Belehrung und Anschauungsunterricht die wirkungsvollste Methode. Wenn Sie z. B. mit Ihren Kindern über die Ritterzeit ins Gespräch kommen, können Sie natürlich Vorträge halten oder in ein paar gute Bücher schauen. Besser ist es jedoch, bei Ihrer nächsten größeren Fahrt eine ausführliche Burgbesichtigung einzuplanen. Es beeindruckt eben doch mehr, wenn man an historischen Stätten persönliche Eindrücke gewinnt und alles auf sich wirken läßt.

Wenn Sie Ihren Kindern etwas beibringen wollen, sollten Sie sich die Frage stellen: *Was könnte ich tun, damit das, was ich vermitteln will, noch besser im Gedächtnis haften bleibt?* Kinder merken sich am besten, was sie aus eigener Anschauung kennen. Wollen Sie Ihren Kindern vor Augen führen, mit welcher Grausamkeit ein Mensch dem anderen begegnen kann, dann besuchen Sie eine der Gedenkstätten der Judenvernichtung. Ihre Kinder werden diese Eindrücke niemals wieder vergessen.

Das alles gilt für die Vermittlung von Fertigkeiten ebenso wie für die Charakterschulung. Gemeinsame Aktivitäten mit den Kindern, auch wenn sie unmittelbar gar keinem erzieherischen Ziel dienen, haben immer den Effekt, daß sie Beziehungsfähigkeit lehren.

Es kostet Mühe, solche gemeinsamen Aktivitäten zu planen und zu organisieren. Aber es lohnt sich allemal! Man kann sogar aus den banalsten Dingen etwas Interessantes machen. Ich weiß von einer Familie, die den Hausputz richtig professionell organisiert. Man tut so, als sei man eine echte Putzkolonne, die irgendein Haus zu reinigen hat. Man verteilt die Aufgaben, und einer ist der Vorarbeiter, der dafür sorgt, daß die Arbeit in Topqualität verrichtet wird. (Normalerweise übernimmt die Rolle ein Elternteil, aber es kann auch schon einmal ein Teenager in der Familie sein.) Zur verabredeten Zeit wird Pause gemacht, und man gönnt sich eine leckere Zwischenmahlzeit. Nach getaner Arbeit machen alle einen kleinen Spaziergang und reden über Erfahrungen, die man neu gemacht hat.

„Die Kinder lernen dabei oft etwas, was man selbst noch gar nicht beachtet hat“, berichtet die Mutter. „So erzählte zum Beispiel unser

Neunjähriger nach solch einer Putzaktion, daß es für den Putzenden viel leichter ist, wenn nicht so viele Haare im Abfluß hängen. Ich habe selbst gar nicht dran gedacht, das mal so anzusprechen. Aber wir sind natürlich froh über die neuen Erkenntnisse unseres Sohnes. Und von diesem Augenblick an hat er auch immer seine Haare aus dem Waschbecken gefischt, bevor er das Bad verließ."

In einer gesunden Familie ist das Vorbild der Eltern die effektivste Art, die Kinder auf das Leben vorzubereiten. Und Eltern, die ihre Aufgabe ernst nehmen, werden kreativ, wenn es darum geht, den Kindern durch Theorie und Praxis Wissen und Fertigkeiten zu vermitteln.

12. Lehren will gelernt sein

Ich kann mir vorstellen, wie einige Leser und Leserinnen inzwischen ungehalten reagieren: „Moment mal! Halten Sie den Zug an, ich will aussteigen. So haben wir nicht gewettet. Ich bin doch kein Lehrer oder Ausbilder. Ich wollte einfach nur heiraten, eine Familie gründen und glücklich werden. Mit Lehren und Ausbilden habe ich nichts am Hut. Meine Eltern haben nur die Hauptschule besucht. Sie konnten uns nicht viel beibringen. Sie haben uns einfach nur liebgehabt, und aus uns ist auch etwas geworden. Wozu also das ganze Theater? Wird nicht von den Eltern ein bißchen zuviel verlangt?"

Ich gebe zu, daß ich diese Einwände durchaus nachvollziehen kann. Haben Eltern ihre Sache denn früher so viel schlechter gemacht, als die Erziehungsgurus noch nicht einen so großen Einfluß auf die Gesellschaft hatten? In vielen Kulturen der dritten Welt leben die Kinder noch nach denselben Verhaltensmustern wie ihre Eltern und Vorfahren. Und so verändert sich die Gesellschaft kaum. Wie kommt es dann aber, daß wir in der westlichen Kultur derart von neuen Erziehungstheorien überschwemmt werden?

Es gibt ein paar gewichtige Gründe dafür, daß Eltern heute ihre Kinder viel bewußter und geplanter erziehen müssen als früher. In früheren Jahrhunderten war die Gesellschaft viel homogener und überschaubarer. Ein bestimmter Lebensstil wurde von der großen Mehrheit der Bevölkerung getragen. Man wußte noch ziemlich genau, was richtig und was falsch war. Eltern, Schule und Nachbarschaft – alle waren sich weitgehend einig, wie Kinder sich angemessen zu verhalten hatten. Und einer unterstützte den anderen. Wenn Eltern ihre Kinder liebten, für sie materiell sorgten und taten, was der gesunde Menschenverstand gebot, dann wurde etwas aus ihnen. Den Kindern wurde z. B. beigebracht, ihre Eltern und andere Erwachsene zu respektieren. Da jeder sich an die gleichen Erziehungsprinzipien hielt, fiel es den Kindern nicht schwer, die Normen der Erwachsenenwelt zu erkennen und sich ihnen anzupassen.

Doch die Welt von heute hat sich radikal verändert. Durch die Mobilität und die Kommunikationssysteme ist unsere Gesellschaft ein sehr heterogenes und vielfarbiges Gebilde geworden. Wir haben kein gemeinsames Denkschema und keine bestimmte Lebensgestaltung mehr, worauf sich alle einigen könnten. Was das Kind in der Schule lernt, im Fernsehen sieht und über die Texte seiner Musik hört, kann sich vollkommen von dem unterscheiden, was die Eltern ihm zu Hause an Werten vermitteln. Die vielen Botschaften, die die Aufmerksamkeit des Kindes beanspruchen, widersprechen sich oft gegenseitig. Der Lebensstil des Nachbarn unterscheidet sich vielleicht vollkommen vom Lebensstil in der eigenen Familie. Die Kinder verlieren die Orientierung, und deshalb ist der elterliche Rat heute wichtiger denn je.

Eins gilt aber immer noch in allen Kulturen: Die Eltern sind und bleiben die Erziehungsberechtigten, die die letzte Verantwortung für ihre Kinder tragen. Obwohl in unserer westlichen Gesellschaft die Schule eine wichtige Rolle in der Erziehung der Kinder übernommen hat, dürfen die Eltern meiner Meinung nach nicht das Zepter aus der Hand geben. Es muß jemand da sein, der all die Informationen interpretiert, die das Kind in der Schule, im Fernsehen, am Computer, in der Gemeinde und im Freundeskreis bekommt. Ich meine, daß dies immer noch die Aufgabe der Eltern ist. Für jene von uns, die nach jüdisch-christlicher Tradition immer noch glauben, daß die Zehn Gebote die Basis für die Ethik unserer Gesellschaft sind, wird die Erziehung in einer pluralistischen Gesellschaft immer eine wichtige Aufgabe bleiben. Das bedeutet aber auch, daß die Anforderungen, die die Kindererziehung an uns heute stellt, weit größer sind als in den Generationen davor. Wir können uns im Umgang mit unseren Kindern nicht mehr nur auf den gesunden Menschenverstand berufen und aus dem Augenblick heraus entscheiden. Die Kinder von heute sind dazu viel zu sehr schädlichen Einflüssen ausgesetzt. Wenn wir unsere Kinder wirklich lieben, ist es unsere Pflicht, ihnen die Prinzipien und Inhalte zu vermitteln, die wir als Eltern für wichtig halten. Dieses Kapitel ist für all jene geschrieben, die es lernen wollen, ihre Kinder zu lehren.

Kenntnisse zu Hause vermitteln

Ich weiß, daß viele meiner Leser durchaus begabte Lehrmeister sind. Einige arbeiten vielleicht sogar als ausgebildete Pädagogen, während andere in Berufen tätig sind, in denen sie eine lange und anstrengende Ausbildungszeit hinter sich gebracht haben. Auch Ihnen ist sicher in Ihrer Ausbildung aufgefallen, daß es selbst unter den Profis gute und schlechte Lehrer gibt. Einige haben es trotz ihrer Ausbildung nie gelernt, anderen etwas beizubringen. Vielleicht können Sie auch durch eigene Erfahrungen sagen, was man als Lehrender alles falsch machen kann. Wahrscheinlich sind auch Ärzte unter meinen Lesern. Sie haben besonders intensive Erfahrungen mit einer Ausbildung, bei der Theorie und Praxis Hand in Hand gehen müssen.

Die meisten meiner Leser werden jedenfalls bestimmte Fertigkeiten gelernt haben, die ihnen durch eine reguläre Ausbildung nahegebracht worden sind. Diese Erfahrungen bringen wir in unser Berufsleben ein. Was mich allerdings immer wieder erstaunt, ist die Tatsache, daß viele ihre wertvollen Erfahrungen nicht zu Hause im Kreis der Familie anwenden. In unserem Bemühen, Beruf und Privatleben zu trennen, sind wir so erfolgreich, daß wir nicht einmal mehr die nützlichen Informationen hinübertransportieren. Ich habe z. B. mit Geschäftsleuten gesprochen, die in ihren Schulungen das „reflektierende Zuhören" gelernt haben. Sie lernen es, nachzufragen: „Wenn ich Sie richtig verstanden habe, dann ..." Oder: „Sie wollen damit sagen, daß ..." Diese einfache Gesprächstechnik hat sich ja offenkundig im Berufsleben bewährt. Trotzdem wenden sie nur wenige im Umgang mit ihren Kindern an.

Zuallererst wird es also unsere Aufgabe sein, die Lehrfähigkeit zu mobilisieren, die wir im Laufe unseres Lebens durch Erfahrung erworben haben. Lassen Sie Ihre Kinder von Ihren Erfahrungen profitieren. Was haben Sie in Ihrem Beruf oder bei ehrenamtlichen Tätigkeiten gelernt, das Ihnen helfen könnte, den Kindern etwas beizubringen? So benutzt sicher der eine oder andere von Ihnen zur Präsentation im Beruf Overheadprojektoren oder Flipcharts. Haben Sie auch schon einmal Ihren Kindern etwas durch Zeichnungen und Diagramme auf einem großen Blatt Papier erklärt? Gehört es zu Ihrer Berufserfahrung, daß neue Ideen von Mitarbeitern oft so wertvoll sind, daß es sich immer lohnt, sie sich anzuhören? Gilt das in der Familie etwa nicht? Profis lassen den Geschäftspartner ausreden. Vielleicht haben Sie das sogar in einer Schulung gelernt. Doch haben Ihre Kinder stets das Gefühl, wirklich angehört zu werden?

Was halten Sie von der Idee, sich mit Ihrem Partner hinzusetzen und alle die Fertigkeiten auf einen Zettel zu schreiben, die das Lehren und Lernen betreffen? Vielleicht haben Sie ja bereits gelernt, wie man auf Menschen zugeht, Wissen weitergibt, Fertigkeiten vermittelt und Menschen dazu anleitet, Entscheidungen zu treffen. Tragen Sie zu jedem Punkt so viele Informationen wie möglich zusammen. Entscheiden Sie sich dann für eine Ihrer Fähigkeiten, um sie gleich in der kommenden Woche bei Ihren Kindern praktisch anzuwenden.

Informieren Sie sich

Einige von Ihnen sind junge Eltern. Sie konnten noch nicht so viele Erfahrungen sammeln, wie man Kindern etwas beibringt. Oder Sie haben durch Ihren Beruf wenig Gelegenheit, entsprechende Erfahrungen zu machen. Sie wissen gar nicht so recht, was Kinder heutzutage lernen sollen, und deswegen ist Ihnen natürlich auch die Wissensvermittlung ein Buch mit sieben Siegeln. Sie fühlen sich unbeholfen und vielleicht sogar überfordert. Ich habe allerdings eine gute Nachricht für Sie: Man kann dennoch etwas tun! Man muß zwar etwas Zeit und Mühe aufwenden, aber der Einsatz lohnt sich. Das können viele Eltern bestätigen.

Die meisten Volkshochschulen bieten Erziehungsthemen an. Wie praxisbezogen die Angebote sind, hängt natürlich sehr vom anbietenden Dozenten ab. Aber Eltern, die etwas lernen möchten, werden sicher etwas Passendes finden.

Auch in den Gemeinden werden ab und zu Seminare zum Thema Kindererziehung angeboten. Spezielle Kurse für Kindermitarbeiter vermitteln praktische Tips und Ratschläge, die man gut auch zu Hause verwenden kann. Diese Seminare konzentrieren sich oft auf ganz bestimmte Altersgruppen, so daß man ganz speziell für seine Kinder etwas Neues erfährt. Eine Mutter erzählte mir: „Ich hatte keine Ahnung, daß auch andere Eltern mit der Reinlichkeitserziehung Probleme haben, bevor ich in der Gemeinde eine Schulung für Betreuer der Vorschulkinder besuchte. Ich übernahm Ideen von anderen Eltern und vom Seminarleiter und ging zu Hause mit meinem Kind jetzt ganz anders um. Ich war jedenfalls sehr erstaunt, wie positiv sich das alles auswirkte."

Für jedes Gebiet, auf dem Sie sich unsicher fühlen, gibt es Kurse, Seminare oder Workshops. Sie müssen nur etwas findig sein. Andere Eltern haben dieselben Probleme und Defizite wie Sie. Das liegt hauptsächlich daran, daß jeder für sich „wurstelt“ und zuwenig Kontakt zu anderen Eltern hat. Das Angebot an lehrreichen Veranstaltungen ist groß. Deshalb: Schauen Sie sich um, und suchen Sie sich etwas aus.

Andere beobachten

Man kann auch viel über Kindererziehung lernen, indem man andere beobachtet. Achten Sie einmal bewußt darauf, wie andere Eltern mit ihren Kindern umgehen – im Supermarkt, in der Einkaufspassage, in der Gemeinde oder im Restaurant. Sie werden sowohl Nachahmenswertes als auch Abstoßendes beobachten. Aus allem aber können Sie etwas lernen.

Das ist dann keine Theorie mehr. Sie schauen sich die Praxis an. In vielen Schulen dürfen sie hin und wieder als Beobachter am Unterricht teilnehmen. Nutzen Sie doch einmal diese Gelegenheit, und beobachten Sie, wie Lehrer und Schüler miteinander umgehen. Wie reagiert der Lehrer in bestimmten Situationen? Achten Sie einmal darauf, wie verbale Information, praktische Demonstration und visuelle Lehrhilfen im Zusammenspiel eingesetzt werden. Nehmen Sie hin und wieder an der Kinderstunde im Gottesdienst teil, oder gehen Sie in die Vorschule zum Hospitieren, wenn Ihr Kind noch nicht zur Schule geht.

Sind Sie selber noch in der Ausbildung, sollten Sie einmal darauf achten, wie Meister oder Dozenten Lehrmittel einsetzen. Sie werden nicht alles auch zu Hause verwenden können. Aber so manche gute Idee läßt sich doch abgewandelt in der Familie einsetzen.

Auch von guten Kinderprogrammen im Fernsehen kann man sich Anregungen holen. Sie haben natürlich zu Hause nicht immer die Möglichkeiten, so phantasievolle Dinge auf die Beine zu stellen, wie es eine Fernsehanstalt kann, aber so manche gute Idee läßt sich auch im Kreis der Familie verwirklichen. Setzen Sie diese Programme bewußt für Ihre eigenen Zwecke ein, aber niemals als eine Art Babysitter. Das Fernsehen sollte auf keinen Fall dazu dienen, Ihnen die Arbeit abzunehmen.

Vielleicht haben Sie ja auch persönliche Kontakte zu Pädagogen und Lehrern. Nutzen Sie diese. Erkundigen Sie sich nach Ideen und Methoden. Machen Sie sich von allem, was Sie an Erkenntnissen gewinnen, Notizen. Möglicherweise stoßen Sie auf eine besonders kreative Idee, die Sie aber im Augenblick noch nicht nutzen können, weil Ihr Kind noch zu klein ist.

Wenn Sie sie jetzt nicht aufschreiben, ist sie vergessen, wenn es konkret wird.

Lesen Sie Bücher

Eine weitere ausgezeichnete Quelle für Informationen über Kindererziehung sind Bücher. Glücklicherweise sind sie bei uns leicht zu beschaffen. Sie können in den Buchladen gehen oder auch eine Bücherei aufsuchen. Überall werden Sie eine große Titelauswahl von Fach- und Sachbüchern vorfinden. Nicht alle sind von hoher Qualität. Deshalb sollten Sie sich von einem Pädagogen beraten lassen. Viele sind dazu gern bereit.[1]

Zum Schluß möchte ich noch eine Warnung aussprechen: Stecken Sie Ihre Nase nicht zu tief in Ihre Erziehungsbücher, damit Sie die praktische Arbeit an Ihren Kindern nicht vernachlässigen. Ich habe tatsächlich Eltern kennengelernt, die so sehr damit beschäftigt waren, sich als perfekte Pädagogen auszubilden, daß sie die Kinder dabei vergaßen. Diese Eltern waren endlich professionelle Erzieher, als die Kinder bereits das Haus verließen. Wir haben allerdings oft gar nicht die Chance, uns vorher ausreichend theoretisch zu bilden, so daß wir unsere Erfahrungen ohnehin in der Praxis machen müssen.

Anmerkungen

1. Eine Auswahl hilfreicher Erziehungsbücher aus dem Verlag der Francke-Buchhandlung GmbH:
   Robert Hamrin, Das Abenteuer, ein Vater zu sein
   Pat Holt / Grace Ketterman, Mama, warum schreist du so?
   Ross Campbell, Bevor der Kragen platzt ...
   Gary Chapman / Ross Campbell, Die fünf Sprachen der Liebe für Kinder
   Grace Ketterman, Du bist nicht allein, mein Kind!
   Pat Holt / Grace Ketterman, Gib nicht auf, Mama!

Merkmal Nummer 4:

Ehemänner, die mit gutem Beispiel vorangehen

13. Der Ehemann als liebevoller Beschützer

Das vierte Merkmal einer gesunden Familie ist ein Mann, der sich seiner Familie gegenüber verantwortlich fühlt und mit gutem Beispiel vorangeht. Diese Verantwortung trägt er in zwei Rollen: als Ehemann und als Vater. In diesem Kapitel wollen wir uns auf die Rolle des Ehemannes konzentrieren, und im nächsten besprechen wir die Rolle des Vaters.

Kaum etwas in der modernen Gesellschaft ist so sehr ins Wanken geraten wie die herkömmliche Rolle des Ehemanns in der Beziehung von Mann und Frau. Auf der einen Seite gibt es noch immer den dominanten Ehemann, der alle Entscheidungen trifft und anschließend seine Frau darüber informiert, was man zu tun gedenkt. Er glaubt, daß es allein seine Aufgabe sei, über das Leben in der Familie zu bestimmen, während seine Frau sich um die Kinder zu kümmern habe. Das andere Extrem ist der moderne „Zähl-nur-nicht-auf-mich-Ehemann". Er erwartet von seiner Frau, daß sie den Haushalt schmeißt und alle lästigen Entscheidungen trifft. Er ist für die netten Dinge da. Er weiß z. B. immer Bescheid, wenn jemand die neuesten Fußballergebnisse wissen will. Außerdem verbringt er viele Stunden im Fitneßstudio und stählt seine Muskeln, damit seine Frau auch stolz auf ihn sein kann.

Zwischen diesen Extremen liegt der goldene Mittelweg. Das ist der Mann, der Verantwortung übernimmt, verläßlich ist, die Initiative ergreift und seiner Frau in Liebe zugetan ist. Das meine ich, wenn ich vom liebevollen Beschützer rede.

Er kann auf der einen Seite zu seinen Gefühlen stehen und sie auch ohne Scheu zum Ausdruck bringen. Er ist in der Lage, eine emotionale Beziehung zu seiner Frau aufzubauen. Auf der anderen Seite ist er aber auch standfest und verläßlich und spürt die Verantwortung, die er für das

Wohlergehen seiner Familie trägt. Er läuft nicht fort, wenn die Wellen hochschlagen, sondern sucht nach Lösungen, die seiner ganzen Familie nutzen. Es wird vorkommen, daß er das letzte Wort sprechen muß, aber nie werden das einsame Entscheidungen sein. Er weiß aus der Bibel, daß die, die Verantwortung tragen, Diener sind und keine Diktatoren. Ihm geht die Partnerschaft mit seiner Frau über alles. Er möchte für sie dasein, hat aber keine Lust, sie zu beherrschen. Das ist der Mann in einer funktionsfähigen Ehe.

Die Lücke, die ein verantwortungloser Mann reißt

Wenn Sie lesen, was drei Frauen mir in ihrem Leid berichteten, werden Sie die Sehnsucht spüren, die sie nach einem verantwortungsvollen Ehemann hatten. Ellen war schon zehn Jahre verheiratet. Diesmal war sie allein gekommen. Davor hatte sie ihr Mann ein paarmal begleitet. Sie erzählte: „Es war ihm peinlich zu kommen. Er hat letzte Woche wieder seine Arbeit verloren, weil er mit einem Kollegen in Streit geraten war." So war es schon zehn Jahre gegangen. Die längste Zeit, die er an einem Arbeitsplatz ausgehalten hatte, waren 18 Monate. Es war nicht immer zu handfesten Auseinandersetzungen gekommen. Aber jedesmal paßte ihm irgend etwas nicht an der Arbeit oder an den Kollegen.

Normalerweise warf er seine Arbeit hin, indem er wortlos den Arbeitsplatz verließ, ohne sich je wieder zu melden. Immer wieder riefen seine Chefs bei Ellen an und wollten wissen, was los sei und ob er wiederkomme. Manchmal war er dann mehrere Wochen oder gar monatelang arbeitslos. Er schlief lange, setzte sich vor den Fernseher oder ging ins Fitneßstudio. Ellen hatte die ganzen zehn Jahre ihrer Ehe ganztags gearbeitet, außer im Mutterschutz bei ihren beiden Kindern. Wenn ihr Mann Arbeit hatte, unterstützte er sie zwar finanziell. Doch sobald er sie wieder verlor, mußte sie die ganze Last allein tragen.

Mit tränenerstickter Stimme berichtete Ellen weiter: „Ich weiß nicht, wie lange ich das noch aushalte. Ich habe manchmal das Gefühl, ich hätte drei Kinder statt zwei. Nicht nur, daß er ständig seine Arbeit aufgibt, weil ihm irgend etwas nicht paßt, er ist auch noch absolut egoistisch. Alles muß sich nach ihm richten. Er verzichtet nicht mal auf eine Stunde in seinem Fitneßstudio, um auf die Kinder aufzupassen, während ich einen Arzttermin habe. Ich mußte die Kinder zu meiner Mutter bringen, um ja nicht seinen Trainingsplan durcheinanderzubringen. Ich bin völlig verzweifelt. Ich hatte noch nie einen richtigen Ehemann."

Tracy hat ein ganz anderes Problem mit ihrem Mann. Sie erzählt: „Ich begreife gar nicht, daß er immer alles bestimmen muß. Ich muß sogar zum Niesen ins andere Zimmer gehen, weil ihn das stört. Er ist ein fleißiger Mann, verdient gutes Geld und bezahlt die Rechnungen. Finanziell bin ich also versorgt. Darüber kann ich mich nicht beklagen. Aber wenn ich mal einen Gedanken äußere, tut er so, als wäre alles Schwachsinn, was ich sage. Er behandelt mich wie ein Kind und nicht wie seine Frau. Er läßt mich nicht in die Kontoauszüge sehen, und wenn ich ihn frage, wie es uns finanziell geht, wird er gleich ausfallend. Er ist der Kapitän und ich der geduldete Passagier. Es fällt mir sehr schwer, sexuell etwas für ihn zu empfinden, denn er geht mit mir um, als wäre ich ein Nichts. Ich weiß, daß eine Ehe so nicht sein sollte. Aber ich weiß nicht, was ich tun soll."

Dann ist da noch Betty. Betty ist 15 Jahre verheiratet. Sie und ihr Mann sind beide berufstätig, obwohl sie drei Kinder haben. Sie beklagt sich nicht über ihre finanzielle Lage. Was sie aber fürchterlich stört, ist die Passivität ihres Mannes. „Er geht zwar regelmäßig zur Arbeit, aber sonst tut er gar nichts. Schon seit sechs Jahren müßte unserer Schlafzimmer renoviert werden. Immer wieder beteuert er: ‚Ich fange in Kürze an.' Doch er hat es nie getan. Wenn ein Fahrrad von den Kindern kaputtgeht, vergehen Monate, bis er sich endlich aufrafft, es zu reparieren. Unser Geld ist auf dem Sparbuch. Aber er kümmert sich überhaupt nicht darum, eine Anlagemöglichkeit ausfindig zu machen, die mehr Rendite verspricht. Im Sommer wird der Rasen nur alle drei Wochen gemäht. Es ist mir immer schrecklich peinlich, wenn Freunde vorbeikommen. Statt dessen sitzt er stundenlang am Computer. Alle sind immer so begeistert von ihren PCs. Ich hasse Computer. Ich wünschte manchmal, das Ding würde explodieren, so daß er in die reale Welt zurückkehren könnte. Ich habe alles versucht. Ich habe mit ihm ganz ruhig über mein Problem gesprochen. Ich habe ihn angeschrien. Ich habe versucht, das Problem zu ignorieren. Ich habe es mit besonderer Freundlichkeit versucht. Aber nichts hat sich geändert. Ich weiß nicht, was ich sonst noch ausprobieren könnte."

Das waren drei Frauen in ganz unterschiedlichen Situationen. Doch alle sehnten sich nach einem Mann, der als Beschützer und guter Freund für sie da ist. Die Ehemänner von Ellen, Tracy und Betty sind ganz unterschiedliche Charaktere. Der eine ist besonders unreif, der andere verantwortungslos und der dritte ein Despot. Doch gemeinsam haben sie eine Schwäche: Ihre Beziehungsfähigkeit ist kaum oder gar nicht entwickelt. Wenn sie noch gute Ehemänner werden wollen, müssen sie diese grundlegende soziale Fertigkeit erlernen.

Bei vielen Männern ist allerdings nicht die mangelnde Bereitschaft zur Veränderung das Problem. Viele wissen einfach nicht, wie sie es anstellen sollen, sich zu verändern. Sie haben keine konkreten Vorstellungen, wie man als verantwortungsbewußter Ehemann seine Familie durch das Leben mit all seinen Klippen führt.

Was macht den guten Ehemann aus?

Was kann ich tun, um ein besserer Ehemann zu werden bzw. einen besseren Ehemann zu bekommen? Hier ein paar Tips:

1. Für den verantwortungsbewußten Ehemann ist die Frau auch Partnerin. Die Frau ist keine Trophäe, die man einmal „erlegt" hat und zur Schau stellt, damit alle vor Neid erblassen. Sie ist ein Wesen mit einer lebendigen Seele, zu dem man eine Beziehung aufbauen muß. Sie ist nicht dazu da, um beherrscht zu werden. Und sie dient nicht zur Erfüllung eigener Wünsche. Sie ist kein Kind, dem man jovial seine Gunst erweist. Sie ist die Partnerin, mit der der Mann in Beziehung tritt.

Die Vorstellung von der Frau als Partnerin ist so alt wie die Geschichte des Menschen. Zu den ältesten bekannten Dokumenten gehört der biblische Bericht von der Schöpfung. Bemerkenswert ist, daß in diesem Bericht Tiere, Vögel und Reptilien – aber auch der erste Mensch – aus Erde geformt wurden. Nur die Frau wurde aus der Rippe des Mannes erschaffen. Das ist ein sehr einprägsames Bild für ihre Rolle als Partnerin. Nach dieser alten Erzählung werden Mann und Frau aufgefordert, sich die Erde untertan zu machen und über die Fische im Meer, die Vögel in der Luft und alles andere Getier zu herrschen. Doch wurde der Mann etwa aufgefordert, auch noch seine Frau zu unterwerfen? Nein, er sollte „ein Fleisch" mit ihr werden.

Wir unterscheiden uns allerdings körperlich, und wir sorgen für die Nachkommenschaft mit verteilten Rollen. Die moderne Psychologie hat sich intensiv auch mit den seelischen Unterschieden befaßt. Unsere Unterschiede bedeuten, daß wir verschiedene Speisen zum großen Mahl beisteuern, doch wir nehmen daran als Gleichberechtigte teil. Ein Mann, der seine Frau nicht als gleichberechtigte Partnerin anerkennt, wird seine Rolle als Ehemann niemals ausfüllen können. Sie denkt vielleicht anders als er, ihre Fähigkeiten mögen sich von seinen unterscheiden, aber diese Unterschiede sind ja gerade die Stärke der Beziehung und nicht ihre Schwäche.

Die partnerschaftliche Beziehung muß in allen Bereichen einer Ehe die Grundlage sein. Als Beispiel möchte ich das Problem ansprechen, wie man gemeinsam Entscheidungen trifft. Wenn ein Mann seine Frau wirklich als Partnerin sieht, wird er Entscheidungen in Übereinstimmung mit ihr treffen wollen. Wir haben natürlich in bestimmten Bereichen ganz unterschiedliche Kenntnisse und Erfahrungen. Einmal weiß der Mann besser Bescheid und ein andermal die Frau. Wenn wir Entscheidungen also grundsätzlich gemeinsam treffen, profitieren wir vom jeweils größeren Wissen und von den Erfahrungen des anderen. Das Ziel in unserer Partnerschaft ist es, immer die optimale Entscheidung zu treffen. Vielleicht neigen wir dazu, andere zu beherrschen, oder wir sind eher der passive Typ, der sich leicht unterordnet. Wir sollten jedenfalls immer versuchen, diese Unterschiede bei Entscheidungen auszugleichen.

Der Mann, der seine Frau liebt, wird immer ihr Wohl im Auge haben und Entscheidungen entsprechend beeinflussen. Umgekehrt sollte es natürlich genauso sein. Im Idealfall fällt nach einer Diskussion eine einvernehmliche Entscheidung, oder man findet einen Kompromiß. Aber selbst wenn das nicht gleich gelingt, sollte die Auseinandersetzung um die beste Lösung niemals durch Manipulation und Winkelzüge zu Ende gebracht werden, damit einer seinen Kopf durchsetzen kann.

Als derjenige, der vor Gott für das Wohl seiner Familie verantwortlich ist, muß der Mann auf der einen Seite für eine Atmosphäre sorgen, in der die Partnerschaft ohne unnötige Reibungspunkte gestaltet wird. Er wird deshalb seiner Frau signalisieren, daß er sie als vollgültiges Gegenüber betrachtet und ihre Gedanken unbedingt erfahren möchte. Wenn ein Kind einen Wunsch äußert, prüft der Vater ihn, um dann zu entscheiden, was das Beste für das Kind ist. So darf der Mann aber nicht mit den Anliegen seiner Frau umgehen. Sie ist für ihn schließlich eine gleichwertige Partnerin. Schon gar nicht wird der verantwortungsbewußte Ehemann diktatorisch Entscheidungen treffen und sie hinterher darüber informieren. So läuft es oft in der Geschäftswelt ab, wenn in der Chefetage entschieden wird und die Angestellten dann nur noch informiert werden. Doch in der Ehe gehören Mann und Frau gleichberechtigt in die „Chefetage“ der Familie! Der Ehemann, der seine Frau liebt, ist sich dessen bewußt, und so tut er alles, damit eine Atmosphäre entsteht, in der der freie Austausch von Ideen und Meinungen gewährleistet ist.

Auf der anderen Seite darf sich der verantwortungsvolle Ehemann nicht vor Entscheidungen drücken und alles seiner Frau überlassen. Diese Haltung entwickelt sich manchmal bei Männern, die von Haus aus nicht sehr entscheidungsfreudig sind und es deshalb bequemer finden, alle Verantwortung ihrer Frau zu überlassen. Manchmal ist es aber auch Resignation. Die Frau setzt mit eisernem Willen ohnehin alles durch. Warum soll man da überhaupt noch kämpfen? Der Mann gibt auf. Welche Ursache solch eine Einstellung auch immer haben mag, es ist nicht die Einstellung des liebevollen Ehemanns, der die Verantwortung für seine Familie ernst nimmt. Der Mann, der die Neigung zu Passivität und Resignation bei sich entdeckt, sollte nach den Ursachen forschen, damit er bald wieder seine verantwortungsvolle Aufgabe innerhalb der Partnerschaft übernehmen kann.

Auch bei den Finanzen sind wir Partner. Das bedeutet natürlich nicht, daß wir immer das gleiche tun. Deshalb gibt es auch viele Möglichkeiten, wie man die Verwaltung des Geldes partnerschaftlich aufteilt. Jedes Paar muß die Regelung finden, die den jeweiligen Talenten und Stärken der Partner am besten entspricht.

Für Bob ist die Regelung sehr einfach: „Ich verdiene das Geld, und sie gibt es aus. Das ist eine gute Regelung. Sie funktioniert bei uns. Und wir sind beide glücklich damit." Ein anderes Paar – beide sind Ärzte – berichtet folgendes: „Wir arbeiten beide, und beide haben wir keine Zeit, Geld auszugeben. Deshalb sind wir auch wohlhabend geworden. Bislang hat das gut funktioniert. Aber ich weiß nicht, was passiert, wenn einer von uns beiden mal aufhört zu arbeiten."

Meistens sind die Regelungen nicht so extrem wie die geschilderten. Aber es gibt auch kein perfektes Modell. Wichtig ist nur, daß Sie Ihre Finanzen partnerschaftlich verwalten. Entweder es macht nur einer die „Buchhaltung", oder Sie teilen sich diese Aufgabe. Sie entscheiden, was das beste für Ihre Beziehung ist. Wenn sich einer von Ihnen überfahren fühlt oder merkt, daß er immer nur das Sagen hat, dann funktioniert Ihre Partnerschaft nicht. Möglicherweise haben Sie unterschiedliche Vorstellungen. Dann ist es die Aufgabe des Ehemannes, dafür zu sorgen, daß Sie durch Verhandlungen einvernehmlich zu einer Lösung kommen. Wenn er bei einem Patt tatsächlich einmal Zünglein an der Waage spielen muß, sollte er immer die Interessen seiner Frau im Auge haben. Er trägt die letzte Verantwortung – aber mit viel Liebe!

2. Der verantwortungsbewußte Ehemann sucht stets das Gespräch mit seiner Frau. Untersuchungen haben gezeigt, daß die durchschnittliche Frau ca. 25.000 Wörter am Tag spricht, während der Mann nur auf 12.500 Wörter kommt.[1] Natürlich gibt es auch hier wieder Ausnahmen von der Regel. Aber wenn wir davon ausgehen, daß diese Aussage weitgehend den Tatsachen entspricht, dann wird der Mann den größten Teil seiner 12.500 Wörter auch noch am Arbeitsplatz sprechen. Wenn er dann nach Hause kommt, bleiben für seine Frau nur noch ein paar wenige Brocken übrig. Erkundigt sich seine Frau: „Wie lief es denn heute?", so antwortet er: „Prima." Wer so mundfaul ist, wird niemals ein guter Ehemann sein. Ich will damit nicht sagen, daß wir unsere Wörter zählen und immer mit unserem Partner gleichziehen müssen. Ich möchte aber den Ehemännern ans Herz legen, sich ein bißchen Mühe zu geben und etwas mehr zu tun, als es ihrem natürlichen Empfinden entspricht. Nur so wird das Bedürfnis ihrer Frauen nach Kommunikation gestillt.

Hauptsächlich durch verbale Kommunikation haben wir Anteil am Leben des anderen. Was wir fühlen und denken, kann man oft nicht am Verhalten erkennen. Eine Frau kann vermuten, daß etwas nicht stimmt, weil der Mann sich merkwürdig benimmt. Doch sofern ein bestimmtes Verhalten nicht schon vorher als eindeutiges Signal für einen bestimmten Sachverhalt definiert worden ist, wird sie unter Umständen falsche Vermutungen anstellen. Der Spruch: „Ich kann in ihm lesen wie in einem Buch" gilt nur dann, wenn Jahre intensiven Gedankenaustausches vorangegangen sind. Und selbst in diesem Fall kann man sich noch irren. Eine Frau wünscht sich nichts sehnlicher, als ihren Mann gut zu kennen. Wenn er über Gedanken, Gefühle und Bedürfnisse redet, hat sie das Gefühl, von ihm ins Vertrauen gezogen zu werden. Redet der Mann jedoch über längere Zeit kein Wort mit ihr, so fühlt sie sich aus seinem Leben ausgeschlossen.

Es kommt natürlich vor, daß eine Frau durch ihre Lust an der Widerrede und einen gewissen Hang zur Streitsucht die Gesprächsbereitschaft des Mannes immer mehr einschränkt. Vor einiger Zeit sagte einmal ein Mann zu mir: „Ich habe einfach aufgehört, meiner Frau zu sagen, was ich denke, denn sobald ich irgendeinen Gedanken äußere, zerpflückt sie ihn gleich. Entweder lehnt sie ihn rundweg ab, zieht ihn in Zweifel oder meint etwas ganz anderes. Ich würde ja gern meine Gedanken äußern. Sie müßte dazu nur ab und zu Äußerungen von mir einfach mal annehmen und akzeptieren." Nach zwei Sitzungen wurde allerdings deutlich, daß ein Teil des Problems auch seine eigene Rechthaberei war. Nachdem seine Meinung als Kind nie etwas gegolten hatte, glaubte er nun als Erwachsener (unbewußt), er müsse sich mit seinen Ideen grundsätzlich durchsetzen. Und so reagierte er mit Rechthaberei, sobald jemand seine Meinung anzweifelte.

Seine Frau trug insofern zu dem Problem bei, als sie pedantisch jeden

Gedanken auf seinen Wahrheitsgehalt abklopfen mußte. Das führte zu Haarspalterei und endlosen Debatten. So etwas behindert die Kommunikation natürlich erheblich. Beide geschilderten Verhaltensweisen bedürfen der Hilfe eines Seelsorgers oder Therapeuten. Er muß den Betroffenen ihr Fehlverhalten bewußt machen und Veränderungen im Umgang anraten. Ein verantwortungsbewußter Ehemann wird von sich aus einen Seelsorger aufsuchen, wenn es nötig ist. Alles, was den Gesprächsfluß bei Ihnen behindert, muß aufgedeckt und beseitigt werden. Wenn Sie das als Ehepaar allein schaffen, können Sie sich freuen. Wenn nicht, ist es ratsam, einen guten Freund hinzuzuziehen oder professionelle Hilfe in Anspruch zu nehmen.

Wir können es uns einfach nicht leisten, die Kommunikation abbrechen zu lassen oder als Schlachtfeld zu nutzen, auf dem wir unsere Differenzen austragen. Eine freie, offene und tolerante Kommunikation ist Merkmal einer funktionsfähigen Ehe. Der Ehemann, der seine Frau liebt und umsorgt, muß dafür sorgen, daß diese Art der Kommunikation zum Lebensstil in seiner Familie wird.

3. Für den verantwortungsbewußten Ehemann hat die Partnerin höchste Priorität. Wir alle setzen ständig Prioritäten. Wir haben das wahrscheinlich niemals schriftlich fixiert, aber im Kopf haben wir meist eine ziemlich genau Vorstellung davon, was für uns wichtiger und was weniger wichtig ist. Stellen Sie sich doch einmal folgende Fragen: *Wofür investiere ich gern viel Zeit? Wofür gebe ich mein Geld aus? Was tue ich, obwohl es Mühe kostet?* Sie werden dadurch Antwort auf die Grundfrage bekommen: *Was sind meine Prioritäten?*

Bei den meisten Männern nimmt der Beruf den ersten Platz auf ihrer Prioritätenliste ein. In unserer Gesellschaft ist für sie der Beruf die wichtigste Quelle für ihr Selbstwertgefühl. Das muß in der Beziehung zu ihrer Frau keinen Interessenkonflikt bedeuten, solange sie nicht vollkommen von ihrem Beruf vereinnahmt werden. Eine Frau beschwerte sich unlängst bei mir: „Er ist mit seinem Beruf verheiratet. Ich bekomme nur, was übrigbleibt. Wenn wir abends ausgehen wollen und sein Chef anruft, dann ist der Abend für mich gelaufen. Der Chef geht bei ihm immer vor." Wenn der Beruf unser Alltagsleben beherrscht, kann das unsere Familie zerstören. Unsere zwischenmenschlichen Beziehungen sollten immer wichtiger sein als irgendwelche Sachzwänge. Das ist eine wichtige Voraussetzung für ein heiles Familienleben.

Der Mann saß in meinem Büro und weinte. Er war erfolgreicher Geschäftsmann und besaß mehrere Häuser, Autos und andere Renditeobjekte, doch seine Frau hatte ihn gerade verlassen und war zu einem anderen Mann gezogen. Seit 27 Jahren hatte der Beruf oberste Priorität in seinem Leben gehabt. Doch nun nahm innerhalb eines Tages seine Frau diese Position ein. Es war einfach schade, daß das 27 Jahre zu spät kam. In der Anhäufung materieller Güter wird man niemals seinen Lebenssinn finden. Den findet man eher in Beziehungen. Und keine Beziehung ist für einen Ehemann wichtiger als das Verhältnis zu seiner Frau. Der kluge Ehemann wird in regelmäßigen Abständen sein Leben überdenken, um sicherzustellen, daß seine Prioritäten stimmen. Wir können mit weniger auskommen, wenn unsere Liebesbeziehung zum Partner stimmt. Doch Wohlstand verkehrt sich in seelische Armut, wenn solch eine Beziehung zerbricht.

Ein weiterer Mitbewerber um die erste Position auf der Prioritätenliste eines Mannes ist seine Mutter. Das gilt vor allem für die ersten Ehejahre. Wenn ein Mann ein sehr enges Verhältnis zu seiner Mutter hat und wenn sie emotional und materiell von ihrem Sohn abhängig ist, fühlt sie sich wahrscheinlich von einer anderen Frau im Leben ihres Sohnes bedroht. Ihre Ansprüche und Forderungen werden jetzt noch nachdrücklicher zum Ausdruck gebracht. Und so wird der frisch gebackene Ehemann öfter abends seine Frau allein lassen und bei seiner Mutter den braven Jungen spielen. Solch ein Verhalten erzeugt bei der Frau sicher viel Unwillen und Groll.

Voraussetzung für eine gesunde und funktionierende Ehe ist ein Prioritätenwechsel am Hochzeitstag. Vor der Hochzeit ist die Fürsorge für die Eltern oberstes Gebot für den Sohn. Er bemüht sich nach Kräften, seinen Eltern das Leben schöner zu machen, indem er sie ehrt und ihnen Respekt erweist. Seine Grundeinstellung soll sich auch nicht ändern, aber der Umgang mit seinen Eltern wird sich ändern müssen. Der Sohn wird nicht mehr immer zur Stelle sein können, wenn seine Mutter anruft, denn es ist nun eine andere Frau in sein Leben getreten, die auch Bedürfnisse hat. Wenn der Vorrang der Frau schon früh in einer Ehe klar ist, dann kann auch die Beziehung des Mannes zu seinen Eltern unbelastet und unkompliziert bleiben. Wenn jedoch die Frau nicht das sichere Gefühl hat, die wichtigste Person im Leben ihres Mannes zu sein, leidet sowohl die Partnerbeziehung als auch das Verhältnis zu den Eltern darunter. Außerdem gerät ein solcher Mann zwischen die Fronten. Man zerrt an ihm von beiden Seiten, und er kann es keinem recht machen. Am

Ende verliert er alles. Wer seiner Frau die oberste Priorität einräumt, der hört nicht auf, seine Eltern zu ehren.

Auch die eigenen Kinder kämpfen manchmal um die erste Position bei Vater und Mutter. Doch das darf man nicht durchgehen lassen. Männer sind auf ihre Frauen oft nicht gut zu sprechen, wenn Kinder geboren werden und sie das Gefühl haben, diese würden ihm nun bei der Frau den Rang ablaufen. Diese Sorge ist nicht ganz unberechtigt! Doch auch der Mann steht in der Gefahr, den Kindern mehr Aufmerksamkeit zu schenken als der Frau, weil er von ihnen mehr Feedback bekommt. Das passiert häufig, wenn seine emotionalen Bedürfnisse von der Frau nicht gestillt werden und deswegen eine gewisse Entfremdung eingetreten ist. Der liebevolle Ehemann wird solche Tendenzen aber beobachten und sich bemühen, wieder der Frau mehr Aufmerksamkeit zu schenken. Dadurch wird sie auch wieder eher geneigt sein, seine Interessen zu berücksichtigen.

4. Der verantwortungsbewußte Ehemann wird seine Frau ohne Vorbedingungen lieben. Bedingungslose Liebe heißt, den Menschen an sich zu lieben und sein Bestes zu wollen, ohne unbedingt auf Gegenliebe zu warten. Dem Zeitgeist entsprechend, leben die Menschen heute mehr nach dem nüchternen Kaufmannsprinzip: Wie du mir, so ich dir. Wir sind heute Egozentriker – selbst in der Ehe. Es geht uns in erster Linie um unsere eigenen Bedürfnisse, und die Psychologen haben versucht uns einzureden, daß das ganz normal sei. Zuweilen wird ja sogar behauptet, unser ganzes Verhalten sei (unbewußt) einzig und allein darauf ausgerichtet, den eigenen Vorteil zu suchen.

Die bedingungslose Liebe interessiert sich dagegen für das Wohl des anderen. Die Ehepartner setzen sich für die Bedürfnisse des anderen ein. Der Partner wird unterstützt, weil er als Person geliebt und geschätzt wird. Dann geht es nicht nach dem Motto: „Ich mache den Abwasch, wenn wir hinterher ins Bett gehen." Nein, die Motive sind anders: „Ich mache den Abwasch, weil ich weiß, daß du erschöpft bist."

Viele Ehemänner mit Machoallüren warten darauf, daß ihre Frauen mit der bedingungslosen Liebe den ersten Schritt tun. Sie lehnen sich zurück und sagen sich: „Wenn sie lieb zu mir ist, wenn sie mir jeden Wunsch von den Lippen abliest und wenn sie noch mehr auf mich eingeht, dann werde ich sie bestimmt auch lieben." Dieser passiv abwartende Ehemann wird nie zu einer stabilen Ehe beitragen. Weil das Bedürfnis nach bedingungsloser Liebe so grundlegend für unser Wohlbefinden ist, werden die meisten Frauen einem Mann zugetan sein, der sie ohne Vorbedingungen liebt. Zu viele Frauen leben mit dem unguten Gefühl, ihr Mann werde seine Liebe zurückziehen, wenn sie ihm im Bett oder auf anderen Gebieten nicht mehr gefügig sind. Das ist für eine gesunde Ehe nicht gerade förderlich.

5. *Der verantwortungsbewußte Ehemann ist bestrebt, auf die Wünsche seiner Frau einzugehen.* Das scheint, wenn man die bedingungslose Liebe des Mannes voraussetzt, eine Selbstverständlichkeit zu sein. Doch habe ich im Laufe vieler Jahre die Beobachtung gemacht, daß viele Männer trotz bester Absichten gar nicht die Wünsche und Bedürfnisse ihrer Frauen kannten; und deshalb können sie sie auch nicht erfüllen. So mancher Ehemann glaubt, mit einer festen Arbeit und einem vernünftigen Monatseinkommen seine Pflicht als Ehemann erfüllt zu haben. Solche Männer haben meist überhaupt keine Vorstellung von den emotionalen und sozialen Bedürfnissen ihrer Frauen. Das erinnert mich daran, was Erma Bombeck in ihrem Buch *Family* über ihren Vater schrieb:

> *Eines Morgens ging mein Vater nicht zur Arbeit. Statt dessen kam er ins Krankenhaus, wo er am nächsten Tag verstarb. Ich hatte eigentlich nie groß über ihn nachgedacht. Er war für mich der Mann, der morgens fortging, dann wieder nach Hause kam und sich offensichtlich freute, daß alle da waren. Er war derjenige, der die Gurkengläser öffnete, wenn kein anderer es schaffte. Und er war der einzige, der in den Keller ging, ohne sich zu fürchten. Immer wenn ich „Vater-Mutter-Kind" in meinem Puppenhaus spielte, hatte die Puppe, die die Mutter war, fürchterlich viel zu tun. Aber mit dem Papa wußte ich nichts anzufangen. Ich ließ die Puppe, die ihn darstellte, sagen: „Na dann tschüs, ich gehe jetzt zur Arbeit." Dann legte ich ihn unters Bett. Nach der Beerdigung trafen wir uns in unserem Wohnzimmer. Viele Menschen waren gekommen und hatten gute Sachen zum Essen mitgebracht. So viele Freunde hatten wir zu seinen Lebzeiten nie gehabt. Ich ging in mein Zimmer und tastete unter dem Bett nach meinem Puppenvater. Als ich ihn gefunden hatte, entstaubte ich ihn und legte ihn in mein Bett. Er hatte so wenig getan in meinem Leben, und ich hätte nie gedacht, daß sein Fortgang mich so schmerzen würde.*[2]

Ihr Vater war offensichtlich der Meinung gewesen, daß sich seine Pflicht darin erschöpfte, für den finanziellen Unterhalt der Familie zu sorgen.

Der Mann, der sich damit zufriedengibt, für das leibliche Wohl seiner

Familie zu sorgen, hat nur eine sehr begrenzte Sicht von seiner Rolle als Ehemann. Ist der Tisch erst einmal gedeckt, müssen darüber hinaus die emotionalen Bedürfnisse der Frau gestillt werden. Und das Grundbedürfnis der Partnerin ist, von ihrem Mann geliebt zu werden. Der verantwortungsbewußte Ehemann wird herausfinden, welche Muttersprache der Liebe seine Frau spricht. Er lernt sie dann und streut alle anderen Liebessprachen mit ein. Seine Frau wird daraufhin mit einem gefüllten Liebestank leben können, und die Chancen stehen nicht schlecht, daß sie ihn bewundern wird. Sie wird positiv auf einen Ehemann reagieren, der ihr großes Verlangen nach Liebe stillt.

Das Bedürfnis der Frau nach Geborgenheit ist stark. Es handelt sich dabei zunächst einmal um ein ganz körperliches Bedürfnis. Sie wird sich wünschen, in dunklen Straßen, wo das Verbrechen lauert, an der Seite ihre Mannes sicher zu sein. Doch der allertiefste Wunsch nach Geborgenheit ist das Bedürfnis nach einer sicheren Beziehung. Der Mann, der seiner Frau mit der Scheidung droht oder Sätze fallenläßt wie: „Du kämst mit einem anderen viel besser aus", oder: „Ich finde bestimmt eine andere", der bereitet den Boden für die Krise. Der verantwortungsbewußte Ehemann wird alles tun, um seiner Frau zu signalisieren, daß er ihr beisteht, komme, was da wolle. Wenn Meinungsverschiedenheiten da sind, wird er sich Zeit nehmen, um zuzuhören, zu verstehen und Lösungen zu suchen. Leidet sie körperlich oder seelisch, so bleibt er an ihrer Seite.

Der verantwortungsbewußte Ehemann ist auch darum bemüht, das gesunde Selbstwertgefühl der Frau zu fördern. Wenn sie Erfüllung beim Handball findet, wird er ihr größter Bewunderer sein und mitgehen, um sie anzufeuern. Wenn sie die größte Computerexpertin in ihrer Firma ist, dann ist er stolz auf sie. Wenn sie lieber Hausfrau und Mutter ist, steht der verantwortungsbewußte Ehemann auch voll hinter diesem Wunsch. Die Suche seiner Frau nach Selbstbestätigung paßt ihm vielleicht zuweilen nicht. Es wird Mühe kosten, sich zu überwinden. Aber diese Mühe lohnt sich, weil eine Frau mit Selbstwertgefühl eine bessere Partnerin ist.

Wir sind nicht nur körperliche und seelische Wesen, sondern auch soziale. Die Frau muß deshalb die Gelegenheit haben, Kontakte nach außen zu pflegen. Vielleicht will sie Karten spielen, mit ihrem Mann Konzerte besuchen, ein Straßenfest organisieren oder einen Hausbibelkreis gründen. Solche Aktivitäten gehören möglicherweise nicht zu den Lieblingsbeschäftigungen ihres Mannes. Trotzdem sind sie auch für ihn wichtig, weil es für ihn von Bedeutung ist, ihre Wünsche zu erfüllen. Er erkennt dabei, daß er ihr Erfüllung schenkt, wenn er ihre Suche nach sozialen Kontakten unterstützt. Er verurteilt und belächelt ihre Aktivitäten nicht, sondern sieht sie als normalen Bestandteil ihres gemeinsamen Lebens an.

Es gehört wahrscheinlich zu den schwierigsten Aufgaben des verantwortungsbewußten Ehemanns, dafür zu sorgen, daß die körperlichen, emotionalen und sozialen Bedürfnisse seiner Frau gestillt werden. Aber ich habe eine gute Nachricht für Sie: Es gibt heutzutage viele Bücher und Seminarangebote zu diesem Thema.

6. Ein verantwortungsbewußter Ehemann wird seine geistlichen und moralischen Werte vorleben wollen. Unter moralischen Werten verstehe ich das Wertesystem, das über richtig und falsch entscheidet. Geistliche Werte sind alle Glaubensüberzeugungen, die die jenseitige Welt betreffen.

In einer intakten Familie wird der Ehemann und Vater seine geistlichen und moralischen Überzeugungen im täglichen Leben unter Beweis stellen. Je klarer ein Mann ein Vorbild für die Familie ist, desto mehr wird er von seiner Frau geachtet. Je größer aber die Kluft zwischen seinen Überzeugungen und seinen Taten ist, desto weniger Respekt darf er erwarten.

Viele Frauen werden sich mit Susan identifizieren können, die mir erzählte: „Am meisten enttäuscht bin ich darüber, daß mein Mann in geistlichen Dingen für uns alle kein Vorbild ist. Als wir heirateten, glaubte ich noch, er sei ein überzeugter und standfester Christ. Er ging jeden Sonntag in die Gemeinde und redete dort, als sei er von allem überzeugt. Doch zu Hause hat er nie wie ein Christ gelebt. Er redet vor den Leuten so und handelt dann ganz anders. Er sagt: ‚Ehrlich währt am längsten', aber er hält sich nicht daran. Nie hat er die Initiative zum Gebet in unserer Familie ergriffen. Noch nicht einmal zu den Mahlzeiten dankt er. Das müssen immer die Kinder tun. Ich kann mich nicht erinnern, daß wir je zusammen gebetet haben. Er hat auch nie angeregt, gemeinsam die Bibel zu lesen oder ein gemeinsames Bibelstudium zu machen. Für ihn besteht das Christentum nur aus dem sonntäglichen Gottesdienstbesuch. Sonst spielt es in seinem Leben keine Rolle. Oft ist er zu mir und den Kindern barsch und abweisend. Und er muß immer das letzte Wort haben. Ehrlich gesagt: ich habe jeden Respekt vor ihm verloren. Ich bin tief enttäuscht und fühle mich betrogen, weil er mir vor der Hochzeit nur vorgespielt hat, ein gläubiger Christ zu sein."

Diese Frau sehnt sich nach einem verantwortungsbewußten Ehemann, der sie liebt und ihr Geborgenheit schenkt. Sie ist enttäuscht, weil sie in ihrem Mann nicht den Partner findet, bei dem sie sich anlehnen kann. Seine moralischen Überzeugungen sind letztlich nur Worthülsen, denen keine Taten folgen.

In Fragen der Moral und in geistlichen Dingen wird der Mann dann als Leitfigur in seiner Familie anerkannt, wenn er vorlebt, wovon er spricht. Er wird Respekt ernten, auch wenn seine Frau nicht immer seiner Meinung ist. Das bedeutet keineswegs, daß der Mann vollkommen sein müßte. Wenn er allerdings versagt, sollte er die Größe haben, auch zu seinen Fehlern zu stehen. Denn gerade durch solch ein Bekenntnis beweist er, daß er seine Stärken realistisch einschätzt und daß sein Verhalten echt ist. Der verantwortungsbewußte Ehemann wird immer nach Authentizität streben. Und diese wird auf seine Familie abfärben.

Bevor wir dieses Thema verlassen, muß ich noch darauf hinweisen, daß nach christlicher Auffassung diese Authentizität nicht aus eigener Kraft lebbar ist. Sie entsteht nur, wenn wir unser Leben dem Geist Christi öffnen, damit er unser Denken und Tun mitgestaltet. Dieses Ergebnis wird nur durch das Zusammenwirken unseres Geistes mit dem Geist Gottes erreicht. Es ist nicht das Produkt eiserner Selbstdisziplin. Gerade dieses Merkmal fand ich schon immer besonders beruhigend und entspannend am christlichen Glauben.

Die behandelten sechs Punkte können keine erschöpfende Antwort auf die Frage geben, was der Mann tun muß, um ein verantwortungsbewußter Ehemann in seiner Ehe zu sein. Trotzdem geben sie eine Richtung an, die man einschlagen kann. Hätte auch ich doch solch eine Liste von wichtigen Punkten am Anfang unserer Ehe gehabt! Die meisten der genannten Prinzipien mußte ich mir im Laufe vieler Jahre durch so manchen Ehekrach mühevoll zu eigen machen. Gerade in diesen frühen Jahren war ich längst nicht so, wie oben beschrieben. Das aber war sicher der Grund für viele Krisen, die meine Frau und ich in jenen Jahren durchzustehen hatten.

Anmerkungen

1. Gary Smalley und John Trent, Love Is a Decision (Dallas, 1989), S. 47.
2. Erma Bombeck, Family (New York, 1987), S. 2-3.

14. Der Vater als Leitbild

Nun, da wir uns dem Ende des 20. Jahrhunderts nähern, werden immer mehr Stimmen laut, die vor einer gefährlichen Entwicklung warnen. Autoren wie James Dobson machen uns wieder ganz neu bewußt, welche wichtige Rolle der Vater in der Familie spielt. Dobson schreibt: „Die westliche Welt steht am Scheideweg. Ich bin zu der Überzeugung gelangt, daß der Fortbestand unserer Gesellschaft davon abhängt, ob die Väter wieder stärker in ihren Familien präsent sind oder weiterhin durch Abwesenheit glänzen ... Ich glaube fest daran, daß die Ehemänner den Schlüssel zum Fortbestand der Familie in ihren Händen halten.“[1]

Der Psychiater James L. Schaller schreibt: „Das Fehlen einer reifen Vater-Kind-Beziehung hinterläßt eine Leere in der Seele – einen latenten Hunger nach dem Vater.“[2] In meinem zwanzigjährigen Seelsorgedienst sind mir ständig Menschen begegnet, die nach dem Vater hungerten. Ich bin zu der Überzeugung gelangt, daß Wut, Depressionen und Orientierungslosigkeit bei jungen Menschen vielfach in einem Hunger nach der Vaterbeziehung begründet liegen. Das Defizit entsteht, weil Kinder quantitativ und qualitativ zuwenig von ihren Vätern haben. Es ist häufig zu wenig Nähe da zwischen Vater und Kind.

Drei Vatertypen sind es, die für den Mangel bei ihren Kindern verantwortlich sind. Da ist zunächst einmal der *abwesende Vater.* Millionen von Kindern sind zu Halbwaisen geworden, weil der Vater gestorben ist oder die Mutter verlassen hat. 40 Prozent der Kinder in unserer westlichen Welt leben vor ihrem 18. Geburtstag für eine gewisse Zeit bei der alleinerziehenden Mutter, und die meisten der betroffenen Kinder haben kaum Kontakt zum Vater.[3] Die zweite Kategorie sind die *anwesenden, aber nicht verfügbaren Väter.* Das sind die Väter, die zwar bei Frau und Kindern wohnen, doch kaum Zeit für ihre Vaterrolle haben. Das ist z. B. der Handelsvertreter im Außendienst, der die ganze Woche über fort ist und an den Wochenenden vor Erschöpfung nichts von den Kindern wissen will. Oder es ist der leitende Angestellte, der täglich 14 Stunden arbeitet und im Stau steht und erst nach Hause kommt, wenn die Kinder schon schlafen. Die dritte Kategorie sind die *hilflosen Väter.* Sie sind zwar zu Hause, haben aber keine Vorstellung davon, wie man ein enges Vertrauensverhältnis zu den eigenen Kindern aufbaut. Sie wissen nicht, was man als Vater tut, weil sie selbst kein Vorbild in ihrem Vater hatten.

So mancher Vater von heute ist selbst nur kühl und streng erzogen worden und gibt nun weiter, was er am eigenen Leib erfahren hat. Kinder, die in den betroffenen Familien aufwachsen, leiden nicht nur unter dem Defizit durch den unzugänglichen Vater. Sie sind auch noch voller Wut auf ihn, was sich vielfach durch asoziales Verhalten äußert.

Ich bin fest davon überzeugt, daß wir die soziale Landschaft in unseren Ländern für die nächste Generation radikal verändern könnten, wenn die Väter aller drei Kategorien sich darum bemühten, ihre Vaterrolle ganz auszufüllen und eine Leitfigur für ihre Kinder zu werden. Wir würden Millionen von Kindern davor bewahren, sich selbst zu zerstören, und die Kinder auf den Straßen würden wieder fröhlich und ausgelassen spielen. Sie wären lernbereiter, würden ihr schöpferisches Potential ausnutzen und verantwortungsvolle Mitglieder dieser Gesellschaft werden. So mancher mag jetzt vielleicht einwenden, das sei eine Utopie. Ich aber möchte diesen Traum nicht aufgeben. Er ist es, der mich antreibt, Seminare und Workshops zu veranstalten und Stunde um Stunde in meiner Seelsorgepraxis zu verbringen. Ich werde nicht müde, Vätern die Augen dafür zu öffnen, wie wichtig ihre Rolle in der Familie ist und wie sie dieser Aufgabe gerecht werden.

Es geht mir in diesem Kapitel keineswegs darum, die Rolle der Mutter in der Kindererziehung abzuwerten. Sie ist unverzichtbar für die gesunde Entwicklung eines Kindes. Ich habe allerdings beobachtet, daß die Mütter dieser Generation ihre Aufgaben wesentlich besser erledigen als die Väter. Ein Grund dafür liegt wahrscheinlich in der Tatsache, daß Väter niemals eindringlich darauf aufmerksam gemacht worden sind, wie wichtig die Vater-Kind-Beziehung ist. Mir gefällt, was James Schaller geschrieben hat: „Der Vater ist normalerweise der erste Mann, der dem Kind seine Gedanken und Gefühle ans Herz legt.“[4]

Die Bedeutung der Vaterbeziehung

Die Selbstwahrnehmung des Kindes wird erheblich durch das Verhalten des Vaters geprägt. Ein gutes Beispiel hierfür ist Pam, die in meinem Büro saß und erzählte: „Ich habe nie das Gefühl, mal etwas besser zu können als andere. Alle anderen scheinen mir immer überlegen zu sein." In Wahrheit hatte Pam Karriere in der Buchhaltungsabteilung ihrer Firma gemacht, und ihre Kollegen bewunderten ihre Leistungen. Im Laufe unserer weiteren Gespräche kam dann heraus, daß Pams Einstellung sehr stark auf den Einfluß ihres Vaters in der Kindheit zurückzuführen war. Dr. Schaller schreibt: „Auch wenn unser Vater längst nicht mehr am Leben ist, tragen wir ihn noch lange in unserem Herzen. Noch immer ist er unserer Vorbild und in Gedanken unser Gesprächspartner ... Viele von uns leben noch immer nach dem Selbstbild, das ihnen der Vater einst in die Seele gezeichnet hat."[5] Erwachsene, die kein positives Selbstbild von ihren Vätern empfangen haben, fühlen sich oft ein Leben lang verunsichert. Aber jene, die von ihren Vätern gelobt und gefördert worden sind, stehen meist mit beiden Beinen im Leben, auch wenn sie gegen Widrigkeiten ankämpfen müssen.

Ein Vater hat auch großen Einfluß auf die Motivation eines Kindes. Im Frühjahr 1990 fuhren Karolyn, Derek und ich nach Chapel Hill in North Carolina, um an der Examensfeier unserer Tochter Shelley teilzunehmen. Sie hatte gerade ihr Medizinstudium abgeschlossen. Die Vizepräsidentin der Fakultät hielt die Festrede. Ich war sehr bewegt, als sie erzählte, daß ihr Vater, der auch Arzt gewesen war, einen Monat zuvor gestorben sei. Der Tod des Vaters, so erzählte sie, habe ihr wieder einmal die Grenzen der medizinischen Wissenschaft vor Augen geführt. Dann kam sie auf die guten Voraussetzungen zu sprechen, die sie für ihre Ausbildung gehabt habe: „Was ich erreicht habe, verdanke ich zum großen Teil meinem Vater, der mich in all den Jahren immer wieder in dem Glauben bestärkt hat, daß man sich erkämpfen könne, was man sich erträumt. Er hat in mir die Zuversicht geweckt, daß ich erreichen würde, was in mir steckt. Ich verdanke ihm sehr viel." Mit bewegenden Worten schilderte sie dann, welchen Einfluß ein Vater auf den Leistungswillen eines Kindes hat.

Auch die geschlechtliche Identität des Kindes wird nachhaltig durch den Einfluß des Vaters bestimmt. Komplimente für die Tochter über ihr Aussehen, regelmäßige Liebesbeweise und viel Lob sorgen dafür, daß aus der Tochter eine selbstbewußte, fröhliche und liebevolle Frau wird. Aber auch der Sohn braucht zur Entwicklung seiner Männlichkeit sehr viel Zuspruch. Das heißt nicht, dem Jungen die eigenen Vorstellungen von Männlichkeit aufzwingen zu wollen. Es muß ihm einfach Mut gemacht werden, seinen eigenen Weg zu gehen. Geben Sie ihm das Gefühl, daß Sie für ihn da sind, um ihm bei Bedarf den Rücken zu stärken.

Christopher Andersen berichtet von einer Studie, bei der man 7.000 Frauen befragte, die in „Oben-ohne-Bars“ bedienen. Man fand heraus, daß die Mehrzahl dieser Frauen ohne Vater aufgewachsen waren. Sicher spielten auch finanzielle Beweggründe für die Berufswahl eine Rolle. Doch Anderson fand heraus: „Die meisten Frauen gaben zu, daß sie durch die Entblößung ihres Körpers vor fremden Männern wahrscheinlich die Aufmerksamkeit erringen wollen, die sie in ihrer Kindheit vom Vater nicht bekommen haben. Viele Frauen, denen dieser wichtige Erlebnisbereich in der Kindheit fehlte, gaben zu, in der Sexualität nicht auf Männer angewiesen zu sein. Von den 7.000 befragten Frauen war nach eigenen Angaben die Hälfte lesbisch.“[6] Zahlreiche Studien belegen den Zusammenhang zwischen Homosexualität und einer schwachen bzw. fehlenden Vaterbeziehung. Der Psychiater James Schaller nimmt Stellung zu den Forschungsergebnissen von Dr. George Reker, der sich intensiv mit der männlichen Homosexualität beschäftigt hat. Er kommt zu folgendem Schluß:

> *Man hat herausgefunden, daß die Väter homosexueller Söhne im allgemeinen kühler und abweisender sind als die Väter heterosexueller Söhne. Bei einer Befragung von 40 Homosexuellen gab nicht ein einziger an, ein warmherziges Verhältnis zu seinem Vater zu haben. Tatsächlich hassen oder fürchten homosexuelle Männer sehr häufig ihre Väter …*
> *Die Väter homosexueller Männer werden oft als distanziert, feindselig oder abweisend beschrieben. Mehr als vier fünftel männlicher Homosexueller geben an, daß ihre Väter in der Kindheit physisch und mental häufig abwesend waren …*[7]

Schaller kommt deshalb zu dem Schluß: „Die Ursachen männlicher Homosexualität sind zwar so komplex, daß eine mangelhafte Vaterbeziehung nicht als einzige Erklärung ausreicht. Trotzdem stützen meine Erfahrungen bei der Arbeit mit Homosexuellen die Ergebnisse von Dr. Reker. In allen mir bekannten Fällen war die Vaterbeziehung problematisch, und ohne Ausnahme haben die Männer ihre Väter als unnahbar, feindselig, barsch, schwach, kalt oder gleichgültig beschrieben.«[8]

Mit diesen Studien ist sicher nicht bewiesen, daß die Homosexualität in erster Linie auf den abwesenden, unzugänglichen oder hilflosen Vater zurückzuführen ist. Trotzdem ist die Vaterbeziehung sehr wichtig für die sexuelle Entwicklung des Kindes.

Ein weiterer Bereich, in dem der Vater großen Einfluß auf das Kind hat, sind die sozialen Fertigkeiten. Wenn der Vater seinem Sohn vorlebt, daß Männer nicht über ihre Gefühle reden, wird der Sohn später große Probleme haben, bei seiner Frau zu seinen Gefühlen zu stehen. Wenn der Vater immer wieder davon spricht, daß man den Menschen nicht trauen könne, werden die Kinder Schwierigkeiten haben, ein Vertrauensverhältnis zu anderen aufzubauen.

Vermittelt der Vater jedoch vor allem durch sein Vorbild, daß es kaum etwas Wichtigeres im Leben gibt als Beziehungen, dann werden Beziehungen auch für die Kinder höchste Priorität haben. Wenn Väter vorleben, daß man zu seinem Zorn stehen darf, daß er aber beherrscht werden muß, dann werden auch die Kinder viel eher Zorn als eine natürliche Emotion erleben und es lernen, ihn in konstruktive Kanäle zu leiten.

Merkmale eines Vaters, der seiner Rolle gerecht wird

1. Ein Vater, der seiner Rolle gerecht wird, ist aktiv an der Erziehung beteiligt. Ein solcher Vater nimmt von Anfang an am Leben seines Kindes teil. Der passive Vater nimmt nur dann Kontakt zu seinen Kindern auf, wenn von ihnen die Initiative ausgeht. Der aktive Vater sucht nach Möglichkeiten, sich im Leben seiner Kinder zu engagieren. Er wartet nicht darauf, gebeten zu werden, sondern überlegt von sich aus, wie er seine Kinder fördern kann.

Ich bedauere sehr, daß unsere beiden Kinder in einer Zeit geboren wurden, als es noch nicht üblich war, die Väter in den Kreißsaal zu lassen. Ich denke schon, daß die gegenwärtige Praxis, die Väter an der Geburt teilnehmen zu lassen, die aktive Rolle des Vaters stärker ins Bewußtsein rückt.

2. Ein Vater, der seiner Rolle gerecht wird, nimmt sich Zeit für seine Kinder. Dieser Punkt ist mir besonders wichtig, weil die heutige Berufswelt wenig Entscheidungsspielraum für die Väter läßt. Anerkannt wird nur die Leistung. Durch sie bekommt der Mann seine Anerkennung. Niemand wird befördert, der besonders ausgiebig mit seinen Kindern spielt. Weil die Berufswelt der Männer so leistungsorientiert ist, hört man immer wieder die Klage von Vätern, deren Kinder flügge geworden sind: „Wenn ich doch bloß mehr Zeit für meine Kinder gehabt hätte!" Der Vater von heute, der die Erfolgsleiter Sprosse um Sprosse erklimmt und im Sport seine Religion gefunden hat, verbringt oft weniger als zwei Stunden pro Woche mit seinen Kindern. Ohne es zu merken, ist er zum abwesenden Vater geworden. In all den Jahren, in denen ich Seelsorge betreibe, ist mir noch nie ein Mann begegnet, der es bedauerte, zuwenig Zeit in seinem Büro verbracht zu haben oder zu selten auf dem Fußballplatz gewesen zu sein. Doch viele haben unter Tränen ihre Sehnsucht nach einer innigeren Beziehung zu ihren Kindern bekundet, obwohl diese Einsicht meist schon zu spät kam. (Es ist bemerkenswert, daß so manche Mutter dieser Generation, die die Selbstverwirklichung in der beruflichen Karriere gesucht hat, mit den gleichen Gewissensbissen geplagt wird.)

3. Ein Vater, der seiner Rolle gerecht wird, sucht das Gespräch mit seinen Kindern. „Na, wie war die Schule heute?" fragt Bob seine Tochter, die gerade in die vierte Klasse geht. Dabei umarmt er sie. Molly antwortet: „Ich habe eine Eins in Kunst gekriegt."

„Toll", sagt Bob. „Dann zeig mal her."

Molly legt das Bild auf den Tisch, und ihr Vater sagt: „Das gefällt mir. Woran hast du wohl gedacht, als du dieses Bild gemalt hast?"

„Als ich den Himmel gemalt habe, mußte ich an unsere letzten Ferien am Strand denken. Weißt du noch, wie blau der Himmel war und wie wir im Sand lagen und die Wolken beobachteten?"

„Doch, weiß ich noch", sagt Bob. „Der Sand war richtig schön warm."

„Damit war es aber vorbei, als die Flut kam", erinnert Molly.

„Stimmt, da sind wir beide naß geworden. Was findest du denn am schönsten am Strand?"

„Ich glaube, der Himmel ist das Schönste. Das strahlende Blau am Tag, und in der Nacht kann man die Sterne funkeln sehen. Das ist nicht wie in der Stadt. Die Sterne leuchten viel heller. – Ja, und als ich die Bäume gemalt habe, mußte ich an Großmutters Haus denken. Da waren doch die großen Eichen im Vorgarten. Darunter habe ich immer furchtbar gern gespielt. Weißt du noch, wie Großmutter den Tisch darunter gestellt hat und wir alle draußen gegessen haben?"

Sie reden noch eine ganze Weile über alles mögliche, und dabei wird die Beziehung zwischen Vater und Tochter wieder ein bißchen tiefer.

Das regelmäßige Gespräch ist durch nichts zu ersetzen. Es ist das Medium, über das Vater und Kind Gedanken, Gefühle, Ideen, Wünsche und Entscheidungen austauschen. Im Gespräch erfährt das Kind etwas über die Lebensgeschichte seines Vaters. Es kann Fragen stellen und bekommt Antworten. Der Vater kann Mut machen und Anregungen geben. So ist das Gespräch eins der wichtigsten Mittel, das er einsetzt, um seiner Rolle als Vater gerecht zu werden.

4. Ein Vater, der seiner Rolle gerecht wird, spielt mit seinen Kindern. Das kann die schönste Seite der Vaterrolle sein – es sei denn, Sie sind der Meinung, nur Kinder würden spielen und Väter hätten zu arbeiten. Das Spielen mit den Kindern gibt uns die Gelegenheit, auf jeder Entwicklungsstufe in die Welt des Kindes vorzudringen. Für das Kind in der Wiege schwenken wir bunte Objekte, damit es ihnen nachschauen kann. Wir halten ihm Dinge entgegen, so daß es nach ihnen greifen und sie zum Mund führen kann. Später lassen wir den Ball rollen und bauen Burgen im Sandkasten. Wir fahren mit Autos durch die Sandkastenstadt und ziehen Puppen an. Noch später spielen wir dann Fußball, und wir machen Radtouren. Das aber bedeutet immer, daß wir Gemeinschaft mit unseren Kindern haben.

Ein weitverbreitetes Problem ist, daß Väter das Spielen schon wieder viel zu ernst nehmen. Sie entwickeln den Ehrgeiz, zu gewinnen, und alles muß pedantisch nach bestimmten Regeln ablaufen. So vergeht der Spaß am Spiel sehr schnell. Ich kenne Väter, die ihre Kinder niemals gewinnen lassen würden. Ihrer Meinung nach sei es wichtiger, dem Kind Leistungsfähigkeit zu zeigen und es damit anzustacheln, mit noch mehr Leistung den Vater zu schlagen. Nur so würde es sein volles Potential ausschöpfen. Tatsache aber ist, daß die meisten Kinder, die niemals ein Spiel mit ihren Vätern gewinnen, am Ende das Interesse verlieren. Niemand ist gern immer nur der Verlierer.

Wir dürfen niemals vergessen, daß der Hauptzweck des Spielens die Lebensfreude ist. Nebenbei werden dem Kind aber auch motorische Koordination, Wissen, Denkfähigkeit oder sportliches Können vermittelt, und diese Fähigkeiten müssen immer als Nebenprodukt des Spiels gesehen werden. Im Vordergrund soll die Freude und das kreative Erschaffen von Phantasiewelten stehen.

Gerade im Spiel unserer Kinder erleben wir oft, daß sich unser Denken und Fühlen in ihnen widerspiegelt. Wir hören, wie sie ihre Puppen sagen lassen, was wir ihnen oft sagen. Ich erinnere mich an ein kleines Mädchen aus der Vorschule, das zu seiner Puppe sagte: „Du bleibst jetzt ganz lieb in der Ecke sitzen, bis Papa nach Hause kommt.“ Ich war sicher, daß es der Mutter ziemlich peinlich gewesen wäre, das von ihrer Tochter zu hören. Beim Spielen erfahren wir viel darüber, was in den Köpfen unserer Kinder vorgeht.

Manche Kinder interessieren sich für Kampfsportarten, wenn sie älter werden, und andere haben daran überhaupt keinen Spaß. Die Aufgabe des Vaters ist es, den Kindern möglichst viele Chancen zum Spielen zu bieten. Er kann sich dann – je nach Alter – an den spielerischen Aktivitäten seiner Kinder beteiligen. Doch sollte der Vater seinen Kindern niemals seine eigenen Hobbys aufzwingen wollen. Es ist eine gute Sache, dem heranwachsenden Sohn den Tennisschläger zum Probieren in die Hand zu drücken, wenn dieser Sport Ihr Hobby ist. Verkehrt ist es aber, ihn unter Druck zu setzen, wenn er nach ein paar praktischen Erfahrungen keine Lust mehr dazu hat. Das Wohl des Kindes geht immer vor.

5. Ein Vater, der seiner Rolle gerecht wird, gibt seinen Kindern Worte und Ideale mit auf den Weg. Es ist inzwischen ja fast schon verpönt, Kindern Werte zu vermitteln. Man glaubt, es müsse ihnen überlassen bleiben, ihr eigenes Wertesystem zu entwickeln. So konnte sich eine Mutter nicht durchringen, ihrem Kind die „frommen“ Lieder vorzusingen, die sie noch aus ihrer eigenen Kindheit kannte. Sie wollte auf jeden Fall vermeiden, das Kind auf eine bestimmte religiöse Richtung hin zu beeinflussen. Diese Einstellung geht jedoch davon aus, daß Kinder in einem Vakuum aufwachsen, das sie eines Tages verlassen, um sich dann frei für „ihre“ Werte zu entscheiden. Ich denke jedoch, daß dies an der Realität vorbeigeht.

Kinder werden von Anfang an durch ihre Umwelt beeinflußt. Kinderschwestern, Tagesmütter, Großeltern, Verwandte, Lehrer, Spielkameraden und die Eltern – sie alle beeinflussen das Denken und Fühlen eines Kindes. Dazu kommen später noch die Medien – das Radio, das Fernsehen und das Internet. Wie soll ein Kind da unbeeinflußt entscheiden?

Auch wenn wir unser eigenes Wertesystem nicht ständig verbal verkündigen, so vermitteln wir es doch durch unseren Lebensstil. Unser Verhalten wird schließlich durch unsere Werte bestimmt. Es fällt einem Kind überhaupt nicht schwer, zu sagen, was seinen Eltern wichtig ist, auch wenn die Eltern kaum darüber reden. So lehrt z. B. der Vater, der tagtäglich klaglos ins Büro fährt, daß Arbeit etwas ganz Selbstverständliches im Leben ist. Das Kind lernt, was Arbeit bedeutet, ohne ein Wort darüber gehört zu haben.

Der Vater, der seiner Rolle gerecht wird, hat sein eigenes Wertesystem gefunden. Er hat die Erfahrung gemacht, daß die Werte, die ihm wichtig sind, zu seinem Seelenfrieden beitragen und seinem Leben Sinn geben. Und weil er diese Erfahrungen gemacht hat, möchte er diese Werte natürlich auch seinen Kindern vermitteln. Werte sind z. B. Glaubensüberzeugungen, durch die wir unser Leben ordnen. Wenn wir Ehrlichkeit für eine Tugend halten, dann macht sich das im Umgang mit anderen Menschen bemerkbar. Ist Fleiß für uns eine Tugend, dann wird das an unserem Einsatz erkennbar sein. Hat Freundlichkeit für uns einen hohen Wert, wird man das am Umgang mit unseren Nachbarn ablesen können.

Neulich habe ich erfreut festgestellt, daß vermittelte Werte auch auf fruchtbaren Boden fallen. Ich stellte meinen Sohn zur Rede, weil er an seinem Studienort in der letzten Zeit so viele Strafzettel für falsches Parken bekommen hatte. Er erklärte mir, daß man eine Dauerparkkarte in dieser Stadt nur bekomme, wenn man auch dort wohne. „Einige Kommilitonen haben falsche Adressen angegeben und dadurch Dauerparkkarten bekommen. Ich fand aber, daß das nicht ehrlich ist. Und deshalb habe ich da nicht mitgemacht. Ich wollte lieber ein paar Knöllchen bekommen und dafür nicht lügen müssen." Mein Sohn machte mir wieder einmal bewußt, wie wertvoll Rechtschaffenheit ist. Ich glaube an den Satz: „Ehrlich währt am längsten." Und ich bin glücklich, daß mein Sohn sich dieser Einstellung angeschlossen hat.

6. Ein Vater, der seiner Rolle gerecht wird, sorgt für seine Kinder und schützt sie. Dieser Bereich gehört zu den grundlegendsten Pflichten eines Vaters. Für Nahrung, Kleidung und Obdach zu sorgen – das ist das mindeste, was ein Vater für seine Nachkommen tun kann. Ich finde es grausam, daß so viele Väter heute Frau und Kinder verlassen und sich nicht mehr verantwortlich fühlen, wenigstens für die leiblichen Bedürfnisse ihrer Kinder zu sorgen. Wen wundert es da noch, daß so viele vaterlose Kinder anderen Menschen gegenüber aggressiv werden! Sie reagieren oft nur ihre Wut gegen den eigenen Vater ab. Der Vater aber, der seiner Rolle gerecht wird, setzt sich mit all seiner Kraft dafür ein, daß seine Kinder zumindest mit dem Nötigsten versorgt sind.

Ich habe nichts gegen berufstätige Mütter. Ich meine allerdings, daß grundsätzlich erst einmal der Vater für die materielle Versorgung seiner Kinder sorgen sollte. Wie viele alleinerziehende Mütter bezeugen, ist es eine doppelte Last, für die Kinder zu sorgen und zusätzlich für den Lebensunterhalt verantwortlich zu sein.

Vor kurzem verlor ein Freund von mir, der bereits über fünfzig ist, seinen Arbeitsplatz. Um nicht mittellos dazustehen, hängte er seinen feinen

Anzug in den Schrank und nahm eine Arbeit als Packer der Nachtschicht in einem Lebensmittelmarkt an. Das war eine ganz neue Welt für ihn. Aber ihm war ehrliche Arbeit allemal lieber als Arbeitslosigkeit. Nachdem er bereits ein paar Wochen dort gearbeitet hatte, sagte ich in seiner Gegenwart zur Tochter: „Ich möchte, daß du weißt, welchen großen Respekt ich vor deinem Vater habe. Ich habe viele Männer kennengelernt, die ihre Arbeit verloren und dann monatelang darauf gewartet haben, daß das richtige Stellenangebot ins Haus geflattert kam. Das hat dein Vater nicht getan. Er hat von sich aus die Initiative ergriffen und einen unangenehmen Job angenommen, um für den Lebensunterhalt seiner Familie zu sorgen. Ich bewundere ihn deshalb sehr." Ich sah das Leuchten in ihren Augen, und ich merkte, wie sehr auch die Tochter den Entschluß des Vaters bewunderte. Es wird nicht jeder diese Entschlußkraft besitzen. Trotzdem ist es unsere Pflicht, für die Grundbedürfnisse unserer Kinder zu sorgen.

Ein guter Vater wird seine Kinder auch beschützen. Er wird abends die Haus- oder Wohnungstür verschließen und alles tun, damit seine Familie unbelästigt schlafen kann. Diese Sicherheitsmaßnahmen sind ein fast symbolischer Ausdruck für die Bereitschaft, seine Kinder vor allem Übel zu bewahren und sich jedem in den Weg zu stellen, der etwas Böses im Schilde führt.

Ein liebender Vater wird alles tun, um zu verhindern, daß Alkohol und Drogen das Leben seiner Kinder zerstören. Er wird seine Kinder zwar nicht vollkommen abschirmen können. Die Entscheidung, keinen Alkohol und keine Drogen zu nehmen, müssen sie letztlich selbst treffen. Trotzdem wird ein guter Vater nichts unversucht lassen, durch sein Vorbild und seine Unterweisung die Kinder vor solchen Gefahren zu schützen. Dazu wird er auch den Kontakt zu Lehrern, Schulleitern und Trainern suchen und jeden mit einbeziehen, der ihm hilft, seine Kinder zu schützen. Zu seinen Grundbedürfnissen gehört es, seine Kinder dasselbe Glück erleben zu lassen, das er selbst erfahren durfte.

7. Ein Vater, der seiner Rolle gerecht wird, liebt seine Kinder ohne Vorbedingungen. Die einzige wahre Liebe ist die Liebe ohne Bedingungen. Viele Väter vermitteln ihren Kindern folgende Botschaft: „Ich liebe dich, wenn du gute Noten nach Hause bringst. Ich liebe dich, wenn du gute Leistungen im Sport bringst. Ich liebe dich, wenn du dein Zimmer immer schön aufräumst. Ich liebe dich, wenn du regelmäßig für den Hund sorgst. Ich liebe dich, wenn du immer schön brav bist, und ich habe dich lieb, wenn du mir nicht lästig wirst." Solch eine Liebe ist der Lohn für

Wohlverhalten. Doch wahre Liebe stellt keine Bedingungen und sagt dem Kind: „Ich bin dein Vater, und ich habe dein Glück im Auge – komme, was da wolle! Wenn du die Schule schmeißt, dann liebe ich dich immer noch. Ich werde alles tun, was in meiner Macht steht, um dich in deiner Ausbildung zu unterstützen. Aber ich werde dich nicht verstoßen, auch wenn du Dinge tust, die nicht meinen Erwartungen entsprechen. Meine Liebe zwingst mich hin und wieder zu disziplinarischen Maßnahmen, wenn ich denke, daß es unumgänglich ist. Doch wegen meiner Liebe zu dir werde ich dich niemals ablehnen oder verstoßen." Das ist Ausdruck jener Liebe, die jedem Kind auf dieser Erde zusteht!

Was ein wahrer Vater ist – aus der Sicht eines Kindes

Da ich mich über die Liebe schon in einem früheren Kapitel ausführlich geäußert habe, möchte ich das Thema hier nicht wieder vertiefen. Trotzdem weise ich noch einmal darauf hin, daß die Liebe des Vaters grundlegend für die gesunde seelische Entwicklung eines Kindes ist. Selbst Kinder, die ohne einen solchen liebenden Vater auskommen mußten, haben den Traum von ihm nicht verloren. Lesen Sie einmal, was ein 16jähriger zum Thema „Was ist ein Mann" geschrieben hat. Seine Eltern hatten sich scheiden lassen, als er acht Jahre alt war. Der Vater hatte die Familie verlassen und war niemals zurückgekehrt, und von seinem Stiefvater war er immer nur gedemütigt worden. Die folgenden Worte schrieb ein junger Mann, der nie einen richtigen Vater gehabt hatte und der nie die echte Liebe eines wahren Mannes erleben durfte. Trotzdem hatte er sich ein Bild von solch einem Menschen gemacht. Er schrieb:

Ein wahrer Mann ist freundlich.
Ein wahrer Mann ist fürsorglich.
Ein wahrer Mann geht roher Gewalt aus dem Weg.
Ein wahrer Mann steht seiner Frau zur Seite.
Ein wahrer Mann ist bei seinen Kindern, wenn sie krank sind.
Ein wahrer Mann läuft vor seinen Problemen nicht weg.
Ein wahrer Mann steht zu seinem Wort.
Ein wahrer Mann ist rechtschaffen.
Ein wahrer Mann kommt nicht mit dem Gesetz in Konflikt.[9]

Das ist die Vision eines einsamen Jungen von einem Vater, der bedingungslos liebt.

Anmerkungen

1. Zitiert in Steve Farrar, Point Man (Portland, 1990), S. 13.
2. James L. Schaller, The Search for Lost Fathering (Grand Rapids, 1995), S. 16.
3. William F. Hodges, Interventions for Children of Divorce (New York, 1991), S. 1.
4. Schaller, The Search for Lost Fathering, S. 31.
5. Ebd., S. 31-32.
6. Christopher P. Anderson, Father (New York, 1983), S. 88-89.
7. Schaller, The Search for Lost Fathering, S. 48.
8. Ebd., S. 49.
9. Stu Weber, Tender Warriors (Sisters, Oreg., 1993), S. 97.

15. Eignungstest für Familienväter

Wenn Sie als Ehemann oder Vater die letzten zwei Kapitel gelesen haben, fühlen Sie sich möglicherweise verunsichert, weil es Ihnen fast unmöglich erscheint, der Rolle eines guten Vaters gerecht zu werden. Aber glauben Sie mir: Es ist nicht so! Jeder Mann kann es lernen, ein fürsorglicher Vater zu werden, der sich schützend vor seine Familie stellt und ihr die nötigen Impulse gibt. Sicher, man muß etwas dafür tun, und man muß sich Zeit nehmen. Aber die Mühe lohnt sich allemal. Bevor ich Ihnen eine Strategie des Wachstums anbiete, möchte ich Sie an drei wichtige Tatsachen erinnern.

Die erste Tatsache ist, daß Ihre Lebensumstände so sind, wie sie nun einmal sind. Vergeuden Sie Ihre Zeit nicht mit Spekulationen: *Wenn ich nicht geheiratet hätte, müßte ich jetzt auch nicht soviel Verantwortung übernehmen. Wenn die Kinder nicht wären, hätte ich viel mehr von meiner Ehe.* All das sind nutzlose Gedankenspiele. Konzentrieren Sie sich lieber darauf, das Beste aus Ihrer Situation zu machen.

Die zweite Tatsache ist, daß Sie mit Ihrer Vergangenheit leben müssen. Vielleicht haben Sie nicht alles erreicht, was Sie sich einmal vorgestellt haben. Vielleicht haben Sie als Ehemann und Vater immer wieder versagt. Dadurch sind Tatsachen geschaffen worden, die man nicht mehr rückgängig machen kann. Doch Sie können sich zu Ihren Fehlern bekennen und um Vergebung bitten. Sie müssen gar nicht unter der Bürde vergangener Fehltritte leben! Das Bekenntnis und die Bitte um Vergebung sind wichtige Schritte auf dem Weg zu einer unbeschwerteren Zukunft. Haben Sie sich bei Frau oder Kindern wegen Ihrer Fehler entschuldigt, so ist Ihr Gewissen fortan entlastet, auch wenn die Betroffenen Ihnen noch nicht vergeben haben. Die trennende Mauer ist von Ihrer Seite eingerissen worden. Nun zeigen Sie auch, daß Sie es gut mit Ihren Lieben meinen, damit sie sich sicher genug fühlen können, um auch ihrerseits die Mauer einreißen zu können. Von nun an können Sie sich ganz darauf konzentrieren, es in Zukunft besser zu machen.

Die dritte Tatsache ist, daß Sie ein besserer und liebevollerer Familienvater werden können. Das Leben ist ein dynamischer Prozeß. Sie müssen nicht in vergangenen Verhaltensmustern gefangen bleiben. Sie können denken, Entscheidungen treffen und Dinge anders machen. Gehen wir einmal davon aus, daß Sie ein liebevoller Familienvorstand werden wollen. Sie wollen Ihre Rolle als Ehemann und Vater noch besser ausfüllen. Wie lernen Sie die dazu nötigen Fertigkeiten? Ich möchte Ihnen dafür vier Schritte vorschlagen.

Erster Schritt: Selbsteinschätzung

Überprüfen Sie doch einmal, wie sehr Sie im Augenblick den Aufgaben gerecht werden, die sich Ihnen als Ehemann und Vater stellen. Vielleicht sind Sie ja besser, als Sie denken. Damit der Eignungstest so objektiv wie möglich ist, brauchen wir neben der Selbsteinschätzung auch noch das Urteil Ihrer Familie. Dieser zweite Teil ist natürlich immer ein bißchen heikel. Deshalb fangen wir erst einmal mit der Selbsteinschätzung an. Wie beurteilen Sie sich selbst als Ehemann und Vater? Bewerten Sie sich auf einer Skala von 0 bis 10, wobei 10 „nahezu perfekt“ bedeutet und 0 „Versagen auf der ganzen Linie“. Vielleicht wollen Sie, bevor Sie ein Urteil sprechen, zu jedem Punkt den entsprechenden Abschnitt im vorigen Kapitel noch einmal nachlesen. (Das waren die sieben Merkmale eines Vaters, der seiner Rolle gerecht wird.)

1. Ein Vater, der seiner Rolle gerecht wird, ist aktiv an der Erziehung beteiligt. Das bedeutet, daß Sie kein passiver Vater sind, der immer nur auf Impulse seiner Kinder reagiert. Sie selbst ergreifen immer wieder die Initiative, um aktiv am Leben Ihrer Kinder teilzuhaben.

2. Ein Vater, der seiner Rolle gerecht wird, nimmt sich Zeit für seine Kinder. Zeit ist für die meisten Väter ein kostbares Gut. Schauen Sie einmal Ihren Terminkalender durch. Wieviel Zeit verbringen Sie wöchentlich mit Ihren Kindern? Reservieren Sie ganz bewußt Zeit für sie? Oder bekommen sie immer nur, was zufällig übrig ist?

3. Ein Vater, der seiner Rolle gerecht wird, sucht das Gespräch mit seinen Kindern. Durch das Gespräch lernen wir unsere Kinder kennen, und sie lernen uns kennen. Fragen Sie nach ihren Gedanken, Gefühlen und

Wünschen, und erzählen Sie von sich. Auf diese Weise wird ein Vertrauensverhältnis aufgebaut.

4. *Ein Vater, der seiner Rolle gerecht wird, spielt mit seinen Kindern.* Das kann die schönste Seite der Vaterrolle sein. Was tun Sie, damit Ihre Kinder lachen und Freude haben? Welche Spiele haben Sie im letzten Monat mit ihnen gespielt? Sind Sie mit ihnen in der freien Natur gewesen? Wann haben Sie zum letzten Mal mit ihnen gealbert und geblödelt?

5. *Ein Vater, der seiner Rolle gerecht wird, gibt seinen Kindern Werte und Ideale mit auf den Weg.* Werte sind Glaubensüberzeugungen, mit denen wir unser Leben ordnen. Sind Fleiß, Ehrlichkeit und Freundlichkeit Tugenden für Sie? Was ist für Sie außerdem noch wichtig im Leben? Was tun Sie, um Ihr Wertesystem den eigenen Kindern nahezubringen?

6. *Ein Vater, der seiner Rolle gerecht wird, sorgt für seine Kinder und schützt sie.* Es gehört zu den Grundfunktionen Ihrer Vaterrolle, für Nahrung, Kleidung und Obdach zu sorgen. Außerdem müssen Sie Ihre Kinder vor Menschen und Kräften schützen, die sie bedrohen und ihr Leben zerstören könnten.

7. *Ein Vater, der seiner Rolle gerecht wird, liebt seine Kinder ohne Vorbedingungen.* Mit der bedingungslosen Liebe sagen wir: „Ich liebe dich – egal, was kommt!" Bedingte Liebe ist dagegen abhängig von den Leistungen und vom Verhalten eines Kindes: von guten Zensuren, besonderen Leistungen im Sport, aufgeräumten Zimmern und brav erfüllten Aufgaben. Doch Kinder brauchen Liebe ohne Vorbedingungen.

Wir wollen nun mit der Selbstbewertung fortfahren. Diesmal geht es aber um Ihre Rolle als Ehemann. Welche Stärken und Schwächen haben Sie in dieser Rolle? Es wäre vielleicht günstig, noch einmal die entsprechenden Abschnitte in Kapitel 13 durchzulesen, bevor Sie sich nach dem gleichen Muster wie im vorigen Abschnitt bewerten.

1. *Für den verantwortungsbewußten Ehemann ist die Frau auch Partnerin.* Beziehen Sie Ihre Frau in alle größeren Entscheidungen mit ein?

2. *Der verantwortungsbewußte Ehemann sucht stets das Gespräch mit seiner Frau.* Ein durchschnittliches Ehepaar verbringt mehrere Stunden am Tag getrennt. Erst durch das Gespräch erfahren wir etwas über die Erlebnisse, Gefühle und Bedürfnisse des anderen. Führen Sie täglich ein ausführliches Zwiegespräch mit Ihrer Frau?

3. *Für den verantwortungsbewußten Ehemann hat die Partnerin höchste Priorität.* Ist Ihre Frau wirklich die Nummer eins im Leben? Stellen Sie das auch unter Beweis durch die Art, wie Sie Ihre Zeit einteilen, Ihr Geld ausgeben und Kräfte mobilisieren?

4. Der verantwortungsbewußte Ehemann liebt seine Frau ohne Vorbedingungen. Bedingungslose Liebe bringt die Bereitschaft mit, sich für die Interessen des anderen einzusetzen, auch wenn der andere sich nicht entsprechend verhält. Bedingte Liebe verfährt nach dem Motto: „Wie du mir, so ich dir."

5. Der verantwortungsbewußte Ehemann ist bestrebt, auf die Wünsche seiner Frau einzugehen. Wissen Sie, was Ihre Frau braucht? Eigentlich braucht jeder Mensch Zuneigung, Zärtlichkeit, Freundlichkeit und Ermutigung.

6. Ein verantwortungsbewußter Ehemann wird seine geistlichen und moralischen Werte vorleben wollen. Unsere Moral sagt, was wir für falsch und richtig halten. Unsere geistlichen Werte sagen etwas über unser geistliches Leben aus. Es stellt sich hier die Frage, ob Sie auch nach Ihren Wertvorstellungen leben. Ihre Worte zählen nicht soviel wie Ihre Taten!

Zweiter Schritt: Bewertung durch die Familie

Nun wird es haarig. Jetzt sollen Sie nämlich Frau und Kinder nach ihrem Urteil befragen. Wenn Ihre Frau dieses Buch noch nicht gelesen hat, sollten Sie sie bitten, wenigstens die letzten beiden Kapitel durchzulesen. Sie kann das Schema im Anhang dieses Buches benutzen. Sollen auch Ihre Kinder Sie bewerten, müssen Sie die Fragen im Anhang erst kopieren oder leere Blätter für Eintragungen benutzen. Wenn Ihre Kinder noch nicht alt genug sind, um die schriftlich formulierten Fragen zu verstehen, sollten Sie sie kindgerecht umformulieren.

Sagen Sie Ihrer Frau und den Kindern, daß Sie ein noch besserer Ehemann und Vater werden wollen und daß Sie deshalb auf eine ganz ehrliche Bewertung angewiesen sind. Bitten Sie auch um Begründungen. Das wird Ihnen an konkreten Beispielen vor Augen führen, wie Ihr eigenes Verhalten von anderen beurteilt wird. Wo gibt es Übereinstimmungen mit Ihren eigenen Ergebnissen? Wo hat man Sie höher bewertet als Sie sich selber? Wo hat man Sie schlechter bewertet? Durch die Antworten auf diese Fragen bekommen Sie ein realistisches Bild von sich selbst. Und so erfahren Sie etwas über die Bereiche, die Ihres Einsatzes bedürfen.

Dritter Schritt: Rückschau

Wir wollen nun einen Blick in die Vergangenheit werfen, um herauszubekommen, was Ihr Verhalten als Ehemann und Vater möglicherweise beeinflußt hat. Benutzen Sie das Schema II im Anhang, um Ihren eigenen Vater zu bewerten.

Gibt es Parallelen ...?

Vierter Schritt: Der Blick in die Zukunft

Schauen wir nun nach vorn. Sie wissen jetzt, wie Sie sich selbst bewertet haben und was Frau und Kinder denken. Da stellt sich die eine entscheidende Frage: *Was werden Sie in Zukunft tun?* Im nächsten Kapitel möchte ich Ihnen einige praktische Ratschläge geben, wie Sie Ihre Fähigkeiten in den besprochenen Bereichen weiterentwickeln können. Wählen Sie am besten einen Bereich aus, der Ihnen besonders am Herzen liegt, und konzentrieren Sie sich in den folgenden zwei Wochen darauf. Wenn Sie das Gefühl haben, echte Fortschritte gemacht zu haben, dann können Sie sich einem weiteren Bereich zuwenden und die entsprechenden Übungen machen. Fahren Sie auf diese Weise fort, bis es keinen Bereich mehr gibt, in dem Sie Defizite erkennen. Sie können damit rechnen, daß auch kleine Veränderungen von Ihrer Frau und den Kindern geschätzt und gewürdigt werden. So werden Sie nach und nach immer mehr Erfolgserlebnisse als Ehemann und Familienvater haben. Kaum etwas ist erfüllender als die Erkenntnis, daß Sie wirklich Ihr Bestes geben, um Ihre Familie in Liebe mit allem Nötigen zu versorgen.

16. Wie werde ich ein guter Vater?

Wenn Sie den Test im vorigen Kapitel gemacht haben, dann wissen Sie, wo Ihre Stärken und Schwächen als Ehemann und Vater liegen. Aber selbst dort, wo man seine Stärken hat, gibt es immer noch etwas zu verbessern, erst recht natürlich bei den Schwächen. Vielleicht haben Sie überhaupt keine Vorstellung, wie Sie etwas verbessern könnten. Dazu möchte ich in diesem Kapitel ein paar Tips geben. Lesen Sie es nicht einfach nur durch. Verinnerlichen Sie es. Markieren Sie Stellen, die Ihnen wichtig erscheinen. Machen Sie Notizen am Rand. Kreisen Sie Vorschläge ein, die Sie unbedingt ausprobieren wollen. Schreiben Sie Varianten dazu, die in Ihrer Familie vielleicht besser passen. Zunächst wollen wir uns anschauen, was Sie als Ehemann besser machen können.

Was Sie als Ehemann besser machen können

Wie ich weiter oben berichtete, war ich in meinen ersten Ehejahren alles andere als ein idealer Ehemann. Auch ich mußte mir erst die Fähigkeiten aneignen, über die ich jetzt sprechen will. Schauen wir uns die sechs Merkmale eines guten Ehemannes noch einmal an, um uns zu fragen, was wir selbst konkret besser machen können.

Erste Woche: *Für den verantwortungsbewußten Ehemann ist die Frau auch Partnerin.*

1. Entscheiden Sie sich dafür, Ihre Ehe als echte Partnerschaft zu gestalten, auch wenn der eigene Vater oder Freunde das ganz anders sehen.

2. Reden Sie mit Ihrer Frau über Ihre Einstellung zur Ehe. Lassen Sie sie wissen, daß sie für Sie eine gleichberechtigte Partnerin ist. Ihre Frau sollte sicher sein können, daß Sie sie nicht beherrschen, sondern mit ihr durchs Leben gehen wollen. Lassen Sie sie Ihre Überzeugung spüren, daß Sie gemeinsam mehr erreichen als jeder für sich. Bitten Sie sie, Ihnen Bereiche in Ihrer Ehe zu nennen, in denen sie sich nicht als gleichberechtigte Partnerin behandelt fühlt.
3. Rechtfertigen Sie sich nicht ständig. Nehmen Sie erst einmal die Kritik Ihrer Frau an, und denken Sie darüber nach. Fragen Sie sie, was Sie anders machen könnten, damit sie deutlicher spürt, wie sehr Sie Ihre Frau als Partnerin schätzen. Kleine Veränderungen bewirken manchmal viel.
4. Schauen Sie sich zusammen mit Ihrer Frau folgende Bereiche Ihrer Ehe an, und stellen Sie sich folgende Frage: *Könnte unsere partnerschaftliche Ehe in diesem Bereich besser sein?*

- Entscheidungen
- Umgang mit den Finanzen
- Kindererziehung
- Soziale Aktivitäten
- Konfliktmanagement
- Alltag
- Glaube und Gemeinde

Wenn einer von Ihnen Verbesserungsvorschläge hat, dann sollten Sie sich beide entschließen, sie auch in die Tat umzusetzen.

Verabreden Sie mit Ihrer Frau, sich monatlich oder zweimonatlich zusammenzusetzen und zu fragen, wie es mit Ihrer Partnerschaft läuft. Seien Sie immer offen für neue Gedanken und Ideen.

Zweite Woche: *Der verantwortungsbewußte Ehemann sucht stets das Gespräch mit seiner Frau.*

1. Machen Sie sich klar, daß Kommunikation für Ihre Frau wichtiger sein könnte als für Sie. (Das ist zwar nicht immer der Fall, aber doch sehr oft.)
2. Machen Sie sich einen Tag oder eine Woche lang Notizen von jedem Gespräch, das Sie mit Ihrer Frau führen. Achten Sie dabei vor allem darauf, wie groß der Anteil echter Kommunikation ist (im Gegensatz zum Austausch von Fragen der

Familienlogistik wie: „Wer holt Peter ab und wann?") Weist Ihre Analyse darauf hin, daß ein Defizit an echtem Gespräch besteht?

3. Fragen Sie Ihre Frau, wie sie die Kommunikationsebene zwischen Ihnen einschätzt. Welche Wünsche hat sie diesbezüglich? (Machen Sie sich Notizen.) Verständigen Sie sich auf einen Bereich, in dem Sie konkrete Veränderungen erreichen wollen.
4. Überlegen Sie mit Ihrer Frau, ob es eine gute Idee wäre, jeden Tag eine feste „Gesprächszeit" einzuplanen. Wenn Sie das wollen, sollten Sie gleich einen Eintrag im Terminkalender machen.
5. Fragen Sie sich: *Was steht der Kommunikation mit meiner Frau im Weg?* Machen Sie eine Liste dieser Faktoren. Das kann Verärgerung sein, aber auch Kritiksucht und Rechthaberei. Andere mögliche Gründe sind: Ängste, Unsicherheit, mangelndes Selbstwertgefühl, Kränkungen, Wut oder Enttäuschungen. Schreiben Sie alles auf, was Ihnen einfällt.
6. Bitten Sie Ihre Frau, das gleiche zu tun. Setzen Sie sich zusammen, und vergleichen Sie Ihre Listen. Achten Sie darauf, daß Sie den anderen nicht verurteilen, und seien Sie so offen wie möglich. Sagen Sie Ihrer Frau, daß es Ihnen nicht darum geht, irgendwelche Schwachpunkte bei ihr zu finden, um ihr etwas vorwerfen zu können, sondern daß Sie die Kommunikation zwischen Ihnen verbessern wollen.
7. Versuchen Sie zusammen mit Ihrer Frau herauszubekommen, welche Worte, Floskeln und Aussagen Ihre Kommunikation regelmäßig stören oder zum Erliegen bringen. Das könnten Sätze sein wie: „Damit bin ich aber gar nicht einverstanden." – „So was Blödes. Du sprichst schon wie dein Vater." – „Du hast mir gar keine Vorschriften zu machen!" Diese Liste wird von Paar zu Paar unterschiedlich sein. Doch wenn Sie beide solche Aussagen wiedererkennen, dann können Sie sich entscheiden, sie aus Ihrem Wortschatz zu verbannen und durch Aussagen zu ersetzen, die weniger angriffslustig klingen.

Dritte Woche: *Für den verantwortungsbewußten Ehemann hat die Partnerin höchste Priorität.*

1. Ich bin ziemlich sicher, daß Ihr Beruf Ihnen wichtig ist. Er ist nicht nur die wichtigste Quelle für Ihr Selbstwertgefühl, er sichert schließlich auch das Einkommen Ihrer Familie. Sie werden sicher mehr Stunden am Tag bei der Arbeit verbringen als mit Ihrer Frau. In diesem Abschnitt geht es um die Zeit, die übrigbleibt, nachdem Sie Ihre Arbeitszeit abgezogen haben. (Wenn Sie einen Zehn-Stunden-Tag haben, bleibt naturgemäß wenig Zeit für Frau und Familie.)
2. Was fangen Sie mit Ihrer Zeit an? Prüfen Sie das einmal nach. Schauen Sie sich vor allem die Stunden an, die Ihnen für Ehe und Familie in einer Woche zur Verfügung stehen. Wie viele Stunden haben Sie in den vergangenen 14 Tagen mit Ihrer Frau verbracht? Rechnen Sie dazu die Zeit, die Sie gemeinsam ferngesehen, gegessen, geplaudert oder außer Haus verbracht haben. Überschlagen Sie einmal, wie viele Stunden zusammengekommen sind. Zeigt Ihre Zeiteinteilung, daß Ihre Frau oberste Priorität bei Ihnen hat? Oder mußte sie sich mit einem schlechteren Rang hinter Sport, Eltern, Kirche, Fernsehen, Ehrenamt oder Kindern begnügen?
3. Sprechen Sie über diese Zeitanalyse mit Ihrer Frau. Das kann unangenehm werden. Doch es zeigt ihr, daß Sie ernsthaft darum bemüht sind, ihr oberste Priorität in Ihrem Leben einzuräumen. Seien Sie ehrlich mit Ihren Ergebnissen. Fragen Sie Ihre Frau, wie sie Ihre gemeinsame Zeiteinteilung sieht. Wünscht sie sich mehr gemeinsame Zeit? Wenn das der Fall ist, sollten Sie gemeinsam überlegen, wie Sie noch mehr Zeit füreinander erübrigen könnten. Seien Sie bereit, auf bestimmte Aktivitäten zu verzichten, um mehr Zeit für Ihre Frau zu haben. Ein Verzicht Ihrerseits ist ein deutliches Signal für Ihre Frau, daß Sie es ernst meinen mit Ihrem Wunsch, ein besserer Ehemann zu werden.
4. Wie gehen Sie mit Ihren Finanzen um? Der größte Teil Ihres Einkommens wird wahrscheinlich für die materiellen Bedürfnisse Ihrer Familie verwendet werden: für Haus und Hof, für den täglichen Bedarf, Essen, Kleidung usw. Wieviel „Taschengeld“ bleibt da für Sie übrig, wieviel für Ihre Frau? Zeigt die Art, wie Sie das Geld verteilen, daß Ihre Frau oberste Priorität in Ihrem Leben hat? Oder muß sie sich mit einem schlechte-

ren Rang begnügen? Geben Sie mehr Geld für Ihre Hobbys, für Veranstaltungen oder für andere Dinge aus?

5. Sprechen Sie mit Ihrer Frau über dieses Thema. Solche Offenheit zeigt nur, wie ernst es Ihnen mit dem Wunsch ist, in Liebe Verantwortung für Ihre Ehe zu übernehmen. Interessieren Sie sich dafür, wie Ihre Frau über die gemeinsame Geldpolitik denkt. Ermuntern Sie sie, Wünsche zu äußern. Wenn sie Ihr ernstes Bemühen spürt, ihren Interessen höchste Priorität einzuräumen, wird sie Ihren guten Willen sicher nicht ausnutzen. Vielleicht gibt sie ja sogar weniger für sich aus – und hat doch mehr Freude dabei.
6. Wie gehen Sie mit Ihren Kräften um? Für wen setzen Sie sie am meisten ein? Wer profitiert am meisten? Wer bekommt die Energie, die übrigbleibt, wenn Sie von der Arbeit nach Hause kommen? Profitiert Ihre Frau am meisten davon? Oder bekommt sie nur noch die Reserve, wenn fast alles verbraucht ist für Gemeinde, Ehrenamt, Hobby und andere Aktivitäten? Denken Sie daran, daß sie Ihnen die Zeit, die Sie mit den Kindern verbringen, genauso positiv anrechnet wie die Zeit, die Sie mit ihr selbst verbringen. Wenn sie mitbekommt, daß Sie Energie für Ihre Kinder investieren, wird sie das sicher freuen.
7. Reden Sie mit Ihrer Frau über dieses Thema. Sprechen Sie mit Ihrer Frau, wenn Sie sich klar darüber geworden sind, daß sie immer nur Ihre letzten Reserven bekommt. Sagen Sie Ihr, daß Sie dieses Verhalten auf jeden Fall ändern möchten. Reden Sie gemeinsam darüber, wie Sie Ihre Terminkalender so umorganisieren könnten, daß mehr gemeinsame Zeit dabei herausspringt. Vielleicht fallen Ihnen dann auch nicht mehr so oft die Augen zu, wenn Sie tatsächlich einmal beisammen sind.

Wenn Sie all die genannten Schritte tun, wird das Ihre Frau erst einmal ziemlich aus der Fassung bringen. Doch sofern Sie konsequent bleiben, ist sie eines Tages des Lobes voll. So bekommen sie vielleicht die glücklichste Frau zur Partnerin. Als Sie geheiratet haben, ist sie sicher davon ausgegangen, das Wichtigste in Ihrem Leben zu sein. Nun, da die Schwärmerei der ersten Liebe vergangen ist, können Sie ihr die Liebe eines gereiften Mannes entgegenbringen. Und das stellen Sie am besten dadurch unter Beweis, daß Ihre Frau in Ihrem Leben an allererster Stelle steht.

Vierte Woche: *Der verantwortungsbewußte Ehemann liebt seine Frau ohne Vorbedingungen.*

1. Der eine oder andere von Ihnen hat bei dem vorigen Abschnitt vielleicht gedacht: *Damit bin ich aber gar nicht einverstanden! Meine Frau kommt bei mir nur dann an die erste Stelle, wenn ich bei ihr an erster Stelle bin. Ich behandle sie besser, wenn sie mich besser behandelt.* Solch eine Einstellung leugnet jedoch die Kraft der bedingungslosen Liebe.
2. Bedingungslose Liebe setzt die Entscheidung voraus, Ihre Frau unabhängig von ihrem Verhalten zu lieben. Es ist Ihr Bestreben, stets ihre Interessen im Auge zu haben und alles zu tun, was ihr Leben schöner macht. Wie sieht es mit der bedingungslosen Liebe bei Ihnen aus?
3. Gehen Sie zu Ihrer Frau, und sagen Sie ihr, daß Sie über Ihre Ehe nachgedacht haben. Dabei sei Ihnen aufgefallen, daß Sie sie gar nicht ohne Vorbedingungen lieben. Sagen Sie ihr, daß Sie neue Erkenntnisse gewonnen haben. Sie wollten Ihre Liebe auf ein höheres Niveau stellen und sie auch ohne Gegenleistungen lieben. Erzählen Sie ihr, daß Sie Ihr Eheversprechen erneuern wollen. Lassen Sie sich von ihr erzählen, was Sie tun können, um sie noch glücklicher zu machen. Schreiben Sie auf, was Sie hören, und setzen Sie sich nach Kräften dafür ein, die Wünsche Ihrer Frau zu erfüllen.
4. Machen Sie sich Notizen, wenn es wieder einmal dazu kommt, daß Ihre Frau negativ reagiert und Sie sich darauf trotzig zurückziehen. Vielleicht sagen Sie sich dann wieder: *Schluß mit der bedingungslosen Liebe. Mach's einfach wie früher: Wenn sie wieder freundlich ist, bist du auch wieder freundlich.* Lassen Sie solche Gedanken nicht wieder zu! Sie wollen doch Ihre Frau von nun an auf einem höheren Niveau lieben.
5. Nach vier bis sechs Wochen sollten Sie Ihre Frau fragen, ob sie inzwischen stärker das Gefühl hat, daß Sie sie wirklich lieben. Bedanken Sie sich, wenn Sie ein positives Feedback bekommen. Und versprechen Sie Besserung, wenn sie bekundet, keine Veränderung zu spüren, oder gar eine Verschlechterung beobachtet.

Glauben Sie mir: Es gibt keine größere Macht als die bedingungslose Liebe. Auch Sie haben etwas davon, wenn Sie ohne Gegenleistung lieben. Und die

Einstellung Ihrer Frau wird sich Ihnen gegenüber zum Positiven verändern. Das emotionale Klima in einer Ehe kann sich erheblich verbessern, wenn ein Partner anfängt zu lieben, ohne Vorleistungen zu erwarten.

Fünfte Woche: *Der verantwortungsbewußte Ehemann ist bestrebt, auf die Wünsche seiner Frau einzugehen.*

1. Erstellen Sie eine Liste von Wünschen, die Ihre Frau an Sie haben könnte. Das müssen nicht nur materielle Dinge sein. Denken Sie auch an Liebe, Zuneigung, Zärtlichkeit, Freundlichkeit, Ermutigung usw. Schreiben Sie alles auf, was Ihnen gerade einfällt.
2. Bitten Sie Ihre Frau, Ihre Wünsche an Sie aufzuschreiben. Wahrscheinlich nennt sie viele Dinge, die Sie auch bereits aufgeschrieben haben. Es könnten aber auch noch andere Wünsche auftauchen: das Verlangen nach Geborgenheit und Selbstachtung oder das Bedürfnis nach *gemeinsamen* sozialen Kontakten.
3. Setzen Sie sich zusammen, und vergleichen Sie Ihre Listen. Begründen Sie, warum Sie gerade diese Wünsche aufgeschrieben haben. Lassen Sie sich erklären, warum sich Ihre Frau gerade für die genannten Wünsche entschieden hat. Fügen Sie die beiden Listen ineinander, und setzen Sie gemeinsam Prioritäten.
4. Bei dieser Gelegenheit oder auch bei späteren Gesprächen sollten Sie Ihre Frau bitten, Ihnen Vorschläge zu machen, wie ihre Wünsche erfüllt werden könnten. Was würde ihr die Erfüllung eines jeden dieser Wünsche signalisieren? Schreiben Sie sich ihre Antworten auf. Dadurch können Sie systematischer vorgehen.
5. Konzentrieren Sie sich in den folgenden Wochen und Monaten jeweils auf einen dieser Wünsche. Berücksichtigen Sie dabei jene besonders, die für Ihre Frau am wichtigsten sind. Zeigen Sie, daß es Ihr Herzensanliegen ist, alle Wünsche zu erfüllen. Sie werden sehen, wie Ihre Frau aufblüht.

Sechste Woche: *Ein verantwortungsbewußter Ehemann ist bestrebt, seine geistlichen und moralischen Werte vorzuleben.*

1. Schreiben Sie alle ethischen und moralischen Werte auf, die Ihnen gerade einfallen. Schreiben Sie Dinge auf, die Sie für

verwerflich halten. Schreiben Sie auf, was für Sie Tugenden sind. Ihre Liste könnte folgende Punkte enthalten:

- Es ist falsch, sich anzueignen, was einem anderen gehört.
- Es ist falsch, jemandem das Leben zu nehmen.
- Es ist falsch zu lügen.
- Es ist falsch, mit der Frau eines anderen zu schlafen.
- Es ist falsch, ein Kind sexuell zu mißbrauchen.
- Es ist falsch, ein Kind oder die Frau zu mißhandeln.
- Es ist falsch, mit Alkohol am Steuer zu fahren.
- Es ist falsch, jemanden zu betrügen.
- Es ist falsch, die Schwäche eines anderen auszunutzen.
- Es ist richtig, anderen Menschen mit Respekt zu begegnen.
- Es ist richtig, ehrliche Arbeit abzuliefern.
- Es ist richtig, seine Kinder zu lieben.
- Es ist richtig zuzuhören, wenn andere reden.
- Es ist richtig, mit dem Partner zärtlich zu sein.
- Es ist richtig, den Armen etwas abzugeben.

Sie werden nie eine vollständige Liste erstellen können. Aber der andere bekommt eine Ahnung, was Ihnen wichtig im Leben ist.

2. Beurteilen Sie sich nun selbst. Wieweit leben Sie nach Ihren Wertvorstellungen? Fragen Sie sich dann: *In welchen Bereichen muß ich am härtesten an mir arbeiten, damit ich auch vorlebe, was ich vertrete?*
3. Konzentrieren Sie sich auf nur einen Punkt, und überlegen Sie konkrete Schritte, damit Ihr Handeln noch stärker Ihren Überzeugungen entspricht.
4. Sobald Sie in diesem einen Bereich Fortschritte bemerken, sollten Sie mit Ihrer Frau darüber reden. Zeigen Sie ihr Ihre Liste, und erzählen Sie ihr, was Sie in den einzelnen Bereichen konkret tun wollen.
5. Schreiben Sie auf, was Ihnen an geistlichen Werten einfällt. Was glauben Sie über die jenseitige Welt? Ich würde z. B. folgende Punkte nennen:
   - Ich glaube an einen persönlichen Gott, der das Universum geschaffen hat.
   - Ich glaube, daß der Mensch höher steht als alle anderen Lebewesen, weil nur der Mensch nach Gottes Bild geschaffen wurde.

- Ich glaube, daß die Menschheit eine große Niederlage erlitten hat, als der erste Mensch sündigte, und daß dadurch das Ebenbild Gottes in uns beschmutzt worden ist.
- Ich glaube, daß es Gottes Plan war, uns durch Christus zu erretten und so die Gemeinschaft mit ihm wiederherzustellen.
- Ich glaube, daß Gott seinen Heilsplan in der Geschichte verwirklicht.
- Ich glaube, daß die Bibel Gottes Wort ist – über sich selbst, über uns und über unser Verhältnis zu ihm.
- Ich glaube, daß Jesus das größte Vorbild für uns alle ist.

Das sind längst nicht alle meine Glaubensüberzeugungen, aber es sind die wichtigsten. Sie werden erkannt haben, daß es die Glaubensaussagen sind, die weltweit Millionen Christen miteinander teilen. Ihre Liste sieht vielleicht ganz anders aus. Aber die entscheidende Frage bleibt: *Wie sehr spiegelt Ihr Leben Ihre Überzeugungen wider?*

6. Bewerten Sie wieder nach dem bekannten Muster jeden Glaubenssatz. Wie sehr liegen Glaube und Handeln bei Ihnen beieinander?
7. Nehmen Sie jeden Glaubenssatz, und fragen Sie sich: *Was bedeutet diese Aussage ganz praktisch in meinem Leben?* Wenn ich z. B. daran glaube, daß die Bibel Gottes Lehrbuch ist, dann müßte man eigentlich erwarten können, daß ich regelmäßig darin lese. Ich müßte ja herausbekommen wollen, was Gott mich lehren will. Tue ich das aber nicht, dann entspricht mein Handeln nicht meinen Überzeugungen.
8. Konzentrieren Sie sich auf einen Bereich, in dem Sie sich noch entwickeln wollen, und überlegen Sie konkrete Schritte, um Ihr Ziel zu erreichen.
9. Fragen Sie Ihre Frau, was Sie als geistliches Vorbild tun könnten, um sie zu motivieren. Nehmen Sie Ihre Vorschläge ernst. Schreiben Sie sie auf, und setzen Sie sie in konkrete Schritte um.

Was Sie als Vater besser machen können

Siebte Woche: *Ein Vater, der seiner Rolle gerecht wird, ist aktiv an der Erziehung beteiligt.*
Ich habe beobachten können, daß Männer, die ihre Rolle als moralisches und geistliches Vorbild ernst nehmen, ihren Frauen Mut machen, ihrerseits Vorbild für ihre Kinder zu sein.

Man muß sich bewußt dafür entscheiden, ein aktiver Vater zu sein. Nehmen Sie sich konkret vor: *Ich möchte auf keinen Fall ein Vater sein, der kaum einmal auf seine Kinder zugeht und immer nur darauf wartet, daß sie an ihn herantreten.* Für den Vater, der sich bisher immer eher zurückgehalten hat, mögen folgende Ratschläge hilfreich sein:

1. Wenn Sie nach der Arbeit nach Hause kommen und Ihre Frau begrüßt haben, sollten Sie jedes Ihrer Kinder aufsuchen, um Kontakt zu ihnen aufzunehmen. Es reicht ja vielleicht schon, sie kurz in den Arm zu nehmen und ihnen etwas Liebes zu sagen. Sie können natürlich auch ein bißchen ausführlicher plaudern und sich erkundigen, wie es in der Schule war.
2. Nehmen Sie sich fest vor, sich immer von Ihren Kindern zu verabschieden, wenn Sie das Haus verlassen. Es reicht oft schon ein Kuß und die Information, was Sie vorhaben.
3. Fragen Sie Ihre Kinder, was sie gern mit Ihnen unternehmen würden. Merken Sie sich ihre Wünsche, weil Sie dadurch erfahren, was ihre Interessen und Vorlieben sind. Machen Sie sich Notizen, und versuchen Sie, mindestens einmal in der Woche auf ihre Wünsche einzugehen.
4. Bitten Sie Ihre Frau um Anregungen. Vielleicht hat sie ja noch ein paar Ideen, wie Sie sich stärker am Leben Ihrer Kinder beteiligen könnten. Scheuen Sie sich nicht, auf ihre Vorschläge einzugehen, auch wenn das vielleicht bedeutet, öfter mal die Windeln wechseln zu müssen.
5. Stellen Sie sich folgende Fragen: *Was hätte ich mir von meinem eigenen Vater gewünscht? Bei welchen Wünschen ist er nie auf mich eingegangen?* Nehmen Sie das als Anregung für Ihr eigenes Handeln.

Achte Woche: *Ein Vater, der seiner Rolle gerecht wird, nimmt sich Zeit für seine Kinder.*

1. Schauen Sie einmal Ihren Terminkalender von der vergangenen Woche durch, und stellen Sie fest, wieviel Zeit Sie täglich mit jedem Ihrer Kinder verbracht haben.
2. Schauen Sie sich den Terminkalender für diese Woche an, und fragen Sie sich: *Wann könnte ich noch Zeit mit meinen Kindern verbringen?* Gibt es die Möglichkeit, auch einmal zur Mittagspause nach Hause zu kommen, damit Sie gemeinsam essen können? Oder haben die Kinder an einem Tag erst am Nachmittag Schulschluß, so daß Sie sie abholen können? Gibt es die Möglichkeit, mit ihnen an einem Tag in aller Ruhe zu frühstücken? Versuchen Sie, Lücken zu finden, an die Sie bisher noch nie gedacht haben.
3. Bitten Sie Ihre Frau um Rat. Hat sie noch Ideen, wie Sie mehr Zeit mit Ihren Kindern verbringen könnten? Machen Sie sich Notizen.
4. Schauen Sie Ihren Jahreskalender durch, und planen Sie zwei- oder dreimal im Jahr eine Zeit ein, in der Sie sich besonders intensiv um Ihre Kinder kümmern. Das könnte ein Camping-Wochenende sein oder ein Tagesausflug in die Berge. Tragen Sie Ihre Pläne in den Kalender ein, und opfern Sie diese Termine auf keinen Fall anderen Aktivitäten. Diese Termine sollten so verbindlich wie geschäftliche Verabredungen sein.
5. Fragen Sie sich: *Welcher Abend der Woche ist besonders günstig für Spaß und Spiel mit meinen Kindern?* Tragen Sie Ihre „Verabredung" ein, und nehmen Sie sie so ernst wie jeden anderen Termin.
6. Wenn Sie regelmäßig zu Hause sind, sollten Sie überlegen, ob es eine feste Zeit gibt, die Sie immer für die Kinder reservieren könnten. Tragen Sie diese Zeiten in Ihren Terminkalender ein, und lassen Sie sie Routine werden.
7. Sprechen Sie mit Ihrer Frau über den Fernsehkonsum. Einigen Sie sich auf zeitliche Begrenzungen. Die Fernsehzeiten Ihrer Kinder sollten in jedem Fall überwacht werden. Die Eltern sollten aber nicht nur den Zeitrahmen im Auge behalten, sondern auch entscheiden, welche Sendungen gesehen werden. Ein sehr begrenzter Fernsehkonsum läßt viel Zeit übrig für gemeinsame Aktivitäten mit Ihren Kindern.

Neunte Woche: *Ein Vater, der seiner Rolle gerecht wird, sucht das Gespräch mit seinen Kindern.*

1. Wenn Sie Zeit mit Ihren Kindern verbringen, sollten Sie immer darauf achten, daß das Gespräch dabei nicht zu kurz kommt. Ganz leicht ist man so auf das Spiel oder den Fernsehfilm konzentriert, daß man kaum ein Wort miteinander redet.
2. Wenn es Ihnen schwerfällt, mit Ihren Kindern ins Gespräch zu kommen, sollten Sie sich vielleicht vorher schon ein paar sinnvolle Fragen überlegen: *Wie fandest du das Spiel heute nachmittag? Was lest ihr eigentlich gerade in Deutsch? Und, wie gefällt dir die Novelle? Hat dich die Geschichte angesprochen? Was sagst du zu dem Film, den wir gestern gesehen haben? Der war cool, nicht wahr? Was hat dich daran gestört?* Fragen, die zum Nachdenken anregen, fördern immer das Gespräch.
3. Suchen Sie nach Gelegenheiten, „von früher" zu erzählen. Geschichten, die Sie einleiten mit: „Weißt du, als ich noch ein kleiner Junge war ..." werden normalerweise schnell das Interesse Ihrer Kinder wecken. Erzählen Sie aber nicht nur, was passiert ist, sondern auch, was Sie dabei empfunden haben. Beantworten Sie die Fragen der Kinder über Ihre Erfahrungen so ausführlich wie möglich.
4. Ihren kleineren Kindern können Sie immer wieder Bücher vorlesen und danach Fragen zum Inhalt stellen. Sie sollen ihre Meinung zu der Geschichte äußern und was sie dabei empfunden haben. Was fanden sie gut? Was haben sie daraus gelernt?
5. Auch mit größeren Kindern kann man Bücher gemeinsam lesen. Lassen Sie die Kinder die Lektüre aussuchen. Lesen Sie in einer Woche oder an einem Abend jeweils ein Kapitel. Und hinterher können Sie dann darüber gemeinsam diskutieren.
6. Wenn Sie etwas mehr Zeit für Ihre Kinder erübrigen konnten und vielleicht sogar gemeinsam verreist sind, sollten Sie folgende Fragen an sie richten: „Wie mache ich eigentlich meine Sache als Vater? Was soll ich mal wieder für dich tun – etwas, was ich schon lange nicht mehr für dich getan habe? Warst du in den letzten Wochen mal so richtig enttäuscht von mir?" Wenn die Kinder merken, daß Sie an ehrlichen Antworten interessiert sind, dann werden sie sie auch geben. Solche authentischen

Zwiegespräche zwischen Vater und Kind festigen die innere Bindung. Sie stellen diese Fragen ja nicht, um sich loben zu lassen, sondern weil Sie etwas von den Kindern erfahren wollen. Erwarten Sie also nicht ein Einser-Zeugnis für den Vater!

Zehnte Woche: *Ein Vater, der seiner Rolle gerecht wird, spielt mit seinen Kindern.*

1. Schreiben Sie auf, wieviel Zeit Sie in der letzten Woche mit Ihren Kindern verbracht haben. Sind Sie zufrieden damit? Haben Sie genug mit Ihren Kindern gespielt und herumgetollt?
2. Machen Sie eine Liste all der Spiele, die Sie im letzten Monat mit Ihren Kindern gespielt haben. Hat es Ihnen Spaß gemacht? Hat Ihr Kind Spaß daran gehabt? Wenn Sie es nicht genau wissen, dann fragen Sie es. Es könnte seinen Spaß sogar auf einer Skala von 0 bis 10 bewerten. Nehmen Sie sich vor, noch mehr Zeit für Spiele zu investieren, die Ihren Kindern besonders viel Spaß machen.
3. Schreiben Sie all die Spiele auf, die Sie selbst im Alter Ihres Kindes gern gespielt haben. Kennen Ihre Kinder diese Spiele? Wenn nicht, sollten Sie den Vorschlag machen, mal etwas auszuprobieren, was Sie früher gespielt haben. Sie sollten allerdings keinen Druck ausüben.
4. Wenn Sie Spiele spielen, bei denen es ums Gewinnen geht, sind Sie da immer der Sieger? Wie wird sich Ihr Kind dabei fühlen? Probieren Sie doch einmal aus, es gewinnen zu lassen. Wie ändert das sein Verhalten?
5. Bitten Sie Ihre Frau zu erzählen, was sie früher gespielt hat. Probieren Sie auch diese Spiele aus. Mal sehen, was Ihre Kinder dazu sagen.
6. Achten Sie darauf, daß möglichst oft die ganze Familie mitspielen kann. Aber spielen Sie auch mit jedem Kind einzeln.

Elfte Woche: *Ein Vater, der seiner Rolle gerecht wird, gibt seinen Kindern Werte und Ideale mit auf den Weg.*

1. Schreiben Sie alle Ihre moralischen und ethischen Werte auf, die Ihnen einfallen. Dazu brauchen Sie Zeit zum Nachdenken. Jeder Vater wird seine ganz individuelle Liste zusammenstellen.

2. Fragen Sie sich: *Lebe ich eigentlich nach meinen Wertmaßstäben?* Wenn Sie Defizite entdecken, sollten Sie Verhaltensänderungen ins Auge fassen.
3. Fragen Sie sich: *Wenn meine Kinder als Erwachsene einmal so werden wie ich, werde ich dann glücklich sein?* Was müssen Sie in Ihrem Leben ändern, damit Sie diese Frage mit ja beantworten können?
4. Wenn Sie einmal allein mit Ihrem Kind sind, sollten Sie die Gelegenheit nutzen, um im vertrauten Zwiegespräch darüber zu reden, was Ihnen an Werten besonders am Herzen liegt. Erläutern Sie Ihre Auffassung anhand praktischer Beispiele aus Ihrem Leben. Das beeindruckt mehr als theoretische Abhandlungen.
5. Setzen Sie sich mit Ihrer Frau zusammen, um zu überlegen, welche praktischen Lebensregeln Sie Ihren Kindern vermitteln wollen. Dabei kann es gehen um gesunde Ernährung, ausreichend Schlaf, körperliche Ertüchtigung, die Ordnung in den Zimmern, die Tageseinteilung (erst die Arbeit, dann das Vergnügen) oder Gewohnheiten zur „stillen Zeit“. Wie zufrieden sind Sie mit den jeweiligen Bereichen? Überlegen Sie, was Sie gemeinsam tun könnten, um Defizite auszugleichen.

Zwölfte Woche: *Ein Vater, der seiner Rolle gerecht wird, sorgt für seine Kinder und schützt sie.*

1. Werden Ihre Kinder im Augenblick mit allem Nötigen materiell versorgt? Was könnten Sie tun, falls Defizite vorhanden sind? Vielleicht müssen Sie sich noch einen Nebenjob suchen, zusätzliche Beihilfen beantragen oder soziale Dienste auf Ihre Notlage aufmerksam machen.
2. Sprechen Sie mit Ihrer Frau über das Thema im Kapitel 9 – *Das Öl der Liebe.* Sind Sie sich einig, was die persönlichen Liebessprachen Ihrer Kinder betrifft? *Fühlt* sich Ihr Kind wirklich geliebt? Begegnen Sie ihm mit bedingungsloser Liebe? Was könnten Sie beide tun, um Ihren Kindern noch deutlicher zu vermitteln, wie sehr Sie sie lieben?
3. Hat Ihr Kind in letzter Zeit geäußert, daß es sich verunsichert fühlt? Muß Ihr Kind mit anhören, wie Sie sich streiten und beschimpfen? Hat Ihr Kind schon einmal mitbekommen, daß

einer von Ihnen mit Scheidung gedroht hat? Wenn das der Fall ist, sollten Sie mit Ihrer Frau darüber reden, wie Sie Ihren Kindern zuliebe den Mangel an Harmonie ausgleichen könnten. Wenn Ihre Probleme ernsterer Natur sind, sollten Sie überlegen, ob nicht professionelle Hilfe angebracht wäre.

4. Was tun Sie, um Ihre Kinder vor den Gefahren des Alkoholmißbrauchs und des Drogenkonsums zu warnen? Wie wäre es, wenn Sie Zeitungsartikel ausschneiden, die über solche Gefahren berichten? Geben Sie ihnen Zeitungsberichte über Jugendliche zu lesen, die durch Alkohol am Steuer ums Leben gekommen sind. Fragen Sie sich als Eltern, ob Sie in diesem Bereich ein Vorbild für Ihre Kinder sind.
5. Sind Ihre Kinder aufgeklärt? Wissen sie, was eine gesunde Sexualität ist? Wissen sie etwas über die Gefahren durch sexuell übertragbare Krankheiten? Sprechen Sie mit Lehrern über die Inhalte des Sexualkundeunterrichts. Nutzen Sie das Angebot guter Aufklärungsbücher auf dem christlichen Büchermarkt.
6. Sprechen Sie mit Ihrer Frau darüber, ob Ihre Kinder den Eindruck machen, emotional ausgeglichen zu sein. Wo bemerken Sie Defizite? Wenn Ihre Kinder bedrückt wirken oder seelische Probleme äußern, sollten Sie sich nicht scheuen, fremde Hilfe in Anspruch zu nehmen. Dadurch erfahren Sie, was sie selbst tun können, um die emotionalen Bedürfnisse Ihres Kindes zu stillen und es vor Mißbrauch von außen zu schützen.

Dreizehnte Woche: *Ein Vater, der seiner Rolle gerecht wird, liebt seine Kinder ohne Vorbedingungen.*

1. Sind Sie Ihren Kindern zugetan, wenn diese brav sind, und ziehen Sie sich von ihnen zurück, wenn sie ungezogen sind? Das ist nicht bedingungslose Liebe! Ihre Botschaft an die Kinder lautet: „Ich liebe dich, wenn du lieb bist, und ich verstoße dich, wenn du ungezogen bist." Die Botschaft der bedingungslosen Liebe aber lautet: „Ich habe dich sehr lieb. Ich liebe dich unabhängig von deinem Verhalten. Ich finde nicht immer gut, was du tust, aber ich liebe dich unabhängig davon.
2. Überlegen Sie mit Ihrer Frau, ob Sie bisher Ihren Kindern signalisiert haben, daß Sie sie nur unter bestimmten Voraus-

setzungen lieben: „Ich habe dich lieb, wenn du immer dein Zimmer schön ordentlich hältst. Ich liebe dich, wenn du im Sport gute Leistungen bringst. Ich liebe dich, wenn du schön artig bist. Ich habe dich lieb, wenn du nie wütend wirst." Die meisten von uns müssen es erst lernen, an die Liebe keine Bedingungen zu knüpfen. Und es kostet immer Mühe, eingefahrene Verhaltensmuster abzulegen.

3. Lesen Sie, wenn Sie Lust haben, das Buch *Die fünf Sprachen der Liebe für Kinder.*[1] In einem Kapitel dieses Buches steht etwas darüber, wie sehr die Liebe ohne Vorbedingungen die Entwicklung Ihres Kindes und seine Fähigkeit, mit Zorn umzugehen, beeinflußt. Wenn das Bedürfnis des Kindes nach Liebe gestillt wird, wird gleichzeitig seine Lernfähigkeit erheblich gesteigert.
4. Wenn Ihr Kind wieder einmal ungehorsam ist und Sie sich fürchterlich ärgern, dann sollten Sie sich folgende Fragen stellen: *Habe ich meinem Kind, als ich es zur Rede stellte, unmißverständlich zu verstehen gegeben, daß ich es trotzdem liebhabe? War ich konsequent, aber nicht lieblos?* Wenn Sie mit nein antworten müssen, sollten Sie auf ein Blatt Papier die Antwort auf folgende Frage schreiben: *Was hätte ich anders machen können?* Wenn Sie einmal bewußt formulieren, wie man weniger schädlich reagiert, ist das für Sie eine gute Übung. Es wird Ihnen hinterher auch in Streßsituationen besser gelingen, einen klaren Kopf zu behalten und dem Kind Ihre bedingungslose Liebe zu signalisieren.

Die Tips und Ratschläge, die wir Ihnen gegeben haben, werden nicht von heute auf morgen Wirkung zeigen. Es braucht einfach Zeit, sich damit auseinanderzusetzen und sie in der Praxis zu verwirklichen. Doch ich bin zuversichtlich, daß sie Ihnen mittel- und langfristig helfen werden. Ihr Kind wird davon profitieren, und auch Sie selbst werden als Vater selbstbewußter. Außerdem garantiere ich Ihnen, daß Ihre Frau miterleben wird, wie Sie ein gewissenhafterer und liebevollerer Vater werden. Man wird Sie einfach mehr respektieren. Es wird nur wenige Frauen geben, die nicht positiv auf einen Mann reagieren, der bewußt den Versuch unternimmt, ein besserer Vater zu werden. Was Sie sich vorgenommen haben, ist eine Herausforderung – ganz bestimmt. Aber Sie werden für den Rest Ihres Lebens die Früchte ernten.

Ich bin fest davon überzeugt, daß die Hoffnungsträger unserer Gesellschaft nicht die Politiker sind, sondern die neuen Väter und Ehemänner, die in Liebe Verantwortung für ihre Ehen und Familien übernehmen. Es liegt an uns, ob wir zu einer neuen Kraft in der Gesellschaft werden und die Initiative ergreifen, ohne die Frauen zu unterdrücken. Ich bin gewiß, daß das Chaos in unserer westlichen Gesellschaft noch abgewendet werden könnte, wenn sich die Väter und Ehemänner ihrer Verantwortung bewußt werden würden.

Anmerkungen

1. Gary Chapman und Ross Campbell, Die fünf Sprachen der Liebe für Kinder (Marburg an der Lahn: Francke, 1997).

17. Die hohe Kunst, eine Partnerin zu sein

In diesem Kapitel spreche ich in erster Linie die Ehefrauen und Mütter an.

Ein liebevoller und zuvorkommender Partner zum Anlehnen – das ist der große Wunschtraum der meisten Frauen vor der Hochzeit. In jener ausgelassenen Zeit vor dem großen Tag erleben sie sich noch als gleichberechtigte Partnerin in einer Liebesbeziehung. Die junge Frau und ihr zukünftiger Ehemann können noch stundenlang miteinander reden und diskutieren. Und beide glauben, daß das noch Jahre so weitergehen wird. Die Frau ist sich sicher, die Nummer eins auf seiner Prioritätenliste zu sein und von ihm bedingungslos geliebt zu werden. Und tatsächlich erfüllt er ja noch jeden ihrer Wünsche und stellt das Idealbild männlicher Eigenschaften dar. Wenn sie an ihre Kinder denkt, sieht sie einen Vater vor sich, der sich aktiv an der Kindererziehung beteiligt, viel Zeit mit den Kindern verbringt, sich mit ihnen unterhält und mit ihnen spielt. Er liebt sie bedingungslos. Seine Moralvorstellungen färben auf sie ab, und es werden aus ihnen Menschen – so bewundernswert wie der Vater selbst. Der Mann sorgt dafür, daß die Kasse stimmt, daß die Kinder eine gute Ausbildung bekommen und sie vor den Unbilden der Zeit sicher sind. Er ist der ideale Vater.

Es waren wahrscheinlich auch Ihre Träume. Doch zuweilen kann die Kluft zwischen Traum und Wirklichkeit sehr tief sein. Habe ich Ihren Mann treffend beschrieben, so wie er in den Flitterwochen war? Er erschien Ihnen wahrscheinlich als der Traummann. Und es war Ihr größter Wunsch, diesen Menschen zu heiraten. Doch inzwischen sind Ihnen Zweifel gekommen. Ist dieser Mann nicht inzwischen ein Versager auf der ganzen Linie? Bei jedem Merkmal, das wir genannt haben, fällt er durch. Er ist kein Mann zum Anlehnen. Ganz im Gegenteil! Er ist eine zerstörerische Kraft in Ihrem und Ihrer Kinder Leben. Er ist längst nicht mehr Ihr Traummann, und Ihre Ehe ist zum Alptraum geworden.

Im letzten Kapitel habe ich ja bereits den Männern ans Herz gelegt, selbst die Initiative zu ergreifen und sich zu bemühen, ihrer Rolle als Ehemann und Vater gerecht zu werden. Es ist mir allerdings klar, daß der eine oder andere Mann dies aus verschiedenen Gründen nicht schafft. Andererseits bin ich überzeugt, daß Sie als Ehefrau einiges bewirken können, um ihm Mut zu machen, sich doch noch aus seiner Lethargie zu befreien. Ich meine damit nicht, daß Sie Ihren Mann von Grund auf ändern könnten. Trotzdem kann Ihr Einfluß positive Wirkungen zeigen. Die sieben Empfehlungen, die ich Ihnen präsentieren möchte, habe ich in den vergangenen zwanzig Jahren bereits Hunderten von Frauen in meiner Seelsorgepraxis gegeben. Viele haben sie praktisch umgesetzt und sie als wirkungsvoll erkannt. Es ist mein Wunsch, daß sie auch Ihnen helfen mögen.

Männer reagieren positiv auf Komplimente

Jack hatte Karriere gemacht. Aber als er in meinem Büro saß, konnte er seine Tränen nicht mehr zurückhalten. „Ich verstehe das nicht“, sagte er. „In der Geschäftswelt bin ich ein anerkannter Mann. Mitarbeiter kommen zu mir und fragen mich um Rat. Dadurch bekomme ich immer wieder Anerkennung. Doch zu Hause bekomme ich immer nur Kritik zu hören. Meine Frau hat nie ein Lob für mich. Danach müßte ich eigentlich ein absoluter Versager sein. Ich weiß, daß ich das nicht bin, aber meine Frau nimmt mich wohl so wahr.“ Als ich später mit seiner Frau sprach, erfuhr ich, daß sie seine beruflichen Erfolge durchaus würdigte. Und es gab auch noch andere Bereiche, in denen sie seine Leistungen als Ehemann und Vater anerkannte. Doch es gab ein paar Bereiche, die sie störten, und sie war entschlossen, ihm diese Defizite immer wieder unter die Nase zu reiben. Was sie als guten Rat ansah, empfand er jedoch als Kritik. Statt sich zu verändern, entstand bei ihm Groll, und seine Motivation, etwas anders zu machen, wurde im Keim erstickt.

Tatsache ist, daß niemand auf ständige Kritik mit Wohlwollen reagiert. Andererseits freuen wir uns wohl alle über Lob und Anerkennung. Ob Kleinkind oder Greis – wenn der Fanclub applaudiert, wollen wir es noch ein bißchen besser machen. Das Kind, das beim Laufenlernen hinfällt, versucht es gleich noch einmal, wenn es trotzdem mit großem Hallo ermuntert wird. Und der Ehemann, der sich gern in seiner Rolle heimisch fühlen möchte, bekommt Mut, wenn seine Frau ihn wegen seiner Bemühungen lobt.

Wenn Sie Ihren Mann also motivieren wollen, sollten Sie Ihr Hauptaugenmerk auf die Dinge richten, die er ganz ordentlich macht, um ihn dafür zu loben. Warten Sie bitte nicht auf Perfektion, bevor Sie ihn ermuntern. Sparen Sie nicht mit Anerkennung, auch wenn seine Leistungen noch lange nicht Ihren Erwartungen entsprechen. Den schnellsten Erfolg erzielen Sie mit Ihrer Anerkennung, wenn Sie Leistungen aus der Vergangenheit loben. Vielleicht wenden Sie jetzt ein: „Aber wenn ich ihn für Mittelmäßiges lobe, werde ich dann nicht seinen Ehrgeiz dämpfen?" Die Antwort ist ein klares Nein! Gerade Ihre Anerkennung stachelt ihn zu größeren Leistungen an. Wenn Sie ihm aber kein Lob für seine Bemühungen aussprechen, wird er glauben, seine Anstrengungen seien Ihnen gleichgültig, und das mindert die Motivation. Ich möchte Ihnen deshalb ans Herz legen, nach Dingen Ausschau zu halten, die Ihr Mann gut macht, und ihn dafür zu loben. Loben Sie ihn unter vier Augen, vor den Kindern, vor Ihren und seinen Eltern oder vor Freunden. Wenn Sie das getan haben, können Sie sich zurücklehnen und abwarten. Lassen Sie nun *ihn* aktiv werden.

Wünsche sind wirkungsvoller als Befehle

Niemand läßt sich gern beherrschen, und Befehle sind die Instrumente jeder Fremdbestimmung. „Wenn du heute den Rasen nicht mähst, werde ich es tun! Die Nachbarn werden schön gucken." Solch eine Drohung sollten Sie nicht aussprechen, es sei denn, Sie wollen das Amt auf Dauer übernehmen. Sie erreichen Ihr Ziel viel eher, wenn Sie fragen: „Weißt du, was mich riesig freuen würde?" Er wird es wissen wollen, worauf Sie antworten: „Wenn du heute nachmittag den Rasen mähst." Sie können noch hinzufügen: „Wenn du willst, helfe ich dir dabei." (Machen Sie solche Vorschläge aber nur, wenn Sie es wirklich ernst meinen!)

Ich möchte Ihnen das Prinzip anhand eines Beispiels erklären. Wie fühlen Sie sich, wenn Ihr Mann zu Ihnen sagt: „Wann hast du eigentlich das letzte Mal einen Streuselkuchen gebacken? War das damals zur Geburt unserer Kleinen? Den nächsten kriege ich wohl erst, wenn sie den Führerschein macht." So etwas motiviert außerordentlich, oder? Sind sie plötzlich ganz erpicht darauf, in die Küche zu rennen und ihm sofort einen Streuselkuchen zu backen? Wahrscheinlich nicht. Ich denke eher, seine Chancen stehen gut, wirklich erst zum Führerschein der Tochter seinen nächsten Streuselkuchen zu bekommen. Wenn Sie sich allerdings doch durchringen, den Kuchen zu backen, so tun Sie es wahrscheinlich nicht mit Liebe. Aber stellen Sie sich vor, er würde zu Ihnen sagen: „Weißt du, worauf ich wieder mal richtig Appetit hätte? Auf deinen tollen Streuselkuchen. Du machst den besten Streuselkuchen auf der Welt. Wenn es mal wieder paßt, kannst du ja einen für mich backen." Nun stehen die Chancen gleich viel besser, daß innerhalb der nächsten Woche ein Streuselkuchen gebacken wird. Woran liegt das? Wir alle reagieren positiver auf geäußerte Wünsche als auf Befehle oder Ironie.

Wenn Sie Ihren Mann motivieren wollen, mehr Zeit mit Ihren Kindern zu verbringen, dann sagen Sie lieber nicht: „Wenn du nicht endlich mehr Zeit mit den Kindern verbringst, kommst du in ihrem Leben bald gar nicht mehr vor. Bevor du sie richtig wahrnimmst, sind sie aus dem Haus." Es ist viel besser, Sie kleiden Ihr Anliegen in eine Bitte: „Könntest du heute abend mit Jeremias Kniffel spielen? Du weißt doch, er spielt es so gern mit dir." Ich behaupte nicht, daß Ihr Mann fortan auf jede Bitte freudig eingehen wird. Aber die Chancen steigen, denn auf Ihre Bitten geht er eher ein als auf ironische Seitenhiebe.

Je konkreter Ihre Bitte, desto unkomplizierter die Reaktion des Partners. Es ist zu allgemein und unverbindlich, wenn Sie sagen: „Es wäre schön, wenn du mehr Zeit mit den Kindern verbringen würdest." Machen Sie lieber konkrete Vorschläge: „Was hältst du davon, mit Josua dieses Wochenende zelten zu gehen?" Oder: „Heute abend läuft ein guter Film im Kino. Willst du mit Susanne nicht mal hingehen?" Mit solchen Vorschlägen weiß Ihr Mann etwas anzufangen. Und Männer gehen eher auf solche konkreten Bitten ein.

Betty kam ganz aufgeregt in mein Büro: „Dr. Chapman, Ihr Vorschlag, lieber Bitten als Befehle auszusprechen, hat die Atmosphäre in unserer Ehe vollkommen verändert. Mir war vorher nie aufgefallen, daß ich meine Anliegen so oft im Befehlston vortrug. Nun, da ich bewußt darauf achte, ist mein Mann viel zugänglicher geworden. Und jedesmal, wenn er auf meine Wünsche eingegangen ist, lobe ich ihn dafür. Ich kann noch gar nicht glauben, daß sich Bills Einstellung mir gegenüber so verändert hat."

Liebe ist keine Einbahnstraße

Wir haben bisher über die Liebe des Mannes zu seiner Familie gesprochen. Dabei muß man natürlich bedenken, daß auch er ein gleich großes Verlangen nach der Liebe seiner Frau hat. Wenn sein Liebestank leer ist, fühlt er sich nicht von seiner Frau geliebt, und es fällt ihm dann sehr viel schwerer, ihr seine bedingungslose Liebe entgegenzubringen. Wenn die Frau also von ihrem Mann geliebt werden will, investiert sie am klügsten, wenn sie auch ihren Mann liebt. Außerdem ist ihr Mann mit einem gefüllten Liebestank viel motivierter, seine Rolle als verantwortungsbewußter Ehemann und Familienvater auszufüllen.

In meinem Buch *Die fünf Sprachen der Liebe – Wie Kommunikation in der Ehe gelingt*[1] habe ich ein Experiment beschrieben, das ich einer Frau vorschlug, deren Mann seiner Rolle als Ehemann überhaupt nicht gerecht wurde. Wir überlegten, was geschehen würde, wenn seine Frau ihn ein halbes Jahr lang bedingungslos lieben und ihn konsequent mit seiner persönlichen Liebessprache verwöhnen würde. Das Ergebnis war verblüffend: Das Verhalten dieses Mannes veränderte sich grundlegend zum Positiven.

Es gab einen wichtigen Grund dafür: Auch der Mann sehnt sich nach Liebe, und die möchte er natürlich am liebsten von seiner Frau bekommen. Wenn er sich von ihr wirklich geliebt fühlt, könnte er die ganze Welt umarmen, und er wird all seine Fähigkeiten voll zur Entfaltung bringen. Wenn jedoch sein Liebestank leer bleibt, weil er sich nicht von seiner Frau geliebt fühlt, dann sieht die Welt für ihn düster aus, und er vegetiert nur noch dahin, ohne Motivation und Antrieb. Meine Aktenordner sind voll von Briefen wie dem folgenden:

> *Lieber Dr. Chapman, ich muß Ihnen einfach schreiben und für Ihr Buch „Die fünf Sprachen der Liebe" danken. Es hat meine Ehe auf dramatische Weise verändert. Mein Mann und ich führten keine richtige Ehe mehr. Wir entfremdeten uns zusehends, und die Auseinandersetzungen häuften sich. Eine Freundin gab mir Ihr Buch, und beim Lesen entdeckte ich, daß ich all die Jahre überhaupt nicht die persönliche Liebessprache meines Mannes gesprochen hatte. Ich bat ihn, dieses Buch auch einmal zu lesen. Aber sein Terminkalender ist gewöhnlich übervoll, und so kam er viele Wochen nicht dazu. Ich war zunächst enttäuscht darüber, doch ich entschied*

mich, anzuwenden, was ich gelernt hatte. Ich begann, seine Liebessprache ganz regelmäßig zu benutzen. Wenn er mich fragte, warum ich in letzter Zeit so anders sei, erzählte ich ihm, daß das an dem Buch über die fünf Liebessprachen liege. Schließlich meinte er, daß es vielleicht doch ganz nützlich sei, das Buch zu lesen. Er las es, und wir sprachen hinterher darüber. Dabei gestand er ein, auch meine Liebessprache überhaupt nicht berücksichtigt zu haben. Schon eine Woche später änderte sich sein Verhalten mir gegenüber drastisch. Wir beide haben inzwischen einen vollen Liebestank, und unsere Ehe ist noch nie so schön gewesen. Ich möchte Ihnen einfach noch einmal für dieses Buch danken und Ihnen mitteilen, daß ich es bereits an meine Freundinnen weitergegeben habe.
Viele Grüße

Beverly

Die Liebe ist offenbar eine mächtige Waffe für das Gute in der Welt. Und wenn eine Frau sich entscheidet zu lernen, diese Liebe in der persönlichen Sprache Ihres Mannes auszudrücken, dann füllt sich sein Liebestank. Damit aber verändert sich seine Einstellung. Er wird viel eher bereit sein, sich für seine Ehe und die Erziehung seiner Kinder einzusetzen.

Seine Bedürfnisse sind nicht ihre Bedürfnisse

In vielerlei Hinsicht ist eine Ehe eine Solidargemeinschaft. Beide Parteien bedürfen der Hilfe des anderen. Das ist auch eins der Motive, die uns zusammengeführt haben. Schließlich sind Mann und Frau ja auch füreinander geschaffen worden, und so sind unsere Unterschiede dazu da, uns zu ergänzen. In einer gesunden Ehe werden die Bedürfnisse des Mannes durch die Frau gestillt und umgekehrt. Das scheint ein ganz einfaches Prinzip zu sein. Das Problem ist dann aber doch, daß unsere Bedürfnisse so unterschiedlich sind. Willard Harley schreibt in seinem Buch *His Needs, Her Needs*[2], daß die fünf wichtigsten Bedürfnisse des Mannes folgende sind: (1) sexuelle Erfüllung, (2) Gemeinschaft zur Entspannung und Zerstreuung, (3) eine attraktive Partnerin, (4) Rückhalt zu Hause und (5) Bewunderung. Die Top-Five der Frau sind dagegen: (1) Zuneigung, (2) Gespräch, (3) ein Vertrauensverhältnis zum Partner, (4) ein finanziell sorgenfreies Leben und (5) das Zusammengehörigkeitsgefühl in der Familie. Natürlich passen nicht alle Männer und Frauen ganz genau in dieses Schema. Aber diese Gegenüberstellung macht doch deutlich, wie unterschiedlich unsere Bedürfnisse sind.

Wichtig ist, daß Sie die Grundbedürfnisse Ihres Mannes kennenlernen und Möglichkeiten ausfindig machen, sie zu stillen. Das wird sein Selbstwertgefühl stärken und ihm Erfüllung im Leben schenken. Im letzten Kapitel haben wir die Männer aufgefordert, sich um die Bedürfnisse ihrer Frauen zu kümmern. Nun ermutige ich die Frauen, die Bedürfnisse des Mannes im Auge zu behalten und dadurch die Ehemänner zu motivieren. Wenn beide Partner darum bemüht sind, etwas für die Bedürfnisse des anderen zu tun, sind auch beide die Gewinner. Das ist Ehe, wie sie sein sollte. Und wenn Sie in Ihrer Ehe glücklich und zufrieden sind, haben Ihre Kinder nicht nur ein ausgezeichnetes Vorbild vor Augen, sie profitieren auch von der positiven Atmosphäre im Haus. Männer und Frauen, deren emotionale Bedürfnisse gestillt werden, sind in jedem Fall die besseren Eltern.

Wer Kritik aushält, zeigt Charakterstärke

Oft werde ich von Frauen gefragt, warum Männer so schlecht Kritik vertragen können. So erzählt Marga: „Wenn ich nur mal antippe und darauf hinweise, daß der Rasen eigentlich gemäht werden müßte, geht er gleich in die Luft. Warum bringt ihn das so aus der Fassung?“ Anita berichtet: „Wir sind mit dem Auto unterwegs, und alles ist in bester Ordnung. Ich bemerke, daß er 70 fährt, und ich erinnere ihn, daß hier nur 50 erlaubt sind. Dann gerät er gleich außer sich und schimpft und brüllt. Ich begreife das überhaupt nicht.“ Marga und Anita machen beide die gleiche Erfahrung: Ihre Männer können keine Kritik vertragen. Für sie handelt es sich um Lappalien, und deshalb verstehen sie die Reaktion nicht. Tatsache aber ist, daß beide Männer durchaus etwas über ihr Seelenleben offenbaren.

Ich kann Kritik dann nicht ertragen, wenn jemand meine Selbstachtung in Frage stellt. Dann ziehe ich mich auf eine Verteidigungsposition zurück. Die beiden Frauen haben offenbar jeweils einen wunden Punkt bei ihren Männern berührt. In der Vergangenheit des einen muß das Rasenmähen irgendwie mit dem Selbstwertgefühl verquickt worden sein. Vielleicht hat ihm sein Vater mit dieser Pflicht ständig im Nacken gesessen und ihm eingeredet, was für ein Versager er sei, weil man ihn ständig zu seinen Pflichten treiben müsse. Vielleicht hat der andere in den ersten Jahren seiner Fahrpraxis schlechte Erfahrungen mit der Polizei gemacht und einen Strafzettel nach dem anderen kassiert. Darauf hat er sich eingeredet, ein schlechter Fahrer zu sein. Wenn dann die Frau an die Geschwindigkeitsbegrenzung erinnert, glaubt er, sich verteidigen zu müssen. Das Problem kann allerdings auch auf einem ganz anderen Gebiet liegen und kommt durch die Kritik zum Vorschein.

Wir kennen ja die wunden Punkte unseres Gegenübers nicht, solange wir sie nicht durch Zufall berühren. Im Laufe der Ehe werden Sie aber einen nach dem anderen aufdecken. Und wenn Sie ein wenig nachdenken, werden Sie auch im Laufe der Zeit die Hintergründe erkennen. Seine übertriebenen Reaktionen zeigen Ihnen, daß eine innere Stimme an seinem Selbstwertgefühl kratzt. Wenn Sie die Hintergründe kennenlernen, werden Sie auch verstehen, warum er so heftig in bestimmten Situationen reagiert. Ohne dieses Hintergrundwissen wird das Aufbrausen des Partners eher Verärgerung oder Entsetzen auslösen. Mit diesem Wissen aber haben Sie die besten Voraussetzungen dafür, mit konstruktiven Gegenmaßnahmen zu reagieren.

Der Schlüssel zum Erfolg ist hier, daß Sie es lernen, Dinge anzusprechen, ohne genau den wunden Punkt zu treffen. Nehmen wir noch einmal das Beispiel von Bill und Marga. Da er auf ihre Ermahnungen bezüglich des Rasens so allergisch reagiert, kann sie vermuten, daß damit sein Selbstwertgefühl beschädigt wird. Bei einem offenen Gedankenaustausch am Abend, wenn die Stimmung gut ist, könnte sie ihm folgendes sagen: „Bill, ich würde gern etwas mit dir besprechen. Es geht mir darum, daß wir beide es uns einfacher machen. Mir ist aufgefallen, daß du jedesmal ziemlich verärgert reagierst, wenn ich etwas wegen des Rasens sage. Ich denke mir mal, daß irgendein Ereignis aus der Vergangenheit dich da so sensibel gemacht hat. Es ist jedenfalls offenkundig, daß du dich dadurch oft angegriffen fühlst. Ich gehe mal davon aus, daß dir eins klar ist: Ich will dich damit nicht ärgern oder provozieren. Vielleicht finden wir ja eine Möglichkeit, uns irgendwie zu arrangieren. Ich bin einfach nur daran interessiert, daß unser Vorgarten vorzeigbar bleibt. Ich möchte dich nicht schlechtmachen. Du bist ein guter Ehemann, und die meiste Zeit sieht der Vorgarten ja auch tipptopp aus. Wäre es dir denn lieber, wenn ich dir einen Zettel zur Erinnerung hinlegen würde? Oder soll ich in Zukunft den Rasen mähen? Ich könnte auch jemand fragen, der es gegen Bezahlung macht. Welche Vorschläge hast du?“ Die Chancen stehen nicht schlecht, daß Bill auf diese Äußerungen positiv reagiert.

Lernen Sie daraus, wenn Ihr Mann immer wieder ungehalten reagiert.

Wenn er bereit ist, dieses Kapitel zu lesen, können Sie es zur Diskussionsgrundlage benutzen. Vielleicht gewinnen Sie dadurch viele neue Einsichten über die wunden Punkte, die es ihm immer wieder schwermachen, seine Selbstachtung zu behalten. Eine Verständigung auf dieser Ebene wird die Vertrautheit zwischen Ihnen stärken und es Ihnen erlauben, gelassener mit Kritik umzugehen.

Unterschiede in der Sexualität

In dem Kapitel über die eheliche Intimität haben wir bereits über die Unterschiede zwischen Mann und Frau gesprochen. Wenn Mann und Frau sich bewußt machen, daß auch ihr Triebleben unterschiedlich empfunden wird, können viele Ressentiments und Vorurteile vermieden werden. Da der männliche Geschlechtstrieb stärker auf den reinen Geschlechtsakt ausgerichtet ist, reagiert er auch häufig unwillig und gereizt, wenn dieses Bedürfnis nicht ausreichend gestillt wird.

Ich habe die Männer aufgefordert, ihre Frauen bedingungslos zu lieben. Und ich sage auch den Frauen, daß sie ihre Männer ohne Vorbedingungen lieben sollen. Im Bereich der Sexualität mag das hin und wieder bedeuten, auch gegen die eigene Lust auf den Partner einzugehen. Wenn der Sexualtrieb regelmäßig befriedigt wird, entsteht eine harmonische Atmosphäre, in der beide Partner viel eher bereit sind, auf die Wünsche und Bedürfnisse des anderen einzugehen.

Wenn jedoch die Frau meint, durch Verweigerung die Sexualität als Waffe einsetzen zu können, dann sorgt sie dafür, daß aus der Beziehung ein Schlachtfeld wird. Bei solchen Schlachten gibt es allerdings nie einen Gewinner. Solche Auseinandersetzungen eskalieren meist, bis einer den anderen zerstört hat. Doch eine gesunde Ehe entsteht dann, wenn zwei Menschen sich bemühen, auch auf die sexuellen Bedürfnisse des anderen einzugehen.

Konfrontation aus Liebe

Konfrontation ist keineswegs ein Wort mit nur negativer Bedeutung. Sie kann sogar ein Liebesdienst sein, wenn die richtige Einstellung dahintersteht. Kehren wir noch einmal zu den drei Frauen zurück, die wir in Kapitel 13 kennengelernt haben. Ellens Mann hat es innerhalb von zehn

Jahren nie lange bei einer Arbeitsstelle ausgehalten. Wenn er arbeitslos ist, sitzt er den ganzen Tag vor dem Fernseher, oder er schlägt seine Zeit im Fitneßstudio tot. Ellen mußte die ganze Zeit für den Lebensunterhalt der Familie sorgen. Sie trug dafür die Hauptlast. Ich weiß nicht, ob ihr Mann sich anders verhalten hätte, wenn sie die Ratschläge der vorausgehenden Abschnitte berücksichtigt hätte. Eins ist jedenfalls sicher: Wenn solch ein Mann sein Verhalten nicht ändert, ist die Konfrontation ein Liebesdienst.

Es wäre im konkreten Fall allerdings besser gewesen, wenn sie ihren Mann schon viel früher mit folgenden Worten zur Rede gestellt hätte: „Ich habe dich sehr lieb. Und ich wünsche mir eine ganz vertraute Beziehung zu dir. Aber mir ist aufgefallen, daß du an jeder Arbeit, die du bisher angenommen hast, immer etwas auszusetzen hattest – an der Arbeit selbst oder an den Kollegen. Ich möchte, daß du diesmal nicht gleich das Handtuch wirfst, sondern dich erst mal mit jemand aussprichst, damit ihr vielleicht gemeinsam eine Lösung findet." Darauf könnte sie konkret einen Pastor oder Seelsorger als Gesprächspartner vorschlagen.

Sollte er sich ihrer Bitte verschließen und auch weiterhin immer wieder vor der Verantwortung davonlaufen, dann ist es Zeit für sie, in Liebe Konsequenzen zu ziehen. Sie muß ihm klar sagen, daß sie nicht mehr bereit ist, die Rechnungen zu bezahlen, während er vor dem Fernseher hockt oder im Fitneßstudio die Zeit totschlägt. Vor allem muß sie konkrete Schritte unternehmen, um ihm zu zeigen, daß sie es ernst meint. Die einzige Möglichkeit, verantwortungslosem Verhalten einen Riegel vorzuschieben, ist die Konfrontation mit den Folgen. Der Betreffende muß spüren, was er anrichtet. Solange der Partner sein Fehlverhalten immer wieder kompensiert, wird sich die Einstellung zur Arbeit nicht ändern. Liebevolle Konsequenz birgt zwar die Gefahr in sich, den Partner zu verlieren. Sie hat aber auch das Potential, die Bereitschaft zur Veränderung zu wecken.

Tracy war die Frau, deren Mann zwar regelmäßig arbeitete und für die Familie sorgte. Dafür war er ein Macho, der seine Frau unterdrückte. Alles, was sie sagte, war nichts wert. Und er duldete es nicht, daß sie sein Verhalten kritisierte. Er wurde sogar ausfallend, wenn sie irgendeine seiner Handlungen in Frage stellte. Tracy war in die Fänge eines Machos geraten.

Es war Zeit für sie, ihren Mann freundlich, aber bestimmt zur Rede zu stellen: „Ich liebe dich sehr, und deshalb kann ich es nicht zulassen, daß du dich und mich zerstörst. In vielerlei Hinsicht bist du ein guter Ehemann. Nur dein Zwang, andere beherrschen zu müssen, ist für uns beide zerstörerisch. Wenn du nicht bereit bist, das Problem mit mir und einem Seelsorger zu besprechen, können wir nicht mehr zusammen leben. Ich bin ohne Einschränkungen bereit, an unserer Ehe zu arbeiten. Und ich glaube, daß wir eine Ehe führen, die jede Anstrengung wert ist. Aber ich schaffe das nicht allein. Ich brauche deine Mitarbeit." Auch hier gilt wieder: Solch eine Konfrontation, bei der Konsequenzen angedroht werden, kann eine Krise heraufbeschwören, die in der Scheidung endet. Doch manchmal muß es einfach zur Krise kommen, um eine positive Entwicklung in Gang zu setzen. Damit wendet man sich nicht vom Partner ab. Vielmehr liebt man ihn so sehr, daß man das Risiko in Kauf nimmt.

Betty war die Frau, deren Mann außer seinem Beruf und dem Computerhobby keinerlei Interessen hatte. Vor sechs Jahren hätte schon ihr Schlafzimmer renoviert werden müssen. Wenn ein Fahrrad der Kinder kaputt war, raffte er sich erst nach Monaten auf, es zu reparieren. Zunächst sollte Tracy die sechs Maßnahmen ausprobieren, die wir in diesem Kapitel weiter oben angesprochen haben. Das braucht eventuell etwas Zeit. Wenn das jedoch nichts nützt, wäre es Zeit, ihren Mann zur Rede zu stellen. Sie könnte folgendes sagen: „Ich habe dich sehr lieb. Und ich schätze es sehr, daß du so ausdauernd für unsere Familie sorgst. Doch du mußt wissen, daß ich deine Passivität nicht mehr länger ertragen kann. Ich wünsche mir keinen Supermann. Aber du könntest doch jede Woche eine Aufgabe im Haus erledigen. Wir lassen schon jemand kommen, der uns den Rasen mäht. Das ist okay. Aber es gibt noch genug andere Dinge, die getan werden müssen. Ich bitte dich einfach um deine Hilfe. Ich möchte dich auch nicht überfordern. Aber ich möchte, daß sich etwas ändert. Wenn ich mich nicht darauf verlassen kann, daß du wenigstens eine wichtige Arbeit in der Woche für die Familie erledigst, muß ich jemand suchen, der die Arbeiten gegen Geld erledigt. Auf den kann ich mich dann vielleicht verlassen. Wenn ich zuviel von dir verlange, dann bin ich bereit, mit dir und einem Seelsorger darüber zu reden. Ich möchte dir um jeden Preis eine gute Ehefrau sein, und deshalb bin ich für deine Vorschläge und Gedanken offen. Aber es muß zu einer Zusammenarbeit kommen."

Solch ein Zur-Rede-Stellen mag zwar hart und bedrohlich klingen, aber ich möchte daran erinnern, daß es sich dabei immer um den letzten Rettungsversuch handelt. Wenn Sie es mit Lob und Anerkennung versucht haben, wenn Sie konkrete Anliegen geäußert und ohne Vorbedingungen geliebt haben, wenn Sie alles getan haben, um seinen Bedürfnissen entgegenzukommen, und der Partner immer noch verantwortungslos handelt, dann ist es höchste Zeit für die liebevolle Konfrontation. So etwas kostet Überwindung, aber es ist wahrscheinlich der größte Liebesdienst, den Sie Ihrem Mann erweisen können. Sie dienen ihm und Ihren Kindern nicht, wenn Sie zulassen, daß er über Jahrzehnte verantwortungslos seiner Familie gegenüber handelt. Wenn dem Mann erst einmal bewußt wird, daß er seine wunderbare Frau zu verlieren droht, ist er vielleicht doch hoch motiviert, umzudenken und sein Verhalten zu ändern. Ihre Konfrontation hat zu einer Krise geführt, auf die er nun reagieren muß. Viele Männer sind im nachhinein dankbar dafür, daß ihre Frauen den Mut gehabt haben, sie aus Liebe zum Handeln gezwungen zu haben.

Aber selbst mit der Konfrontation kann die Frau ihren Mann letztlich nicht zu Änderungen zwingen. Zu Veränderungen kann sich nur der Betroffene selbst entscheiden. Doch weil die Ehe eine so enge Zweierbeziehung ist, kann das Verhalten der Frau auf jeden Fall Einfluß auf sein Verhalten nehmen. In Ihrem Bemühen, einen positiven Einfluß auf Ihren Mann auszuüben, sollten Sie allerdings nie vergessen, daß Ihr Ziel nicht der perfekte Ehemann ist. Das Ziel ist Wachstum. Fassen Sie Mut, wenn Ihr Mann die ersten zaghaften Schritte tut. Wachstum braucht Zeit. Er wird vielleicht niemals Ihr Traummann, doch wenn er sich zu bewegen beginnt, haben Sie allen Grund, optimistisch in die Zukunft zu schauen.

Anmerkungen

1. Gary Chapman, Die fünf Sprachen der Liebe (Marburg an der Lahn: Francke, 1994).
2. Willard Harley, His Needs, Her Needs (Grand Rapids, 1986).

Merkmal Nummer 5:

Kinder, die ihren Eltern gehorchen

18. Gehorsam ist nicht unmodern

Es war halb fünf am Nachmittag. Mein Zehnjähriger stand bei mir in der Werkstatt, und ich sagte zu ihm: „Tut mir leid, mein Sohn, aber du kriegst dein Fahrrad heute nicht. Du kennst die Regel: Das Fahrrad muß jeden Abend in den Schuppen. Wenn du das vergißt, darfst du am nächsten Tag nicht damit fahren. Gestern nacht hat es wieder die ganze Zeit draußen gestanden. Deshalb kann ich es dir heute nicht geben."

Derek erwiderte: „Aber Papa, die Jungs fahren doch alle heute nachmittag! Laß mich doch heute fahren. Dafür fahre ich dann auch morgen nicht."

Ich sagte zu ihm: „Ich verstehe ja, daß du unbedingt heute das Rad haben willst. Aber wir beide haben uns nun mal auf die Regelung verständigt. Es tut mir wirklich leid. Du kannst heute nicht mit dem Fahrrad fahren. Ich weiß, das ist hart für dich, heute nicht mit deinen Freunden durch die Gegend zu fahren. Aber du mußt es einfach lernen, dein Rad über Nacht in den Schuppen zu stellen."

Ich stellte mir damals vor, was wohl John, unser Familienanthropologe, gedacht hätte. Ich überlegte, ob er mich wohl für herzlos, gemein oder starrsinnig gehalten hätte. Oder hätte er verstanden, daß ich meinen Sohn liebe und es mir genauso an die Nieren ging, ihn nicht fahren zu lassen, wie ihm selber? Ich war mir nicht sicher, wie John reagiert hätte, doch über eins war ich mir im klaren: Ich leistete gerade ein hartes Stück Arbeit. Ich mußte meinen Sohn Gehorsam lehren.

Wer Gehorsam lernt, lernt im Grunde nur, nach bestimmten Regeln zu leben. Und das gehört zu jeder gesunden Gesellschaft. Aber auch die Familie als deren kleinste Zelle muß nach Regeln leben. Wie man in einer Gesellschaft mit Autorität umgeht, bestimmt, ob sie aufblüht oder untergeht. In unserer westlichen Gesellschaft haben wir uns in den sechziger und siebziger Jahren immer mehr von Autoritäten distanziert, und der Zeitgeist ist zunehmend von einer Bereitschaft zum Laisser-faire geprägt. Die Selbstentfaltung ist zu unserer Maxime geworden und wir leben nach der Regel: „Ich tue, was mir Spaß macht. Und niemand darf mir dreinreden." Die Konsequenz ist ein stetiger Anstieg der Gewaltkriminalität, des Drogenmißbrauchs und der sexuellen Übergriffe. Unsere Großstädte sind zu Schlachtfeldern geworden, und selbst in den Vorstädten wagen sich die Menschen nach Sonnenuntergang nicht mehr auf die Straße. Ich glaube, daß mit dem Beginn des 21. Jahrhunderts das Pendel in die andere Richtung schwingen wird, weil wir allmählich begreifen, daß persönliche Freiheit ohne Grenzen im gesellschaftlichen Chaos endet. Es entsteht eine Gesellschaft, in der nichts mehr funktioniert.

Das gleiche gilt für die Familie. *Gehorsam* ist also gar kein negativer Begriff, wie man heute manchmal meinen könnte. Zwar hat es immer auch Eltern gegeben, die Gehorsam von ihren Kindern verlangten, um damit ihre eigensüchtigen Ziele zu verfolgen. Das hat sich leider nicht geändert. Da ist es kein Wunder, daß viele Kinder gegen ihre Eltern aufbegehren. Wenn die elterliche Autorität aus eigensüchtigen Motiven eingesetzt wird, statt aus Liebe zu den Kindern, dann wird der Gehorsam zu einem Werkzeug des Bösen und zerstört die Familie.

In einer gesunden Familie jedoch wird die elterliche Autorität zum Segen der Kinder eingesetzt. Die Eltern fühlen sich hoher ethischer und moralischer Ideale verpflichtet. Sie halten noch Tugenden wie Freundlichkeit, Ehrlichkeit, Bereitschaft zur Vergebung, Rechtschaffenheit, Fleiß und Respekt vor anderen für wichtig. Kinder, die solchen Eltern gehorchen, werden davon profitieren, unter einer gesunden Autorität leben zu können.

Warum Regeln so wichtig sind

Keine Gesellschaft funktioniert ohne Regeln und Gesetze. Wenn alle sich daran halten, profitiert das Ganze davon. Wo allerdings Tyrannen einer Gesellschaft Regeln diktieren, die nicht dem Wohl des Ganzen dienen, da werden die Menschen eines Tages aufbegehren, und der Diktator wird in die Wüste geschickt. In einer gesunden Gesellschaft werden die Gesetze von Zeit zu Zeit auf ihre Wirksamkeit hin überprüft. Man ändert sie hier und da, aber immer nur zum Nutzen der Bevölkerung. Es gibt Gesetze, die einfach nur um der Regelung willen getroffen werden müssen. So hat man sich in den meisten Ländern für den Rechtsverkehr auf den Straßen entschieden. Es gibt aber auch Länder, in denen man links fährt. Man kann nicht sagen, welche Regel nun besser ist. Beide sind gleich gut, solange sich alle Bürger an die Regel in ihrem Land halten. Das geschieht im Interesse der Allgemeinheit.

Solche Gesetze gibt es in allen Lebensbereichen. Sie sind für ein reibungsloses Miteinander unerläßlich. Wir können nicht in jeder Situation tun, was uns gerade gefällt. Wenn einzelne dies doch tun, bekommen sie die Konsequenzen zu spüren, und, da wir eng verflochten leben, werden auch andere darunter zu leiden haben. Die Folgen sind oft dramatisch. Die Tatsache dieser negativen Konsequenzen hält die meisten Glieder einer Gesellschaft davon ab, die Gesetze zu übertreten, und diese Bereitschaft zum Gehorsam hält eine Gesellschaft zusammen.

Dasselbe Prinzip gilt natürlich auch in der Familie. In jeder Familie muß es Regeln geben, und jedes Familienmitglied muß sich daran halten. Zum Gehorsam motiviert werden wir, weil wir die anderen lieben, weil wir uns wünschen, daß es ihnen gutgeht, und weil wir die Konsequenzen einer Übertretung fürchten. In jedem Fall aber müssen wir Gehorsam erst lernen. Wir werden nicht mit einem entsprechenden Gen geboren. Angeboren scheint eher die Neigung zu sein, unsere Grenzen zu testen und, wenn möglich, zu erweitern. Wer hat nicht schon einen Zweijährigen beobachtet, der sich Zentimeter um Zentimeter an ein verbotenes Objekt heranpirscht, um zu testen, wie seine Eltern reagieren? Gehorsam muß man lernen, und man lernt ihn am besten von den Eltern, die einen lieben. Das Kind muß vollkommen davon überzeugt sein, daß seine Eltern sein Bestes wollen. Wenn es dagegen überzeugt ist, daß seine Eltern lieblos aus purem Egoismus handeln, dann hält es sich vielleicht nach außen an die Regeln, doch innerlich lehnt es sich dagegen auf und nach kurzer Zeit tritt die Rebellion deutlich durch Unfolgsamkeit zutage.

Gehorsamkeit lernt man aber auch durch die Erfahrung, daß jede Tat ihre Konsequenzen hat. Folgsamkeit hat positive Konsequenzen, und Ungehorsam hat negative Folgen. Diese nicht aus der Welt zu schaffende Realität lehrt uns zu gehorchen. In einer heilen Familie werden die Eltern also darauf hinarbeiten, daß die Kinder dies begreifen. Sie werden sie lieben und zusehen, daß sie sich geliebt fühlen. Sie werden darauf achten, daß die Kinder immer die Folgen ihres Handelns zu spüren bekommen. Dazu sind drei Schritte nötig: Man muß Regeln aufstellen, Konsequenzen für Befolgung und Übertretung nennen und disziplinarische Maßnahmen festlegen. Schauen wir uns diese drei Schritte nun etwas genauer an.

Regeln aufstellen

Regeln sind eine Richtschnur für unser Verhalten in der Familie. Bei uns zu Hause werden folgende Dinge nicht geduldet: Kaugummi kauen am Eßtisch, Ball spielen im Haus, das Haus verlassen, wenn noch Kerzen brennen, im Garten Fußball spielen. Erwartet werden folgende Dinge: Werkzeuge werden dorthin zurückgelegt, wo man sie gefunden hat. Das Licht wird ausgeschaltet, wenn man den Raum verläßt. Die schmutzige Wäsche wird in die Waschküche gebracht.

Manchmal können Regeln auch ganz schön kompliziert werden. So könnte es z. B. heißen: „Mach überall das Licht aus, wenn du das Haus verläßt, es sei denn, Oma ist noch wach, der Hund ist krank oder wenn du weißt, daß dein kleiner Bruder noch im Garten spielt." Wenn man bei solch einer Regel sichergehen will, bleibt man lieber gleich zu Hause. Es gibt auch ungeschriebene und unausgesprochene Gesetze. An solch ein Gesetz hielt sich ein 15jähriger, der mir berichtete: „Eine Regel bei uns zu Hause lautet: ‚Rede niemals Papa an, wenn er betrunken ist.'"

„Hat dir deine Mutter diese Regel gesagt?" fragte ich.

„Nein, die habe ich aus Erfahrung gelernt", antwortete der Junge.

In allen Familien gibt es Regeln. Aber nicht alle diese Regeln sind vernünftig. Vernünftige Regeln haben vier Merkmale: Sie dienen einem Ziel, sie werden von Vater und Mutter gleichermaßen getragen, sie sind vernünftig, und sie werden im Familienkreis besprochen.

Regeln, die einem Ziel dienen, sind durchdacht. Sie entstehen nicht aus einer Laune heraus, weil man sich gerade über etwas ärgert. Nein, man hat sich Gedanken gemacht, warum diese Regel überhaupt nötig ist, welchem konkreten Zweck sie dient und ob sie allen Beteiligten nutzt. Solche Regeln sind nicht einfach da, weil man es schon immer so gemacht hat. In vielen Familien gilt z. B. die Regel, daß man nicht am Tisch singt. Wenn man dann nachfragt, warum das so ist, bekommt man zur Antwort: „Das kenne ich schon von zu Hause so." Dann frage ich: „Was ist denn so schlimm daran, wenn man bei Tisch singt?" Ich will gar nicht darüber diskutieren, ob die Regel gut oder schlecht ist. Ich möchte nur wissen, warum diese Regel besteht und welches Ziel man damit verfolgt.

Wenn wir erst einmal über unsere Regeln nachdenken, werden wir nicht so schnell Gefangene irgendwelcher überkommener Traditionen.

Zweitens sind an der Abfassung guter Regeln Vater und Mutter gleichermaßen beteiligt. Beide sind in ganz unterschiedlichen Familientraditionen groß geworden. Jeder ist also an andere Regeln gewöhnt, und jeder bringt seine mit in die neue Familie. Da kommt es immer wieder zu Konflikten, weil sich bestimmte Regeln widersprechen. Diese Konflikte sollte man genauso behandeln wie jeden anderen Ehekonflikt. Wir sollten einander zuhören und ausreden lassen, die Gedanken des anderen respektieren, uns offen und ehrlich äußern und uns die Frage stellen: „Welchen gemeinsamen Nenner können wir finden?" Einen Kompromiß findet man eigentlich immer. Wenn ich z. B. glaube, eine 16jährige sollte um elf zu Hause sein, und meine Frau glaubt, sie sollte spätestens um zehn wieder zurück sein, dann kann man sich doch auf halb elf einigen. Wenn Sie der Meinung sind, es sei ordinär, wenn Kinder absichtlich rülpsen, aber Ihr Mann findet es eher lustig, dann könnten Sie sich auf folgenden Kompromiß einigen: Im Haus und im Auto wird Rülpsen nicht geduldet. Aber im Garten darf man es tun.

Neubewertung alter Regeln

Anfangs werden nur Vater und Mutter Regeln festlegen. Wenn die Kinder dann älter werden, kann man sie schon in diesen Prozeß mit einbeziehen, vor allem, wenn sie die Regel unmittelbar betrifft. Ihnen steht sicher nicht das letzte Wort zu, doch ihre Gedanken und Einwände sollten durchaus berücksichtigt werden. Durch die Beteiligung der Kinder lernen diese nicht nur, Gesetze zu befolgen, sondern sie auch sinnvoll zu gestalten.

Gute Regeln sind nachvollziehbar. Sie haben eine konkrete Funktion. Die alles entscheidenden Fragen sind immer: *Ist die Regel gut für das Kind? Wirkt sie sich positiv in seinem Leben aus?* Der folgende Fragenkatalog kann Ihnen als Anhaltspunkt dienen, wenn Sie eine bestimmte Regel beurteilen wollen:

- Bewahrt diese Regel das Kind vor Gefahren?
- Lernt das Kind durch diese Regel positive Charaktermerkmale wie Ehrlichkeit, Fleiß, Freundlichkeit oder die Bereitschaft zu teilen?

- Schützt diese Regel fremdes Eigentum (auch innerhalb der Familie)?
- Lehrt diese Regel den sorgsamen Umgang mit fremdem Eigentum?
- Lehrt diese Regel, Verantwortung zu übernehmen?
- Lernt das Kind durch diese Regel gute Manieren?

Wenn wir uns solche Fragen stellen, schützen wir uns davor, unnütze Regeln für die Familie festzulegen. Gute Regeln decken die Bereiche ab, für die wir Eltern besondere Verantwortung tragen. Wir wollen z. B. unsere Kinder vor Gefahren schützen. Wir möchten ja nicht, daß sie auf der Straße von einem Auto angefahren werden. Und unsere älteren Kinder sollen nicht an Drogen geraten. Wir möchten unsere Kinder mit positiven Charaktereigenschaften bekannt machen und ihnen unsere Werte und Ideale nahebringen. Wir möchten auch, daß unsere Kinder fremdes Eigentum achten. Wenn wir also verbieten, im Garten Fußball zu spielen, bewahren wir sie davor, die Fensterscheibe des Nachbarn zu zerschlagen. Wir möchten, daß sie mit ihren eigenen Sachen sorgsam umgehen. Die Regel, daß das Fahrrad nachts im Schuppen eingeschlossen wird, hat also durchaus ihren Sinn.

Wir möchten, daß unsere Kinder verantwortungsbewußte erwachsene Menschen werden, und uns ist klar, daß sie das in der Kindheit lernen müssen. Es macht deshalb Sinn, dem Kind Verantwortung dafür zu übertragen, regelmäßig sein Bett zu machen und das Zimmer zu saugen. Und wie steht es mit den guten Manieren? Es ist interessant, daß inzwischen viele Firmen dazu übergehen, ihre Mitarbeiter auch in guten Umgangsformen zu schulen, weil heutzutage das Benehmen unter den Kollegen von Ruppigkeit und Taktlosigkeit geprägt ist. Das ist wahrscheinlich auf einen Mangel an Unterweisung im Elternhaus zurückzuführen. Wenn Eltern glauben, daß sich ein „Bitte“ und ein „Danke“ einfach schöner anhört als ein „Gib mal“ und ein „Na also“, dann werden sie dafür sorgen, daß eine Familienregel daraus wird.

Regeln sollten klar formuliert sein. Eltern gehen oft einfach davon aus, daß Kinder schon wissen, was sich gehört. Aber wenn Eltern sich auf eine Regel geeinigt haben, dann muß sie der ganzen Familie bekanntgegeben werden, und die Eltern müssen dafür sorgen, daß die Kinder die Regel auch ganz verstehen. Je älter die Kinder werden, desto ausführlicher muß man ihnen den Hintergrund einer Regel erklären. Wenn Kinder sich wirklich von ihren Eltern geliebt fühlen, erkennen sie meist den

Wert dieser Regeln. Wer Familienregeln aufstellt, sollte sich beraten lassen von anderen Eltern, von Lehrern und Angehörigen. Man kann aber auch ein Buch zum Thema lesen. Die besten Regeln entstehen jedenfalls durch gut informierte Eltern.

Gute Familienregeln sind nicht für die Ewigkeit geschaffen. Wenn Sie beobachten, daß eine bestimmte Regel eher schadet als nützt, dann sollten Sie bereit sein, sie abzuschaffen. In unserer Familie war es zu Anfang nicht erlaubt, bei Tisch zu singen. Doch uns wurde bald bewußt, daß dies eine übernommene Tradition aus unseren eigenen Elternhäusern war, und sie paßte auch gar nicht in unsere Vorstellung von einer fröhlichen Tischgemeinschaft. Immerhin spielt meine Frau verschiedene Instrumente, und auch ich bin ein Musikliebhaber. Wir kamen deshalb zu dem Schluß, daß diese Regel wieder abgeschafft werden müsse. Jeder, dem danach war, durfte nun auch bei Tisch ein Lied anstimmen (aber nicht mit vollem Mund).

Wir erstellen eine Hausordnung

Schreiben Sie doch einmal alle Regeln, die in Ihrem Haus gelten, auf ein Blatt Papier. Wenn einzelne Regeln nur für bestimmte Personen gedacht sind, schreiben Sie am besten die Namen dahinter.

Schauen Sie sich nun die einzelnen Regeln an, und fragen Sie sich bei jeder einzelnen: *Hat diese Regel einen Sinn?* Haben wir diese Regel bewußt geschaffen, oder haben wir sie nur gedankenlos übernommen? Haben wir uns Zeit genommen, das Für und Wider zu erörtern? Was lernen die Kinder dadurch?

Stehen beide Eltern dahinter? Sind Vater und Mutter an der Entstehung dieser Regel beteiligt gewesen, oder hat sie nur einer vor Jahren spontan in einer bestimmten Situation erfunden? Wenn Ihre Kinder alt genug sind, haben Sie sie in die Diskussion mit einbezogen? Glauben Sie, daß die Regel allen Beteiligten gegenüber fair ist?

Ist die Regel sinnvoll? Dient sie einem konkreten Ziel? Denken Sie immer daran: Die wichtigste Frage ist immer, ob sie dem Kind dient.

Ein weiterer Bereich, der beim Aufstellen von Regeln beachtet werden muß, umfaßt folgende Fragen: *Sind sich Eltern und Kinder über den Inhalt der Regel vollkommen im klaren?* Ein Kind, das für die Übertretung einer nicht verständlichen Regel bestraft wird, wird sich unfair behandelt fühlen.

Nach dieser Bestandsaufnahme sollten sie die Regeln verändern oder abschaffen, die nach einhelliger Meinung keinen Wert mehr haben. Wenn Sie keine Übereinstimmung erzielen, müssen Sie weiter verhandeln und nach Kompromissen suchen. Das mag bedeuten, daß Sie noch das eine oder andere Buch lesen, mit anderen Eltern reden oder einen Seelsorger um Rat fragen. Außerdem sollten Sie sich fragen, ob noch weitere Regeln nötig sind, damit Ihre Kinder fürs Leben lernen.

Konsequenzen

Auf dem Schild am Straßenrand stand: „Abfall aus dem Fenster – Sie zahlen 100 Dollar!" Und sogleich stopfte ich das Papier von meinem Schokoriegel unter die Fußmatte. Ich hatte keine Lust, dem Staat 100 Dollar zu schenken. Doch der Schmutz an den Fahrbahnrändern ist Beweis dafür, daß die angedrohte Strafe längst nicht jeden zum Gehorsam motiviert. Das gilt ganz allgemein: Wir lernen Gehorsam nicht nur durch angedrohte Konsequenzen. Als Freund von Sauberkeit fand ich es schon immer schöner, auf einer Straße zu fahren, deren Ränder nicht mit Dosen, Zigarettenschachteln und Beuteln verschmutzt sind. Es ist also auch mein Bedürfnis nach Ästhetik, das mich zurückhält, Schokoladenpapier aus dem Fenster zu werfen. Allerdings muß ich zugeben, daß die 100 Dollar mich noch zusätzlich davon abhalten, eine kleine Sünde zu begehen.

Wer Gesetze des Staates bricht, muß mit Konsequenzen rechnen. Ein gesellschaftliches Problem ist es allerdings, daß in den letzten Jahren diese Konsequenzen durch die langsamen Mühlen der Justiz und eine allzu lasche Rechtsprechung immer weniger zu spüren sind. Diese beiden Faktoren haben meiner Meinung nach maßgeblich dazu beigetragen, daß in den letzten zwanzig Jahren die Zahl der Rechtsbrüche immer mehr zugenommen hat. Wer hier etwas tun will, muß dafür sorgen, daß jeder Rechtsbruch spürbare Konsequenzen hat.

Das gleiche Prinzip gilt auch in der Familie. Gehorsam lernt man am besten, wenn man die Suppe auslöffeln muß, die man sich eingebrockt hat. Eine disziplinarische Maßnahme darf ruhig ein bißchen unangenehm sein. Wenn das Fenster des Nachbarn durch einen im Garten gekickten Fußball in die Brüche geht, dann muß man sich eben beim Nachbarn persönlich entschuldigen und von dem mühsam durch einen Job verdienten Geld den Schaden – wenigstens zum Teil – begleichen. Das nächste Mal wird dann wahrscheinlich gleich im Park gespielt und nicht mehr im Garten.

Wird der Jugendliche mehrfach beim Rauchen erwischt, obwohl das gegen eine Ihrer Regeln verstößt, ist eine den Einkünften angemessene Spende an die Herzstiftung des Landes fällig. Vielleicht müssen noch ein paar Artikel über die Gefahren des Rauchens gelesen werden. Das wird dann hoffentlich abschreckend genug sein und die Überzeugung wachsen lassen, daß Rauchen für Kamele ist und nicht für Kinder.

Diese Beispiele sollen zeigen, daß die Strafe möglichst etwas mit dem Problem zu tun haben sollte. Sie sollte nicht willkürlich aus der Luft gegriffen sein. Am besten ist es, disziplinarische Maßnahmen bereits gemeinsam mit der Familie festzulegen, wenn die Regel aufgestellt wird. Das hat den Vorteil, daß das Kind schon im voraus weiß, was es erwartet. Und es bewahrt die Erwachsenen davor, sich im Eifer des Gefechts unsinnige Strafen auszudenken.

Wenn die Kinder älter werden, kann man sie an der Entscheidung darüber, welche Strafmaßnahmen angemessen sind, teilhaben lassen. Sie werden dabei feststellen, daß sie manchmal härter gegen sich selbst sind, als wir es erwarten würden. So schlug mein Sohn vor, daß er zwei Tage nicht Fußball spielen dürfe, wenn er den Ball abends irgendwo liegenließe. Ich hätte mich wahrscheinlich nur für einen Tag entschieden. Doch da Derek der Meinung war, zwei Tage seien angemessen, stimmte ich zu. Wenn die Kinder mitentscheiden dürfen, werden sie disziplinarische Maßnahmen viel eher als sinnvoll akzeptieren. Das letzte Wort müssen allerdings immer noch die Eltern haben. Eine vom Kind vorgeschlagene Strafe, die nicht wirklich unangenehm ist, verfehlt ihr Ziel, weil die Folgen einer Übertretung nicht unangenehm genug sind. Gehorsam lernt nur der, der unter den Folgen seines Fehlverhaltens wenigstens ein bißchen leidet.

Manchmal machen die Strafmaßnahmen aber auch den Eltern noch zusätzlich das Leben schwer. Ein Ausgehverbot hat möglicherweise zur Folge, daß wir uns selbst auf den Weg machen müssen, oder die Kinder hängen den ganzen Tag im Haus herum und werden schrecklich lästig. Aber so ist das mit dem Ungehorsam: Es sind fast immer auch andere betroffen. Ein angetrunkener Autofahrer schädigt oft nicht nur sich selbst, sondern gefährdet das Hab und Gut oder gar das Leben anderer.

Ich werde oft gefragt, was ich von einer Tracht Prügel halte. Allgemein kann man feststellen, daß vor allem die Eltern ihre Kinder schlagen, die ungeduldig und jähzornig sind und nicht lange über angemessene Strafmaßnahmen nachdenken wollen. Meiner Meinung nach ist es allerdings viel sinnvoller, die Strafe in einen Zusammenhang mit der Übertretung zu bringen. So ist es sicher sinnvoller, den Sohn, der Nachbars Fensterscheibe zertrümmert hat, sich beim Nachbarn entschuldigen zu lassen und ihm das Taschengeld zu kürzen, als ihn mit einer Tracht Prügel zu bestrafen. Schläge sind kein Allheilmittel gegen mangelnde Folgsamkeit. Wer zuschlägt, beweist eher, daß er keine Zeit in seine Erziehungsmaßnahmen investieren will.

Ein Klaps ist möglicherweise dann angebracht, wenn sich ein kleines Kind immer wieder als Provokation in Gefahr begibt, indem es schnell mal auf die Fahrbahn rennt oder wiederholt bei den Haushaltschemikalien erwischt wird. Wenn hier keine mündlichen Verwarnungen fruchten, sollte das Kind wissen, daß es mit einem Klaps rechnen muß. Einen Klaps auf den Po sollte es wirklich nur dann geben, wenn das Kleinkind sonst gar nicht hört! Schläge bei größeren Kindern und Jugendlichen können sogar das Gegenteil bewirken und erst recht eine innere Rebellion hervorrufen. Wichtig ist, daß Schläge vom Kind niemals als ungerecht und als Ausdruck von Haß und Ablehnung verstanden werden dürfen.

Wenn Sie Strafen nicht eindeutig festgelegt haben und sie spontan aus der Situation heraus verhängen, wird es immer wieder vorkommen, daß Ihr Partner überhaupt nicht damit einverstanden ist. Es ist immer leichter, sich vorher in aller Ruhe zu einigen als im Eifer des Gefechts. Wenn Sie bestimmte Strafen festgelegt haben, sollten alle Familienmitglieder darüber informiert werden. Das erhöht die Akzeptanz und verhindert Streit zwischen den Eltern. Derjenige, der gerade vor Ort ist, spricht die Strafe aus. Aber er weiß, daß der abwesende Partner hinter dieser Maßnahme steht.

Wenn eine Regel übertreten wurde und die verabredete Strafe verhängt werden muß, ist es sehr wichtig, daß das Kind immer noch die Liebe seiner Eltern spürt. Vorzugsweise wird man sich dabei der persönlichen Liebessprache seines Kindes bedienen. Nehmen wir an, Ihr Sohn hat im Wohnzimmer Fußball gespielt, was eindeutig verboten war. Die verabredete Strafe dafür ist, daß der Ball zwei Tage im Kofferraum des Autos eingeschlossen wird. Wenn etwas durch den Fußball beschädigt wird, muß sich das Kind an der Wiederbeschaffung oder Reparatur mit seinem Taschengeld zumindest beteiligen.

Brian hatte eine solche Regel übertreten. Und dabei war auch noch eine Vase zu Bruch gegangen. Die Vase hatte einen Wert von 30 Dollar.

Nehmen wir an, Brians persönliche Liebessprache ist Lob und Anerkennung. Dann sagt seine Mutter vielleicht: „Brian, ich denke, du weißt, daß ich dich sehr liebhabe. Normalerweise hältst du dich ja auch an die Regeln. Das finde ich sehr gut. Ich finde auch toll, wie gut du dich in der Schule machst. Aber wenn du dich nicht an unsere Abmachungen hältst, mußt du die Konsequenzen tragen. Du weißt ganz genau, daß du im Wohnzimmer nicht Fußball spielen darfst. Du kennst die Regel, und du kennst die Strafe. Leg den Ball also in den Kofferraum. Und da bleibt er dann zwei Tage. Du weißt auch, daß du mit deinem Taschengeld für angerichtete Schäden aufkommen mußt. Die Vase können wir nicht mehr kleben. Wir werden dir also in den nächsten Wochen immer einen Betrag abziehen, bis der Kaufpreis zusammengekommen ist. Das wird ziemlich unangenehm für dich werden. Du wirst dir manches nicht kaufen können, was du dir vorgenommen hast. Aber wir alle müssen lernen, daß es uns etwas kostet, wenn wir Regeln übertreten."

„Aber Mutti, es ist doch bald Weihnachten. Da brauche ich das Geld, um Geschenke einzukaufen! Ich kann es mir im Moment gar nicht leisten, soviel Geld zu verlieren", protestiert Brian.

„Das verstehe ich, Brian, und mir ist klar, daß du mit den Abzügen Probleme haben wirst, etwas zu kaufen. Aber du weißt auch, daß wir uns auf diese Strafe geeinigt haben. Ich muß mich daran halten, was wir verabredet haben. Du weißt, daß ich dich liebhabe. Aber gerade deswegen trage ich die Verantwortung, daß du fürs Leben lernst, Regeln einzuhalten." Die Mutter kann nach diesen Worten ihr Kind in den Arm nehmen und es an sich drücken. Auch wenn es mit den Konsequenzen leben muß, so spürt es dennoch die Liebe seiner Eltern.

Was geschieht aber im Normalfall, wenn die Mutter hört, daß etwas im Wohnzimmer zerbrochen worden ist? Sie stürzt ins Zimmer, sieht, wie Brian den Fußball ergreift, und schreit: „Ich habe dir tausendmal gesagt, daß du im Wohnzimmer nicht Fußball spielen sollst. Guck dir an, was du angerichtet hast. Die Vase stammt noch von meiner Großmutter. Sie ist dreißig Jahre alt. Die kann man gar nicht mehr bezahlen. Du hast sie kaputtgemacht. Wann lernst du das eigentlich? Du benimmst dich wie ein Zweijähriger. Ich weiß nicht mehr, was ich mit dir machen soll. Mach, daß du rauskommst!" Und beim Vorübergehen bekommt Brian einen Klaps auf den Hosenboden. Welche dieser beiden Methoden wird wohl Brian eher dazu bewegen, sich in Zukunft an die Regeln zu halten?

Seien Sie ehrlich: Welche Methode entspricht mehr Ihrer Vorgehensweise, wenn eins Ihrer Kinder eine Regel übertritt? Welche Methode ist

Ihrer Meinung nach effektiver? Ich denke, die meisten Eltern werden es besser finden, eine Regel klar zu definieren, die Konsequenzen vorher festzulegen und im Falle eines Falles liebevoll und konsequent auf der Bestrafung zu bestehen. Diese Vorgehensweise ist besser für das Kind, weil es etwas daraus lernt, und besser für die Eltern, weil sie die Nerven schont.

Wie wir bestrafen sollten

Sind die Regeln erst einmal festgelegt und weiß das Kind über die Konsequenzen einer Übertretung Bescheid, dann ist es Aufgabe der Eltern, diese Regeln auch durchzusetzen. Wenn Eltern an einem Tag Fehlverhalten durchgehen lassen und beim nächsten Mal mit größter Strenge reagieren, dann sind sie auf dem besten Weg, sich ein ungehorsames Kind heranzuziehen, das keinen Respekt kennt. Inkonsequenz gehört zu den größten Fehlern, die Eltern in der Erziehung machen können. Wenn man zu Folgsamkeit erziehen will, ist es deshalb ganz wichtig, so schnell wie möglich nach der Tat die Konsequenzen folgen zu lassen.

„Doch manchmal bin ich so müde und abgespannt. Ich habe dann einfach nicht mehr die Kraft, so konsequent zu reagieren", wenden Sie jetzt vielleicht ein. Da kann ich nur sagen: „Willkommen im Club der ganz normalen Menschen!" Wir sind alle ab und zu abgespannt. Wer ist nicht als Vater oder Mutter manchmal ausgebrannt? Aber das Wohl unserer Kinder geht immer vor. In solchen Situationen müssen wir eben aus Liebe zu unseren Kindern unsere letzten Reserven mobilisieren.

Wenn Sie sich schon im voraus über Strafmaßnahmen Gedanken gemacht haben, vermeiden Sie, daß Sie im Zustand der Erschöpfung wichtige Entscheidungen treffen müssen. Ihre Aufgabe beschränkt sich dann nur noch darauf, die Bestrafung auch durchzusetzen, indem Sie ausführen, was Sie einmal festgelegt haben. Auf diese Weise werden Sie weniger versucht sein, zu schreien oder zu schlagen. Die Strafe steht schließlich schon fest.

Mary kommt von der Schule nach Hause. Die Mutter begrüßt sie mit einer Umarmung. Sie hat ein paar Kekse hingestellt und erkundigt sich nach dem Verlauf des Schultages. Dann sagt die Mutter zu ihrer Tochter: „Mary, du weißt doch, was wir verabredet haben: Wenn du morgens das Haus verläßt, ist dein Zimmer halbwegs aufgeräumt, und dein Bett ist gemacht. Heute war dein Bett wieder nicht gemacht, und dein T-Shirt für die Nacht lag auf dem Boden. Du kennst die Strafe: Du hast heute abend Fernsehverbot. Mach ordentlich Schularbeiten, und dann kannst du etwas lesen. Aber es wird nicht ferngesehen. Du weißt, daß ich dich liebhabe, aber du sollst ja lernen, Ordnung zu halten."

„Aber Mutti, heute abend läuft doch meine Lieblingssendung. Alle in meiner Klasse werden sich morgen darüber unterhalten, und ich kann nicht mitreden. Bitte, laß mich heute abend die Sendung sehen! Dafür sehe ich dann morgen nicht fern. Bitte, Mutti, bitte!"

Die Mutter antwortet: „Ich verstehe ja, daß du dir das so sehr wünschst. Aber wir haben nun mal eine Verabredung getroffen, und du warst damit einverstanden. Tut mir echt leid, aber du kannst heute abend nicht gucken." Die Mutter bleibt freundlich, aber konsequent, so sehr Mary auch bettelt. Aber Mary lernt etwas fürs Leben daraus: Was wir tun, hat immer Konsequenzen.

Wenn die Mutter freundlich, aber konsequent bleibt, wird ihre Tochter in Kürze eine ordentliche Hausgenossin sein, die immer ein gemachtes Bett hinterläßt. Wenn die Mutter jedoch nachgibt und nicht darauf achtet, daß Mary die Suppe auslöffelt, die sie sich eingebrockt hat, dann wird sie ihrer Tochter noch die Betten machen, wenn diese schon 15 ist. Dieses Beispiel aus der Praxis zeigt, wie wir bei disziplinarischen Maßnahmen vorgehen sollten: (1) Wir stellen sicher, daß sich das Kind geliebt fühlen kann. In unserem Beispiel wurde die Tochter umarmt, es standen ein paar Kekse auf dem Tisch, und die Mutter erkundigte sich, wie der Schultag war. (2) Wir sagen klipp und klar, daß eine Regel übertreten worden ist und erinnern das Kind an die verabredeten Konsequenzen. (3) Dann stellen wir sicher, daß das Kind die Konsequenzen auch zu spüren bekommt. Wir hören uns zwar die Einwände an, die das Kind vorbringt. Doch wir stehen zu unserem Wort und machen dem Kind klar, daß es die Folgen seines Fehlverhaltens tragen muß.

Oft leiden die Eltern genauso darunter wie ihre Kinder. Da hat z. B. eine Mutter mit ihrem Sohn besprochen, daß er am nächsten Tag nicht zum Training darf, wenn die Schularbeiten nicht vollständig gemacht sind. Dann hat Johnny tatsächlich eines Tages seine Schularbeiten nicht gemacht. Der Vater kündigt an, daß er am nächsten Tag nicht zum Training darf. „Aber Papa, am Samstag haben wir das große Spiel. Wenn ich morgen nicht zum Training erscheine, darf ich nicht mitspielen. Auf dieses Spiel habe ich schon so lange gewartet. Bitte, Papa, tu mir das nicht an!"

„Mein lieber Sohn, ich tue dir gar nichts an. Du hast dir selbst etwas angetan. Du kanntest die Regeln für deine Hausaufgaben. Du hattest genügend Zeit, sie zu machen. Aber du hast ja lieber ferngesehen und mit Michael gespielt. Tut mir echt leid. Aber wir haben eine Abmachung."

„Ach, Papa, du weißt, wieviel mir das Spiel bedeutet. Ich gehe dann nächste Woche nicht zum Training. Aber laß mich morgen gehen, Papa."
Was soll der Vater tun? Die Antwort ist einfach. Aber die Ausführung fällt nicht leicht. Seien Sie freundlich, aber konsequent. Ein verpaßtes Spiel wird der Karriere Ihres Kindes nicht schaden. Aber es wird ihm eine Lehre sein. Es wird lernen, daß übertretene Abmachungen schmerzliche Konsequenzen haben können. Diese Erkenntnis motiviert Kinder, gehorsam zu sein.

Solche Strafen müssen immer in einem Geist der Liebe ausgesprochen werden. Die Emotionen sollten unter Kontrolle bleiben. Und es sollte weder geschrien noch geschimpft werden. Das Kind muß sich bewußt werden, daß auch wir als Eltern leiden, wenn es ein Spiel nicht mitmachen kann. Aber es muß begreifen, daß das Leben nun einmal so ist: Wenn jemand Regeln übertritt, leiden häufig viele Unbeteiligte darunter. Durch das Erleiden einer Strafe lernt das Kind Gehorsam; und durch die Konsequenz der Eltern lernt es, sie zu ehren.

19. Wie Kinder Respekt lernen

Pädagogen und Soziologen sind sich darin einig, daß sich die Art, wie ein Kind erzogen wird, nachhaltig auf sein späteres Leben auswirkt. Wir werden sein Schicksal nicht vorprogrammieren können. Aber die Spuren unseres Einflusses werden doch ein Leben lang zu verfolgen sein.

Ältere Kinder sind sich dieser Tatsache oft schon bewußt. Ein Freund von mir erzählte eines Tages, daß er im Eifer des Gefechts seine Tochter wütend fragte: „Wirst du je im Leben etwas zustande bringen?" Worauf sie spontan antwortete: „Bei meinem Erbgut und meiner Umgebung habe ich da große Zweifel." Mit dieser für den Vater ernüchternden Reaktion spielte sie auf die Tatsache an, daß zwei Faktoren die Entwicklung eines Kindes beeinflussen: das Erbgut und die Umgebung. Das Erbgut wird im Augenblick der Empfängnis festgelegt. Doch die Umgebung ist zwanzig Jahre lang der zweite bestimmende Faktor, und diesen können die Eltern weitgehend beeinflussen.

Es gibt keine Erziehungsformel, die alles abdeckt. Die Eltern sind alle unterschiedlich, und kein Kind gleicht dem anderen. Diese Unterschiede machen sich natürlich in der Entwicklung der Kinder bemerkbar. Es gibt allerdings ein paar Grundprinzipien, die allgemein gelten. Es sind ganz einfache Prinzipien, die jeder versteht. Die erste und wichtigste Grundregel ist natürlich, daß das Kind geliebt werden muß. Zweitens müssen Kinder unterrichtet und belehrt werden, und drittens müssen sie lernen, Autoritäten anzuerkennen. Es gab und gibt keine Kultur ohne gesellschaftliche Autoritäten als stabilisierendes Gerüst. Den Respekt vor Autorität lernt man am besten dort, wo die Eltern ihre Kinder lieben, ihnen realistische Leitlinien vorgeben und sicherstellen, daß sie die Konsequenzen von Übertretungen zu spüren bekommen. Wer diese Grundregeln beachtet, der zieht Kinder groß, die ihre Eltern respektieren und ehren.

Die Frage bleibt: Wie entwickeln wir die Fähigkeit, unsere Kinder zu Gehorsam und Respekt zu erziehen? Wir Eltern stehen in der Verantwortung, diesbezüglich Entscheidungen zu treffen. Wir dürfen nicht einfach das Schema übernehmen, das wir in unserem eigenen Elternhaus kennengelernt haben. Bevor wir den Kurs abstecken, den wir einschlagen wollen, müssen wir allerdings erst einmal unseren Ausgangspunkt bestimmen. In seinem Buch *Bevor der Kragen platzt*[1] schreibt Ross Campbell, Forschungen hätten belegt, daß ca. 25 Prozent aller Kinder von der Anlage her folgsame und anpassungsfähige Kinder sind, während 75 Prozent eher aggressiv gegen elterliche Autorität aufbegehren. Wie in anderen Bereichen der ehelichen Beziehung ziehen sich auch im Erziehungsstil Gegensätze an. Deshalb kommt es auch gerade in Erziehungsfragen so oft zum Streit zwischen den Eheleuten, vor allem wenn es um die Folgsamkeit der Kinder geht. Unsere eigene Einstellung zur Autorität spiegelt sich in unserem Erziehungsstil wider.

Wenn aus Ihrer Sicht die eigenen Eltern willkürlich und lieblos Regeln aufgestellt und ungerechtfertigt strenge Strafen auferlegt haben, dann könnte es sein, daß Sie bei Ihren eigenen Kindern nun eine von zwei extremen Richtungen einschlagen. Entweder Sie tun dasselbe, was Ihre Eltern getan haben, obwohl Sie das als Kind verachtet haben. Das ist meist der bequeme Weg, den sehr viele Eltern einschlagen. Ein Beleg dafür sind die Forschungsergebnisse, nach denen Eltern, die selbst als Kind mißhandelt worden sind, später auch ihre eigenen Kinder mißhandeln und mißbrauchen. Es könnte aber auch sein, daß Sie den Erziehungsstil Ihrer Eltern derart ablehnen und deshalb genau das Gegenteil machen: Sie setzen Ihren Kindern kaum Grenzen und sind selten konsequent. Die Folgen sind bei beiden Extremen die gleichen. Die Kinder wachsen auf mit wenig Respekt vor Autorität. Sie sind deshalb kaum bereit, ihre Eltern zu respektieren.

Eltern mit einem gesunden Erziehungsstil werden ganz instinktiv den goldenen Mittelweg finden. In diesem Kapitel will ich Ihnen helfen, diesen mittleren Weg zu finden. Als erstes möchte ich Ihnen vorschlagen, sich als Ehepaar zusammenzusetzen und gemeinsam zu überlegen, welche Erfahrungen Sie jeweils in Ihrer Kindheit gemacht haben. Versuchen Sie, ehrlich die Frage zu beantworten, wie sehr die Erziehungsmethoden Ihrer Eltern Ihren eigenen Erziehungsstil beeinflußt haben. Wenn Sie als Ehepaar diesbezüglich sehr unterschiedliche Auffassungen haben, sind

Sie sicher schon bei vielen Gelegenheiten aneinandergeraten. Als erstes müssen Sie unbedingt diesen Kleinkrieg beenden und einen gemeinsamen Nenner finden. Wenn es Ihnen beiden allerdings nicht gelingt, ohne Streit über Ihre Kindheitserfahrungen und über Ihren Erziehungsstil zu reden, dann sollten Sie einen Seelsorger hinzuziehen. Er kann als „Schiedsrichter" und „Katalysator" fungieren, so daß Sie nüchtern und ohne Gefühlsausbrüche Ihre Bestandsaufnahme schaffen.

Die eigenen Eltern respektieren und Vorbild sein

Vielleicht müssen Sie ja auch erst selbst lernen, Ihre eigenen Eltern zu respektieren und zu ehren. So manch einer meiner Leser wendet jetzt vielleicht ein: „Vor meinen Eltern kann man keinen Respekt haben. Wie soll ich sie da ehren? Sie haben mich hart und unmenschlich behandelt. Sie verdienen keinen Respekt." Es stimmt, daß manche Eltern keinen Respekt *verdienen.* Das bedeutet aber nicht, daß sie nicht trotzdem diesen Respekt bekommen sollten. Wenn Sie sie nicht wegen ihres Charakters und ihres Verhaltens respektieren können, dann sollten Sie es wegen ihrer Stellung zu Ihnen tun. Sie befürworten damit nicht ihr schlechtes Benehmen. Aber Sie erkennen an, daß es immerhin noch Ihre Eltern sind.

Wenn Sie sich willentlich entscheiden, ihr Versagen in einer Schachtel zu verstauen und diese in Ihr Bücherregal zu stellen, dann entdecken Sie vielleicht doch noch genug bisher verdeckte Gründe, sie zu respektieren. Das wird Ihr Verhalten verändern, so daß Ihre Kinder schon jetzt beobachten können, wie sie in vierzig Jahren mit *Ihnen* umgehen sollen. Das heißt allerdings nicht, daß der Inhalt der Schachtel nie wieder begutachtet werden darf. Es sollte jede Gelegenheit genutzt werden, möglichst gemeinsam mit den Eltern die Vergangenheit aufzuarbeiten. Und dazu muß man in die Schachtel schauen. Das sollte Sie aber niemals davon abhalten, den Eltern Respekt zu zollen.

Wie Respekt zum Ausdruck kommt

Die Kinder lernen irgendwann, daß die Eltern ihnen etwas bedeuten. Sie merken, daß sie geliebt werden und daß die Eltern vieles für sie opfern. Wie aber lernt ein Kind, wie es sich dafür seinen Eltern gegenüber verhalten soll? Hier wirkt das Vorbild am stärksten. Das Kind beobachtet, wie die Eltern respektvoll mit anderen Menschen umgehen. Wenn die Großeltern in der Nähe wohnen und man sich häufig gegenseitig besucht, dann erleben die Kinder mit, wie die Eltern ihre eigenen Eltern behandeln. Wenn den Eltern offensichtlich das Wohl der Großeltern am Herzen liegt und man freundlich und zuvorkommend miteinander umgeht, dann haben die Kinder ein positives Vorbild vor Augen. Wenn andererseits die Kinder mitbekommen, wie die Eltern die Großeltern unwillig empfangen und abweisend mit ihnen umgehen, dann lernen sie auch etwas daraus. Aber sie lernen auf keinen Fall Respekt vor den eigenen Eltern.

Ein Ehepaar hatte die Mutter der Frau bei sich aufgenommen, allerdings mit sehr viel inneren Widerständen. Wegen ihrer Gebrechlichkeit konnte die Mutter nicht mehr sauber essen. Irgendwann entschloß sich die Tochter, die Mutter an einem Extratisch und zeitlich versetzt ihre Mahlzeiten einnehmen zu lassen. Sie meinte, daß dies die beste Lösung für die Familie sei. Eines Tages hatte sie zur Mutter scherzhaft gesagt: „Irgendwann müssen wir dir noch einen Trog vorsetzen, weil du so klekkerst."

Am Abend beobachtete der Mann, wie sein Sohn auf dem Hof Bretter zusammennagelte. Er fragte ihn: „Was baust du denn da?" Der Junge antwortete: „Ich baue für Mutti einen Trog, wenn sie mal alt ist." Kinder sind gute Beobachter!

Wenn die Großeltern nicht in der Nähe wohnen, dann bekommen die Kinder dennoch mit, wie wir miteinander am Telefon reden und wie wir Eltern nach einem solchen Telefonat über die Eltern herziehen. Sie merken, ob wir Karten und Briefe schreiben oder Geschenke kaufen. Lassen Sie doch die Kinder Ihre Briefe an die Großeltern lesen, wenn sie nett geschrieben sind. Auch dadurch lernen sie, wie man seine Eltern ehrt.

Auch wie Sie als Ehepaar einander respektieren, hat Vorbildfunktion für Ihre Kinder. Wenn Sie an Hochzeitstage mit kleinen Geschenken erinnern, vor den Kindern einander Komplimente machen und sich lobend über ein gutes Essen äußern, dann zeigen Sie Ihren Kindern, wie man einander respektiert und ehrt. Wenn Sie allerdings vor den Kindern immer nur auf die Schwächen des anderen hinweisen und sich über ihn beklagen, dann erziehen Sie Ihre Kinder zu ewig unzufriedenen Menschen. Irgendwann werden Sie Ihre eigenen kritischen Äußerungen aus dem Mund der Kinder hören. Dann aber sind Sie gemeint!

Meine Frau hat in Gegenwart der Kinder immer wieder hervorgehoben, was für ein guter Ehemann ich für sie sei, und die Kinder glaubten ihr. So war ich gezwungen, mich diesem positiven Bild entsprechend zu verhalten. Ich habe mich hin und wieder gefragt, ob das nicht überhaupt ihre Absicht gewesen ist. Jedenfalls hat es funktioniert. Ich muß immer schmunzeln, wenn ich höre, wie meine verheiratete Tochter nach diesem Vorbild über ihren Ehemann redet und seine positiven Eigenschaften vor anderen hervorhebt.

Kinder lernen auch, die Eltern zu respektieren und zu ehren, indem sie beobachten, wie diese mit Kollegen, Pastoren und anderen Menschen in ihrem Umfeld umgehen. Wenn Sie höflich, freundlich und zuvorkommend auf andere Menschen zugehen, ihnen kleine Aufmerksamkeiten zukommen lassen und sie mit Komplimenten erfreuen, dann säen Sie eine gute Saat für Ihre Kinder.

Wie wir es lernen, Respekt zu lehren

Wie zeigen Kinder ihren Respekt vor den Eltern? Zunächst einmal, indem sie die Grundformen der Höflichkeit anwenden. Das ist am Anfang ein reiner Gehorsamsschritt. Schon Drei- oder Vierjährige können es sich angewöhnen, „Guten Tag“ und „Auf Wiedersehen“ zu sagen. Sie können es lernen, „Danke“ und „Bitte“ zu sagen und die Hand zu geben, wenn sie vorgestellt werden. Sie verstehen möglicherweise noch nicht, daß diese Floskeln und Gesten dem anderen signalisieren sollen, wie sehr man ihn für würdig hält, geschätzt und respektiert zu werden. Sie nehmen zunächst einfach nur zur Kenntnis, daß „man“ die Hand gibt und daß der andere sich offensichtlich darüber freut. Aber sie gewöhnen sich an etwas, was erst mit acht oder neun als Ausdrucksform von Respekt erkannt wird.

Welche guten Umgangsformen sollen nun unsere Kinder ganz konkret lernen? Setzen Sie sich zusammen, und stellen Sie eine entsprechende Liste zusammen. Darin könnten folgende Punkte enthalten sein: Man entschuldigt sich, wenn man jemand auf den Fuß getreten hat, hilft Frauen in den Mantel und bietet an, die Lebensmittel hereinzutragen, wenn Mutter oder Vater vom Einkaufen kommen. Man bedankt sich mündlich oder schriftlich, wenn man etwas geschenkt bekommen hat. Man redet nicht mit vollem Mund, unterbricht andere nicht, wenn sie reden. Man schnüffelt nicht in den Sachen anderer Leute, drängelt sich nicht vor, wirft Müll in den Abfalleimer und lobt das Essen, wenn man eingeladen ist. Das sind nur einige Beispiele.

Wenn Sie diese Liste fertiggestellt haben, sollten Sie sich fragen, welche Punkte Ihre Kinder bereits erfüllen. Welche Punkte sollten Sie in nächster Zeit ansprechen? Überprüfen Sie Ihr eigenes Verhalten, und fragen Sie sich, ob Sie in diesem Bereich ein Vorbild für Ihre Kinder sind und welche praktischen Tips Sie Ihren Kindern geben könnten. Haben Sie z. B. Ihren Kindern schon einmal gezeigt, wie man einen netten Dankesbrief verfaßt?

Wenn Sie jemandem Respekt erweisen oder einfach nur nett zu anderen sind, dann sollten Sie darauf achten, daß die Kinder auch Ihre Motive erfahren. Sie lernen zwar durch Vorleben, doch wenn sie nicht erfahren, aus welchem Grund Sie beispielsweise der Tante einen Blumenstrauß zukommen lassen, dann verfehlt dieses Vorbild seine Wirkung, und Sie bekommen am Ende niemals Blumen von Ihren Kindern. Wenn sie andererseits mitbekommen, wie Sie für Ihre Mutter eine nette Grußkarte basteln, um ihr Ihre Zuneigung zu bekunden, werden die Kinder früh lernen, auch Ihrer Mutter einen Liebesbrief zu schreiben und zu basteln.

Wer seine Kinder liebevoll erzieht, der wird auch Respekt von ihnen ernten. Der Verfasser der Sprüche in der Bibel beschreibt am Schluß seines Buches, wie eine vorbildliche Ehefrau und Mutter sein sollte. Er schreibt: „Ihre Söhne stehen auf und preisen sie glücklich, auch ihr Mann erhebt sich und rühmt sie.“[2] Eine Frau, die sich so für ihre Familie einsetzt, muß um Anerkennung nicht betteln. Es ist ganz natürlich, daß Mann und Kinder sie respektieren und ehren. Das gleiche gilt natürlich für den Vater, der sich für seine Lieben einsetzt.

Ehre bekommt, wer sich ehrenhaft benimmt. Es ist interessant, daß in den Zehn Geboten ausgerechnet das vierte Gebot, in dem die Kinder aufgefordert werden, ihre Eltern zu ehren, das erste ist, dem eine Verheißung folgt: „Ehre deinen Vater und deine Mutter, damit du lange lebst in dem Land, das der Herr, dein Gott, dir gibt.“[3] Die Kinder sollen ihre Eltern zwar ohne Vorbedingungen ehren. Doch wenn die Eltern wirklich nach den restlichen neun Geboten leben, dann sind sie in der Tat würdig, von ihren Kindern respektiert und geehrt zu werden. Die ist auch die Herausforderung, mit der wir Eltern uns ständig konfrontiert sehen: Wir müssen unser Leben so führen, daß wir den Respekt der Kinder auch verdienen. Dann werden sie keine Mühe haben, uns zu ehren.

Anmerkungen

1. Ross Campbell, Bevor der Kragen platzt (Verlag der Francke-Buchhandlung GmbH)
2. Sprüche 31,28
3. 2. Mose 20,12

20. Wenn Kinder ihre Eltern ehren

Es war ein kalter Wintertag, und die Arbeit, die ich zu erledigen hatte, war ausgesprochen stressig gewesen. Doch die Erschöpfung war wie weggeblasen, als ich mein Büro betrat und folgenden Liebesbrief von meiner 19jährigen Tochter vorfand:

> *Lieber Papa,*
> *ich habe dich sehr, sehr lieb. Ich weiß, daß du hart arbeiten mußt und vielen Leuten hilfst. Ich schätze sehr, was du alles für mich tust. Ich bin sehr froh, daß du mein Vater bist.*
> *In Liebe*
>
> *Shelley*

Ich habe diesen Brief dann später am Eßtisch allen vorgelesen. Auch John, unser Gast, war dabei. Er sah mich lächeln, entdeckte aber wahrscheinlich auch, daß meine Augen feucht wurden. Das sind die besonders schönen Augenblicke im Leben eines Vaters oder einer Mutter. Es war Zahltag, und ich durfte meinen Lohn abholen. Es war der Lohn für viel Mühe und Einsatz. Wenn ein Kind diese Mühe schätzt und dies zum Ausdruck bringt, dann erscheint aller Einsatz als gute Investition – ob man Hunderte von Windeln gewechselt, unzählige Arztbesuche hinter sich gebracht oder viele Nächte durchwacht hat.

Beachten Sie bitte, daß ich erst das Kapitel über den Gehorsam geschrieben habe und dann erst das Kapitel über den Respekt. Das ist gleichzeitig eine chronologische Reihenfolge. Krabbelkinder sind noch nicht in der Lage, ihre Eltern zu respektieren und zu ehren. Bei ihnen dreht sich noch alles um ihr eigenes kleines Ich. Trotzdem sind sie schon imstande, Gehorsam zu lernen. Doch die Fähigkeit, andere Menschen zu schätzen und sie zu ehren, entwickelt sich erst später in der Kindheit.

Wer jemand in Ehren hält, drückt damit seinen Respekt und seine Wertschätzung aus. Zwar verdienen Eltern grundsätzlich Respekt für ihre Stellung den Kindern gegenüber. Immerhin haben sie ihnen das Leben geschenkt. Entscheidend dafür, daß eine heile Familie entsteht, ist aber eine höhere Ebene des Respekts. Es ist der Respekt, den sich die Eltern verdienen müssen.

Das ist manchmal harte Arbeit. Unsere Kinder erleben unsere Schwächen und schlechten Angewohnheiten mit. Und sie haben ein sichereres Gespür für unsere kleinen und großen Egoismen, als wir vermuten. Als Derek 15 war, hatten wir eine Auseinandersetzung, bei der auf beiden Seiten ziemlich unfreundliche Worte fielen. Als ich das Zimmer verließ und über unseren Streit nachdachte, meinte ich zunächst, von Derek ziemlich ungerecht behandelt worden zu sein. Doch dann meldete sich mein Gewissen. Und mir wurde bewußt, daß auch ich mich nicht sehr anständig benommen hatte. Ich hatte es vermasselt. So betete ich und bat Gott um Vergebung. Ich wußte auch, daß ich zu Derek gehen mußte, um mich zu entschuldigen. Bevor ich mich auf die Suche nach ihm machte, kam er zurück ins Zimmer.

„Derek, tut mir leid. Kannst du mir vergeben?“ fragte ich.

„Papa, ich war es doch, der unrecht hatte. Ich hätte so was nicht sagen sollen.“ Wir vergaben einander und freuten uns, daß wir es gelernt hatten, aufeinander zuzugehen und um Vergebung zu bitten.

Ein Ehrenmann oder eine Ehrenfrau ist jemand, der ein Gespür dafür hat, was richtig, gerecht und wahr ist, und der sein Leben danach einrichtet. David Livingstone wurde in Schottland geboren. Er lebte in einer Einzimmerwohnung mit sechs Familienangehörigen. Als Kind arbeitete er von halb sechs am Morgen bis acht Uhr abends in einer Baumwollspinnerei. Er wuchs auf wie viele Jugendliche seiner Zeit, aber knapp sechzig Jahre später wurde sein Leichnam aus Afrika überführt und neben vielen Größen der Weltgeschichte in der Westminster Abbey begraben. Die Schwarzen in Afrika, die ihn 1.500 Meilen durch den Dschungel trugen und ihm das letzte Geleit gaben, wußten so gut wie nichts über sein Heimatland. Aber sie waren sich einig, daß er nicht irgendwo im Busch begraben werden sollte. Immer wieder wurden sie auf ihrem Weg gewarnt, daß die Reise zu gefährlich sei, und man solle Livingstone doch lieber an Ort und Stelle begraben. „Nein, nein“, sagten sie, „großen Mann kann man nicht hier begraben.“[1] Livingstone wurde von Afrikanern und Briten gleichermaßen verehrt, weil er sein Leben für den Kampf gegen die Sklaverei eingesetzt hatte und weil er überzeugt war, sie zu besiegen, wenn er den Afrikanern den christlichen Glauben bringen würde. Er hatte sich aufgeopfert für das, was er als gerecht empfand. Die Menschen auf zwei Kontinenten ehrten ihn dafür. Hingabe flößt immer Respekt ein.

Die meisten Eltern werden nicht den Ruhm eines Livingstone erlangen, aber sie können den Respekt der eigenen Kinder verdienen. In einer heilen Familie werden die Kinder dann auch ihre Eltern wertschätzen und ehren.

Wie Kinder Wertschätzung zum Ausdruck bringen

Wenn die Kinder noch klein sind, ist ihre Fähigkeit, den Einsatz der Eltern zu schätzen, noch ziemlich unterentwickelt. Der Höhepunkt dieser Wertschätzung wird meist erst zwei oder drei Jahre, nachdem sie ausgezogen sind, erreicht. Erma Bombeck hat über den Grad der Wertschätzung geschrieben, die Kinder ihren Eltern entgegenbringen. Aus Sicht der Kinder nimmt die elterliche Klugheit von Jahr zu Jahr zu, bricht dann aber – wenn die Kinder pubertieren – plötzlich ein und erreicht nach einigen Jahren nie gekannte Höhen.

> *Es ist Zeit, daß jemand die Eltern einmal aufklärt. Es gibt acht Stufen elterlicher Intelligenz. Diese Stufen haben nichts mit der Zunahme bzw. Abnahme von Gehirnzellen zu tun. Durch sie ändert sich auch nicht der IQ oder die mentale Aktivität. Die Stufen kommen und gehen völlig unvermittelt und ohne Vorwarnung. Warum? Weil unsere Kinder es so wollen. Aus keinem anderen Grund.*
> *Stufe I ist wahrscheinlich unser Tiefpunkt. Wir haben einen Säugling im Haus, und wir sind so hilflos und unwissend wie nie zuvor. Aber das macht nichts, denn unser Kleines weiß ja noch weniger. Sein Blick verfolgt uns, was wir auch machen. Wir können den Finger erheben, und der Blick unseres Kindes heftet sich daran, ohne unser Tun zu hinterfragen. Unsere und seine Welt ist noch in Ordnung.*
> *Die Stufe II ist erreicht, wenn das Kind ungefähr zwei Jahre alt ist. Wir sind zu Wundertätern geworden. Wir heilen, indem wir den*

eingeklemmten Finger pusten. Wir kleben kaputte Bücher und setzen der Puppe den Kopf wieder auf wie ein weltberühmter Chirurg. Jetzt sind wir so richtig in Fahrt gekommen.

Mit der Stufe III sind die Eltern noch ganz gut im Rennen. Ohne uns der Gefahr bewußt zu sein, schicken wir unsere Kinder in die Schule. Immerhin lernen sie dort, daß auch andere Erwachsene nicht auf den Kopf gefallen sind ... Manche wissen offenbar sogar mehr als Mutti und Papa. Trotzdem sind wir intellektuell noch auf sicherem Boden.

Mit zwölf (Stufe IV) setzt der Niedergang ein. Das beginnt bei kleinen Dingen. Die Hilfe bei den Schularbeiten läßt plötzlich zu wünschen übrig, und wenn wir unseren Kindern zeigen wollen, wie man Schlittschuh fährt, landen wir auf dem Allerwertesten. Sie schauen uns manchmal an, als würden sie sich fragen, ob wir noch lange unseren Job als Erzieher behalten.

Mit der Stufe V sind die Kinder ungefähr 15, und wir scheinen uns mit erstaunlicher Geschwindigkeit zurückzuentwickeln. Dauernd wissen wir nicht mehr, was wir mal versprochen haben. Wir haben natürlich vergessen, daß wir auch mal jung waren. Wir wiederholen uns andauernd, sind öde und haben nichts anderes zu tun, als Telefongespräche zu belauschen. Und wir wiederholen uns, wenn wir ständig beteuern: „Ich bestrafe dich ja nur, weil ich dich liebhabe."

Die größte Veränderung tritt dann zwei Jahre später ein. Es ist die Stufe VI. Die Eltern sind Gruftis geworden. Man sagt nur noch „er" und „sie", wenn man über Vater oder Mutter redet und traut ihnen rein gar nichts mehr zu. („Wie habt ihr denn überhaupt Kinder gekriegt? Wahrscheinlich im Lotto gewonnen.")

Auf der Stufe VII sind die Kinder erwachsen geworden und die Eltern Kinder. Sie fahren einen im Auto zum Zahnarzt, bestimmen, was gegessen wird (Pizza), sind immer als erster am Telefon, bedienen alle technischen Geräte nach Gutdünken und bestimmen, wer ein- und ausgeht im Haus. („Ihr seid bei dem Lärm sicher ungestörter, wenn ihr auf euren Zimmern bleibt.")

Die Stufe VIII ist am Tag nach der Hochzeit erreicht. Über Nacht ist man wieder ein Genie. Wir kennen uns immerhin mit Finanzen, Bausparverträgen und der Heizungsanlage aus. Jetzt kommt eine schöne Zeit für uns. Schade nur, daß nicht alle Eltern so lange durchhalten.[2]

Die meisten Eltern größerer Kinder werden dieses Auf und Ab kennen. Wir können aber etwas tun, damit der Einbruch in der Pubertät nicht ganz so tief wird. Lehren wir unsere Kinder deshalb beizeiten, höflich zu sein, und wir werden auch die schwierigen Jahre gemeinsam überstehen. Tun wir alles, damit nach diesen Jahren die Wertschätzung unserer Kinder wieder echt und begründet sein kann.

Ein gesprochenes Wort der Anerkennung von unseren Kindern erfreut uns jedesmal. Doch aufgeschrieben, bewegt es uns um so tiefer. Zum Schluß möchte ich einen Aufsatz wiedergeben, den mein Sohn Derek geschrieben hat, als er in der dritten Klasse war. Die Kinder sollten sich selbst beschreiben:

Ich
von Derek Chapman
Ich bin ein großer Fußballer. Ich spiele gern Fußball, und ich schaue auch gern zu. Ich mache beides glaube ich ganz gut! Wir sind vier zu Hause, Zachäus, unser Hund, nicht mitgerechnet. Er ist halb Dackel, halb Pudel. Er ist sehr klein und wächst überhaupt nicht mehr. Ich mag auch einige Mädchen. Ich habe auch ein paar Freunde. Es gibt Leute, die mich kennen, die ich aber nicht kenne. Manchmal ruft jemand: „Hallo, Derek." Und dann sage ich: „Hallo", obwohl ich denjenigen gar nicht kenne. Ich hebe auch Gewichte. Ich halte mich fit durch Sport. Nun fällt mir nichts mehr ein. Nur noch, daß mein Vater und ich gute Freunde sind. Wir spielen oft zusammen.

Das war nur ein Aufsatz, aber ich merkte, daß mich da jemand in sein Herz geschlossen hatte. Solche Augenblicke sind der Lohn für viel Mühe und geopferte Zeit.

1993 schrieb mir dann mein Sohn folgendes Gedicht:

Vater
Dem, der leise warten konnte.
Dem, der auf mein Herz gehört hat.
Dem, der sanft mich führte.
Dem, der sich klaglos mühte.
Dem, der immer hörte.
Dem, der mich umsorgt hat.
Dem, der in mir lebt,
mein Vater.

Da ist Respekt vor einem Vater zur Reife gelangt. Erma Bombeck hat recht: Das ist der schönste Augenblick.

Ist Respekt und Wertschätzung den Kindern zur Herzenssache geworden, dann wird dies auch noch zum Ausdruck kommen, wenn sie längst erwachsen und wir Senioren geworden sind. Sie werden dann für uns dasein, für uns sorgen und uns Freude machen. Jedesmal, wenn ich meine betagten Eltern besuche, wird mir bewußt, daß ich damit zum Vorbild für meine Kinder werde. Unsere Tochter ist Ärztin, und unser Sohn ist Schriftsteller. Derek weiß ganz genau, daß er als Künstler nicht unbedingt auf Rosen gebettet sein wird. Deshalb denkt er schon an die Zukunft. Neulich sagte er zu seiner Mutter: „Mach dir keine Gedanken, Mutti. Wenn mal was mit Papa ist, wird Shelley bestimmt einen schönen Platz in einem Seniorenheim für dich finden, und ich komme dich dann regelmäßig besuchen."

Kinder ehren ihre Eltern mit allem, was sie an Zeit und Arbeit für sie investieren. Ein trauriges Schicksal haben allerdings die Eltern, deren Kinder abhängig oder kriminell werden und ein Leben ohne zwischenmenschliche Wärme führen. Glücklich dagegen dürfen sich die Eltern schätzen, deren Kinder ihr Leben investieren für Gott und das Gute in der Welt.

Anmerkungen

1. Wayne E. Warner, 1000 Stories and Quotations of Famous People (Grand Rapids, 1975), S. 199-200.
2. Erma Bombeck, „There Now, It May Be OK", Winston-Salem Journal, 8. Mai 1986. Mit freundlicher Genehmigung der Aaron M. Priest Agency, Inc.

Nachwort

Sie werden bei der Lektüre gemerkt haben, daß dies kein Buch ist, das man einmal durchliest und dann weglegt. Es ist so praxisbezogen, daß man es immer wieder zur Hand nimmt, um in konkreten Situationen Rat und Hilfe darin zu suchen. Ich habe Ihnen verständlich machen wollen, was die fünf Merkmale einer intakten und heilen Familie sind. Dazu habe ich Sie gewissermaßen zu mir nach Hause eingeladen. Sie haben zwar nicht wie John, unser Anthropologe vor Ort, in unserem Kellerzimmer geschlafen, aber ich hoffe doch, daß Sie ein paar Eindrücke gewonnen haben, wie es bei uns früher zuging. Mir hat das alles besonders Spaß gemacht, weil ich zum erstenmal eng mit meinem Sohn Derek an einem Buch zusammenarbeiten konnte. Das hatten wir zuvor noch nie getan.

Ich habe nicht als Wissenschaftler aus dem Elfenbeinturm heraus geschrieben. Nein, ich habe mit der Leidenschaft dessen geschrieben, der tief besorgt ist um die Zukunftschancen der kommenden Generation. In den vergangenen 25 Jahren habe ich so viele praktische Erfahrungen im Umgang mit Menschen gemacht, daß ich eins weiß: Die Prinzipien, die ich in diesem Buch vorgestellt habe, sind grundlegend für das tägliche Leben in einer heilen Familie. Eine immer größer werdende Zahl von jungen Menschen hat noch nie eine solche heile Familie kennengelernt; und so wissen sie oft gar nicht, wo sie anfangen sollen, wenn sie selbst eine gründen wollen. Ich wünsche mir, daß dieses Buch als eine Art Startblock dienen möge. Dieses Buch soll für junge Menschen, die so gern eine gesunde Familie gründen wollen, nicht nur eine Sammlung von Prinzipien sein. Es soll auch als Leitfaden dienen, durch den sie ganz praktische Tips für den Aufbau einer gesunden Familie bekommen.

Die fünf Merkmale, die ich beschrieben habe, sind keineswegs eine

Erfindung unserer Zeit. Wer aufmerksam gelesen hat, dem wird nicht entgangen sein, daß diese Prinzipien bereits in den uralten Schriften des Alten und Neuen Testaments verankert sind. Familien in verschiedenen Kulturen haben sich über die Jahrtausende an ihnen orientiert. Doch der moderne Mensch steht nun in der Gefahr, den Zugang zu ihnen zu verlieren. Der moderne Mensch hat nicht etwa höhere und durchdachtere Konzepte für Ehe und Familie gefunden. Er hat vielmehr etwas verloren, nämlich das Gespür für die tragende Funktion der Familie als Zelle der Gesellschaft. Die moderne Familie muß sich also nicht zwischen einem althergebrachten und einem zukunftsweisenden Konzept für ihre Existenz entscheiden. Sie hat nur die Wahl, sich an überlieferten Konzepten zu orientieren oder aber im dunkeln zu tappen.

Ich bin mir bewußt, daß all jene meiner Leser und Leserinnen, die in zerrütteten Familien aufgewachsen sind und nun versuchen, eine Familie zu gründen, erst einmal etwas hilflos diesem Buch gegenüberstehen werden. Aber ich erwähnte es ja bereits: Dies ist kein Buch für die schnelle Lektüre. Es will durchgearbeitet werden. Ich hoffe deshalb, daß viele Paare nach dem ersten Durchlesen zu den Abschnitten zurückkehren, bei denen sie die größten Defizite im eigenen Leben ausgemacht haben. Ich hoffe, daß Sie dieses Buch immer wieder dann „aufsuchen" werden, wenn Sie das Gefühl haben, daß etwas im Gefüge Ihrer Familie nicht in Ordnung ist. Mein Wunsch ist es auch, daß Seelsorger, Pädagogen und Familientherapeuten dieses Buch zur Hand nehmen und sich damit zum Nachdenken und Diskutieren anregen lassen.

Es wäre mir eine große Freude, wenn möglichst viele Männer die besonders ihnen zugedachten Kapitel lesen würden, damit aus ihnen Ehemänner und Väter werden, die ihrer Rolle als Vorbild und Familienvorstand gerecht werden. Sie sollten die Initiative ergreifen und das Gespräch mit ihren Frauen suchen. Ich bin fest davon überzeugt, daß die meisten Frauen einem Mann herzlich zugetan sein werden, der ernsthaft danach strebt, mit dienender Haltung seiner Familie vorzustehen. Ich bin sicher, daß Tausende von Kindern die Nutznießer sein werden.

Je mehr heile und glückliche Familien es gibt, desto besser wird es unserer Gesellschaft gehen, denn eine gesunde Gesellschaft ist die Voraussetzung für ein friedliches Miteinander der Völkergemeinschaft.

Anhang: Aufgaben zur Bestandsaufnahme

I. Eignungstest für Ehemänner

Versuchen Sie anhand der folgenden sechs Punkte herauszubekommen, wie Sie selbst, Ihr Partner oder Ihr Vater seiner (Ihrer) Rolle als Ehemann gerecht werden. Bewerten Sie sich (oder ihn) auf einer Skala von 0 bis 10, wobei 10 „nahezu perfekt" bedeutet und 0 „besagtes Merkmal kaum zu erkennen". Seien Sie bereit, Ihre Antworten mit der betreffenden Person zu besprechen, wenn diese es wünscht.

1. Für den verantwortungsbewußten Ehemann ist die Frau auch Partnerin. Bezieht der Betreffende seine Frau in alle größeren Entscheidungen mit ein?

2. Der verantwortungsbewußte Ehemann sucht stets das Gespräch mit seiner Frau. Ein durchschnittliches Ehepaar verbringt mehrere Stunden am Tag getrennt. Erst durch das Gespräch erfahren wir etwas über die Erlebnisse, Gefühle und Bedürfnisse des anderen. Führt er täglich ein ausführliches Zwiegespräch mit seiner Frau?

3. Für den verantwortungsbewußten Ehemann hat die Partnerin höchste Priorität. Ist seine Frau wirklich die Nummer eins im Leben? Stellt er das auch unter Beweis durch die Art, wie er seine Zeit einteilt, sein Geld ausgibt und Kräfte mobilisiert?

4. Der verantwortungsbewußte Ehemann liebt seine Frau ohne Vorbedingungen. Bedingungslose Liebe bringt die Bereitschaft mit, sich für die Interessen des anderen einzusetzen, auch wenn der andere sich nicht entsprechend verhält. Bedingte Liebe verfährt nach dem Motto: „Wie du mir, so ich dir." Wie verhält sich der Ehemann oder Vater diesbezüglich?

5. Der verantwortungsbewußte Ehemann ist bestrebt, auf die Wünsche seiner Frau einzugehen. Weiß er, was seine Frau braucht? Eigentlich braucht jede Partnerin Zuneigung, Zärtlichkeit, Freundlichkeit und Ermutigung.

6. Ein verantwortungsbewußter Ehemann wird seine geistlichen und moralischen Werte vorleben wollen. Unsere Moral sagt, was wir für falsch und richtig halten. Unsere geistlichen Werte sagen etwas darüber, wie wir uns die verborgene Welt vorstellen. Es stellt sich hier die Frage, ob der Mann oder Vater auch nach seinen Wertvorstellungen lebt. Seine Worte zählen nicht soviel wie seine Taten!

II. Eignungstest für Familienväter

Versuchen Sie (versuche) anhand der folgenden sechs Punkte herauszubekommen, wie Sie selbst, Ihr Partner oder Ihr (dein) Vater seiner Rolle als Familienvater gerecht wird. Bewerten Sie sich (bewerte ihn) auf einer Skala von 0 bis 10, wobei 10 „nahezu perfekt" bedeutet und 0 „besagtes Merkmal kaum zu erkennen". Seien Sie bereit, Ihre Antworten mit der betreffenden Person zu besprechen, wenn diese es wünscht. Achten Sie aber darauf, daß Sie nicht spitzfindig werden oder zu hart urteilen, denn der andere könnte sehen wollen, wie Sie geurteilt haben.

1. Ein Vater, der seiner Rolle gerecht wird, ist aktiv an der Erziehung beteiligt. Das bedeutet, daß der Betreffende kein passiver Vater ist, der immer nur auf Impulse seiner Kinder reagiert. Er selbst ergreift immer wieder die Initiative, um aktiv am Leben seiner Kinder teilzuhaben.

2. Ein Vater, der seiner Rolle gerecht wird, nimmt sich Zeit für seine Kinder. Zeit ist für die meisten Väter ein kostbares Gut. Schauen Sie einmal seinen Terminkalender durch, wenn er einverstanden ist. Wieviel Zeit verbringt er wöchentlich mit seinen Kindern? Reserviert er ganz bewußt Zeit für sie? Oder bekommen sie immer nur, was zufällig übrig ist?

3. Ein Vater, der seiner Rolle gerecht wird, sucht das Gespräch mit seinen Kindern. Durch das Gespräch lernen wir unsere Kinder kennen, und sie lernen uns kennen. Fragt er nach ihren Gedanken, Gefühlen und Wünschen, und erzählt er von sich? Nur auf diese Weise wird ein Vertrauensverhältnis aufgebaut.

4. Ein Vater, der seiner Rolle gerecht wird, spielt mit seinen Kindern. Das kann die schönste Seite der Vaterrolle sein. Was tut er, damit seine Kinder lachen und Freude haben? Welche Spiele hat er im letzten Monat mit ihnen gespielt? Ist er mit ihnen in der freien Natur gewesen? Wann hat er zum letzten Mal mit ihnen gealbert und geblödelt?

5. *Ein Vater, der seiner Rolle gerecht wird, gibt seinen Kindern Werte und Ideale mit auf den Weg.* Werte sind Glaubensüberzeugungen, mit denen wir unser Leben ordnen. Sind Fleiß, Rechtschaffenheit und Freundlichkeit Tugenden für ihn? Was ist für ihn außerdem noch wichtig im Leben? Was tut er, um den eigenen Kindern sein Wertesystem nahezubringen?

6. *Ein Vater, der seiner Rolle gerecht wird, sorgt für seine Kinder und schützt sie.* Es gehört zu den Grundfunktionen seiner Vaterrolle, für Nahrung, Kleidung und Obdach zu sorgen. Außerdem muß er seine Kinder vor Menschen und Kräften schützen, die sie bedrohen und ihr Leben zerstören könnten. Kümmert er sich um seine Kinder?

7. *Ein Vater, der seiner Rolle gerecht wird, liebt seine Kinder ohne Vorbedingungen.* Mit der bedingungslosen Liebe sagen wir: „Ich liebe dich – egal, was kommt!" Bedingte Liebe ist dagegen abhängig von den Leistungen und vom Verhalten des Kindes: von guten Zensuren, besonderen Leistungen im Sport, aufgeräumten Zimmern und brav erfüllten Aufgaben. Doch Kinder brauchen Liebe ohne Vorbedingungen. Liebt der Vater ohne Vorbedingungen?

In unserer Ratgeber-Taschenbuch Reihe liegen außerdem vor:

Gary Smalley/John Trent
„Bitte segne mich!"
Bestell-Nr. 330 531
ISBN 3-86122-531-X
ca. 220 Seiten, Taschenbuch

„Na, meinen Segen sollt ihr haben ..."
Wer meint schon, was er damit sagt?
Doch ein Segen ist alles andere als eine billige Floskel - Segen ist kostbar und kostet: Die Zeit für eine Berührung, den Mut für liebevolle Worte, die Demut für Worte der Hochachtung, den visionären Blick für die Stärken eines Menschen und den Willen, der den Worten Taten folgen lässt.
Entdecken Sie ihn ganz neu, diesen schlichten Ritus mit der Wucht einer Revolution. Die Kraft, die unsere Beziehung heilt – zu unseren Kindern, Partnern, Eltern und Freunden. Und zu Gott.
Und sie brachten Kinder zu ihm, damit er sie berühren sollte. Die Jünger aber fuhren sie an. Als Jesus das sah, wurde er unwillig und sagte: „Lasset die Kinder zu mir kommen und hindert sie nicht ..." Und er herzte sie, legte ihnen die Hände auf und segnete sie.

FRANCKE
Verlag der Francke-Buchhandlung GmbH

Marilyn Willett Heavilin
Rosen im Dezember
Bestell-Nr. 330 546
ISBN 3-86122-546-8
150 Seiten, Taschenbuch

„Gott schenkt uns Erinnerungen, damit wir auch im Dezember Rosen haben." Auch im dunkelsten Winter unseres Lebens hält Gott Rosen für uns bereit: Begebenheiten, Menschen oder Erinnerungen, die uns Kraft geben, Leid und Kummer zu tragen.
Das hat Marilyn Heavilin erfahren. Sie und ihr Mann Glen haben drei ihrer Kinder verloren. Marilyn hat die Geschichte ihrer inneren Kämpfe, ihrer Trauer und Verzweiflung, ihrer Hoffnung und Segnungen ohne eine Spur von Selbstmitleid aufgeschrieben. Kein Thema hat sie ausgelassen. So ist ein Begleiter entstanden, der in seiner fast dichterischen Schönheit beide Betroffene eines Todesfalles an der Hand nimmt und durch das Tal der Tränen führt: Den Verwandten, Freund oder Nachbarn, dem sie befreiend praktische Wege aus der Befangenheit zeigt – und auf unglaublich liebevolle Art und Weise auch den, der sein Liebstes hergeben musste ...
Und wenn es nur das Allernötigste ist, was Sie während der ersten Zeit Ihrer Trauer lesen – dieses Buch sollte unbedingt dabei sein!

FRANCKE
Verlag der Francke-Buchhandlung GmbH

Ross Campbell
Bevor der Kragen platzt
Bestell-Nr. 330 548
ISBN 3-86122-548-4
ca. 260 Seiten, Taschenbuch

Kennen Sie das? Die Kinder bocken und Ihnen geht der Gaul durch. Kann passieren, doch auf lange Sicht ist die Erziehung kein Rodeo – noch nie war es für Eltern so wichtig wie heute, mit den guten und den schlechten Seiten des Zorns umgehen zu können. Lassen Sie sich von Dr. Campbell ausbilden zum Jockey Ihrer Emotionen!

FRANCKE
Verlag der Francke-Buchhandlung GmbH